W0199116

btb
Aus Freude am Lesen

btb

Buch

Er war erst dreißig Jahre alt, als er sich zur Ruhe setzte: Edward John Trelawny, englischer Kapitän und unternehmungslustiger Müßiggänger. 1820 trifft er in Italien zwei Landsleute, die es gleichermaßen umtreibt. Es sind die berühmtesten Dichter der Epoche: der ebenfalls dreißig Jahre alte Percy Bysshe Shelley – den Hölderlin Englands, wie man ihn genannt hat – und der um vier Jahre ältere Lord Byron, unermeßlich reich, skandalumwittert und von aller Welt, Goethe eingeschlossen, für das Genie des Jahrhunderts gehalten. Drei schreibende Engländer in Italien – nur daß von Literatur kaum die Rede ist. Statt dessen feiert man und sucht im Kreise von Freunden und Familie (unter ihnen auch Shelleys Ehefrau, die »Frankenstein«-Autorin Mary Shelley) ein leidenschaftliches Leben in Übermut, Idealismus und Herausforderung des Schicksals – bis zum frühen Tod der beiden Dichter.
Die wichtigsten Stationen dieser vier kurzen, aber entscheidenden Jahre hat Trewlany in einer tagebuchartigen Erzählung festgehalten, die sich wie ein Abenteuerroman liest und ein faszinierendes und äußerst unterhaltsames Dokument der englischen Romantik ist.

Autor

Mit dreizehn Jahren wurde Edward John Trelawny, geboren 1792, von seinem Vater in die englische Marine gesteckt. Die nächsten sieben Jahre erlebte er eine Reihe aufregender Seeabenteuer, u. a. die Verfolgung eines französischen Piratenschiffs, und brachte es bis zum Kapitän. Nach seiner Entlassung heiratete der 20jährige die Tochter eines Kolonialnabobs, 1814 kam eine Tochter zur Welt. Die Ehe scheiterte und wurde 1819 geschieden. Von da an bis zu seinem Tode im Jahre 1887 bereiste Trelawny den Kontinent – in den vier wesentlichen Jahren mit Byron und Shelley –, schloß sich der griechischen Freiheitsbewegung an, heiratete eine junge Griechin, bereiste die USA und verbrachte die letzten Jahre seines Lebens überwiegend in London.

Edward John Trelawny

Letzte Sommer

Mit Shelley und Byron an den Küsten des Mittelmeers

Eingeleitet und kommentiert
von David Wright

Aus dem Englischen
von Peter Hahlbrock

btb

Die Originalausgabe erschien 1858 unter dem Titel »Recollections of the Last Days of Shelley and Byron«.

Der deutschen Fassung liegt die 1878 von Edward John Trelawny um Briefe, Gespräche und zusätzliche Erinnerungen erweiterte Ausgabe »Records of Shelley, Byron and the Author« zugrunde.

Umwelthinweis:
Alle bedruckten Materialien dieses Taschenbuches sind chlorfrei und umweltschonend.

btb Taschenbücher erscheinen im Goldmann Verlag, einem Unternehmen der Verlagsgruppe Bertelsmann.

1. Auflage
Genehmigte Taschenbuchausgabe Juni 1998

Umschlaggestaltung: Design Team München
Umschlagfoto: AKG, Berlin
Satz: Bongé & Partner, Berlin
MD · Herstellung: Augustin Wiesbeck
Made in Germany
ISBN 3-442-72345-0

Inhalt

Einleitung von David Wright

Eines der merkwürdigsten und amüsantesten Dokumente der Romantik in England ist Edward John Trelawnys *Records of Shelley, Byron, and the Author.* Obwohl die Entstehung des Werkes in die Blütezeit der Viktorianischen Epoche fällt, stellt es seinem geistigen Gehalt nach ein Produkt der Romantik dar. 1858, als er schon weit über sechzig war, veröffentlichte Trelawny es erstmals unter dem Titel *Recollections of the Last Days of Shelley and Byron;* zwanzig Jahre später erschienen die *Records of Shelley, Byron, and the Author.* Es handelte sich im Grunde um das gleiche Buch: Nur fügte Trelawny, der damals fünfundachtzig Jahre alt war, dem ursprünglichen Text, in dem er nur wenig änderte und fast nichts strich, Briefe, Gespräche und weitere Erinnerungen hinzu. Da viel von Trelawnys neuem Material wertvoll und bewahrenswert ist - es enthält einige der typischsten Shelley-Anekdoten - und da die frühere Fassung in der späteren aufgegangen ist, wurde der deutschen Ausgabe die erweiterte Fassung von 1878 zugrundegelegt. Bei den Kürzungen handelt es sich fast ausschließlich um spätere Hinzufügungen Trelawnys. Der Übersichtlichkeit halber wurde der Text in vier große Abschnitte eingeteilt.

Die *Records of Shelley, Byron, and the Author* sind ein Bericht über drei entscheidende - um nicht zu sagen: traumatische - Jahre aus Trelawnys bizarrem Leben. Im Februar 1822, als er gerade das dreißigste Lebensjahr vollendet hatte, traf der ungebundene Sproß einer alten Landadelsfamilie aus Cornwall, der eine gescheiterte Ehe, eine exotische, reichlich undurchsichtige Vergangenheit als Seemann hinter sich hatte und über ansehnliche Privateinkünfte verfügte, in Pisa ein und wurde dort Freund und Gefährte zweier führender romantischer Dichter seiner Generation. In Pisa stand Trelawny während der ersten sechs Monate des Jahres 1822 in ständigem Kontakt mit Byron, Shelley, ihren Freunden und Frauen: Wahrscheinlich war es die glücklichste und aufregendste Zeit seines ganzen Lebens.

Ein origineller, aber ungebildeter Kopf, ein unabhängiger, herrischer, eigensinniger Charakter, in dem sich Naivität und

Skrupellosigkeit verbanden, ein Mann der Tat mit allen Eigenschaften eines Philisters, durchdrungen von einem unvermuteten Hang zur Poesie, was mit seiner keltischen Abstammung zu tun haben mochte, fand sich Trelawny tief beeindruckt und in den Bann gezogen von zwei der bemerkenswertesten Persönlichkeiten der Zeit. Der eine wirkte anziehend, der andere anziehend und abstoßend zugleich. Trelawny, von beiden fasziniert, muß sich oft wie ein Kaninchen zwischen zwei Schlangen gefühlt haben. Hingezogen fühlte sich Trelawny zunächst zu Shelley, dessen Leichnam er später am Strand in der Nähe von Viareggio verbrennen sollte. Byron, dem Trelawny eigentümlich zwiespätige Gefühle entgegenbrachte, sollte er bald darauf nach Griechenland begleiten - auf dem ersten jener ideologischen Kreuzzüge, die auch in unserer Zeit noch gelegentlich vorkommen. Byrons Tod 1824 bei Missolunghi leitete schließlich die Wende ein, die Griechenland von der Türkenherrschaft befreite.

Trelawny blieb noch ein weiteres Jahr in Griechenland als Freund und Adjutant des griechischen Klephtenhäuptlings Odysseus Andrutzos, mit dessen dreizehnjähriger Halbschwester er sich verheiratete (eine Episode, auf die in den *Records* allerdings nicht näher eingegangen wird). Monatelang hatte er Odysseus' Versteck zu seiner Verfügung, eine Räuberhöhle in den Felswänden des Parnaß. Schließlich wurde er von einem gedungenen Mörder hinterrücks niedergeschossen, aus seiner romantischen Bergfeste vertrieben und von einem Schiff der britischen Marine aufgenommen.

Für den Rest seines langen Lebens sollte Trelawny immer wieder über seine Begegnungen mit Shelley und Byron nachsinnen. Noch in hohem Alter unterhielt er eine erinnerungsträchtige Korrespondenz mit denen, die jene glückliche Zeit in Pisa erlebt hatten. Seine letzte Tat bestand darin, Vorsorge für seine eigene Bestattung zu treffen - neben jenem Grab in Rom, in dem er über ein halbes Jahrhundert zuvor Shelley beigesetzt hatte.

Wer war Trelawny? 1831, fast zehn Jahre nach seiner ersten Begegnung mit Shelley und Byron, veröffentlichte er eine Autobiographie unter dem Titel *Adventures of a Younger Son,* ein Buch, das man als kleinen Klassiker im Stil von George Borrows *Lavengro* bezeichnet hat. Die *Adventures* beginnen mit einem jener lebendig erzählten autobiographischen Bravourstücke, die eine Spezialität des Schriftstellers Trelawny waren: einer in allen Scheußlichkeiten ausgemalten Schilderung des ersten denkwürdigen Kinderheitserlebnisses, nämlich dem Kampf mit einem angriffslustigen Raben. Im weiteren Verlauf der Erzählung wird klar, daß der Rabe eine Entsprechung seines primitiven und despotischen Vaters ist; von sich selbst entwirft Trelawny ein kraftvoll gezeichnetes Bild als unbezähmbar aufsässiger Herausforderer der väterlichen Autorität: das Bild eines geborenen Freiheitskämpfers.

Die Autobiographie ist nützlicher als Schlüssel zu dem Bild, das Trelawny seinen Freunden in Pisa bot, denn als Informationsquelle über seine Jugend. Trelawny schildert, wie er als Midshipman in die Marine eintrat; er war damals dreizehn, man schrieb das Jahr 1805, und das Schiff, auf dem er diente, hätte fast an der Schlacht von Trafalgar teilgenommen, wäre es dort rechtzeitig eingetroffen. Anschließend wurde er auf etliche Reisen nach Südamerika und an die afrikanische Küste, zu guter Letzt um das Kap der Guten Hoffnung herum nach Bombay geschickt. Hier begegnete Trelawny - wie er behauptet - einem geheimnisvollen französischen, aus Holland stammenden Kapitän eines Kaperschiffes, den er De Ruyter nennt. An dieser Stelle beginnt die Autobiographie sich von den Fakten zu entfernen.

Den *Adventures* zufolge beschließt Trelawny in Bombay, von der Marine zu desertieren und sich De Ruyter anzuschließen, der von nun an sein Held wird und der Held seines Buches. De Ruyter vertraut dem Siebzehnjährigen den Oberbefehl über ein Schiff an, mit dem er den Indischen Ozean und das Chinesische Meer durchstreift und nicht nur gegen Dschunken und malaiische Proas kämpft, sondern sich sogar mit der britischen Marine anlegt. Im Laufe dieser Ereignisse rettet und heiratet er Zella, ein schönes dreizehnjähriges Arabermädchen vornehmer Abkunft, das sich seinerseits erkenntlich zeigt, indem es Trelawny bei mehr als einer Gelegenheit das Leben rettet. Schließlich stirbt Zella; von Schmerz überwältigt, kleidet Trelawny sie in ihre kostbarsten Gewänder, legt den Leichnam auf einen am Strand errichteten Scheiterhaufen und will sich selbst in die Flammen stürzen, stolpert jedoch und wird mit schweren Brandwunden an den Händen gerettet.

Einige Wochen später kündigt De Ruyter an, daß er nach Europa zurückkehren werde, um Napoleon Depeschen zu überbringen. Trelawny begleitet ihn bis zu einem der französischen Kanalhäfen; De Ruyter geht nach Paris und kommt mit einem hochinteressanten Bericht über seine Unterredung mit dem Kaiser zurück. Der nun zweiundzwanzigjährige ehemalige Midshipman und Pirat macht sich über den Kanal nach England davon.

Dies entspricht natürlich nicht ganz den wirklichen Ereignissen, obwohl die Forschung nachgewiesen hat, daß der erste Teil der *Adventures* - bis zu Trelawnys vermeintlicher Begegnung mit De Ruyter - erstaunlich genau ist; der Sachverhalt wird durch Marineakten und andere Dokumente bestätigt.

Mit Sicherheit wissen wir, daß Trelawny 1792 als zweiter Sohn des Oberstleutnants Charles Trelawny aus einer berühmten altkornischen Familie geboren wurde. Seine Mutter war eine Hawkins; einer ihrer Großväter, ein Weißwarenhändler aus Manchester, der sich aus Liebhaberei ein wenig mit Literatur beschäftigte, wurde von Sir Richard Steele im *Spectator* lobend erwähnt und veröffentlichte sogar einen Band Gedichte. Oberst Trelawny war ein skrupelloser Charakter, und als sich herausstellte, daß es seinen Sohn an keiner Schule lange hielt, löste er die Schwierigkeiten mit seinem alles andere als fügsamen Sprößling dadurch, daß er ihn einfach in die Marine steckte. Dort blieb der Junge von 1805 bis 1812. Nachgewiesenermaßen ist Trelawny nicht, wie er in den *Adventures* behauptete, von der Marine desertiert. Andererseits sind seine Erlebnisse auf See anscheinend genauso interessant und aufregend gewesen wie die, von denen er berichtet, wahrscheinlich nur etwas konventioneller. Trelawny hatte tatsächlich die Java-See befahren und sich mit Freibeuterschiffen herumgeschlagen; allerdings kämpfte er dabei auf der anderen Seite: Wo er sich in Wirklichkeit an Bord eines Schiffes der britischen Marine befindet, das Jagd auf einen französischen Freibeuter macht, beschreibt er seinen Aufenthalt an Bord eines von einem britischen Kriegsschiff verfolgten Piratenschiffs. Trelawny war also nicht so sehr ein Phantast vom Schlage Walter Mittys als vielmehr ein phantasievoll-geschickter Handhaber der Wirklichkeit.

Am 18. August 1812, wenige Wochen vor seinem zwanzigsten Geburtstag, wurde Trelawny aus dem Dienst der Marine entlassen. Ein Jahr später heiratete er die Tochter eines Kolonialnabobs, und 1814 wurde ihm eine Tochter, Maria Julia, geboren. Die Ehe ging bald in die Brüche. In einer Pension in Bristol begann Mrs. Trelawny ein Verhältnis mit einem anderen Pensionsgast. Trelawny ertappte die beiden, verließ seine Frau und reichte die Scheidung ein. Der Prozeß muß ebenso kostspielig wie schleppend gewesen sein, denn die Ehe wurde durch Parlamentsbeschluß erst 1819 endgültig geschieden. Von seiner Frau und seiner Marinelaufbahn gleichermaßen erlöst, doch mit einem Privateinkommen in Höhe von 500 Pfund Sterling, verlegte Trelawny sich darauf, den Kontinent zu bereisen. Gleichzeitig begann er sich für das dichterische Schaffen seiner Zeitgenossen zu interessieren - eine einigermaßen unvermutete Neigung bei jemandem, der so wenig Schulunterricht genossen hatte, daß er praktisch als ungebildet gelten mußte, und der in den Entwicklungsjahren fast keinerlei Kontakt zu Literatur oder Literaten gehabt hatte.

Die Dichtungen Byrons gefielen ihm sofort, denn Trelawnys romantische Schwärmerei vermochte sich durchaus mit den düsteren und geheimnisvollen Helden in *Lara* und *The Corsair* zu identifizieren. Byrons Dichtungen waren berühmt und leicht erhältlich. Bei seinen Wanderungen durch die Schweiz stieß Trelawny zufällig auf ein Exemplar der *Queen Mab* des damals noch so gut wie unbekannten Shelley. Shelleys Dichtung sprach einen anderen Zug seines Wesens an, nämlich seine antiautoritäre Einstellung, das Resultat seiner frühen Auseinandersetzungen mit dem tyrannischen Vater. Diese antiautoritäre Haltung bezog den Atheismus ebenso ein wie antimonarchistische Gefühle: landläufige Elemente des romantischen Radikalismus, der liberale Intellektuelle dazu bewog, Napoleon als den Erben der Französischen Revolution zu idealisieren - genau wie ein Jahrhundert später die gleichen liberalen Intellektuellen Stalin als den Erben der russischen Revolution idealisierten. In Genf stieß Trelawny dann zu einer Gruppe unternehmungslustiger junger Engländer seines Schlages, die wie er selbst zeitweilig keiner Beschäftigung nachgingen. Zu ihnen gehörten auch zwei Leutnants außer Dienst der indischen Armee. Der eine, Thomas Medwin, war ein Vetter Shelleys und war mit dem Dichter in Eton gewesen wie auch der andere, ein junger Mann namens Edward Ellerker Williams. Williams lebte damals in außerehelicher Beziehung mit der verlassenen Ehefrau eines Regimentskameraden. Es war jene Jane Williams, an die Shelley einige seiner schönsten Liebesgedichte richten sollte.

Als die Gruppe sich auflöste, ging Medwin nach Pisa, Trelawny kehrte nach England zurück. Bald danach reisten Williams und Jane nach Italien und schlossen sich Medwin an. Das waren die Anfänge des späteren sogenannten »Pisaner Kreises«. Im Mittelpunkt dieses Zirkels junger Engländer, von denen die meisten aus guter Familie stammten und sich bescheidener Wohlhabenheit erfreuten - in den Augen der Gesellschaft machten sie einen etwas liederlichen Eindruck, vor allem wegen ihrer außerehelichen Beziehungen -, stand zweifellos Medwins Vetter Shelley. Er hatte sich in Pisa niedergelassen, um in der Nähe von Dr. Vaccà Berlinghieri zu sein, einem international berühmten Arzt und Anatomen.

Gegen Ende des Jahres 1821 zog Shelley keinen Geringeren nach Pisa als Lord Byron, der mit einem wahren Troß von Wagen, Kutschen, Affen, Bären und Pfauen von Ravenna aus über die Apenninen gerattert kam, um mit seiner Geliebten, Teresa Guiccoli, und ihrem Vater, dem Grafen Gamba, in einem Palazzo an den Ufern des Arno zusammenzutreffen, den Shelley für sie entdeckt hatte. Unterdessen korrespondierte Williams, der im Sommer 1821 zusammen mit Shelley häufig Bootsfahrten auf dem Arno unternommen hatte, mit Trelawny; die Mitteilung, daß Byron nach Pisa gekommen sei, bestimmte Trelawny, sich der kleinen Kolonie anzuschließen. Obwohl er in den *Records* herauszustreichen versucht, daß Shelley die Hauptattraktion war, so steht doch außer Zweifel, daß es eigentlich Byron war, den damals ganz Europa bewunderte und den er daher unbedingt kennenlernen wollte.

Zu Beginn des Jahres 1822 traf Trelawny in Pisa ein, »eine Art halbarabischer Engländer«, wie Mary Shelley ihn nach ihrer ersten Begegnung beschrieb, »dessen Leben so wechselvoll verlief wie das des Anastasius und der die Abenteuer seiner Jugend ebenso flüssig und gut erzählt wie der imaginäre Grieche. Er ist gescheit; was seine moralischen Qualitäten betrifft, tappe ich noch im dunkeln; er gleicht einem seltsamen Gespinst, das ich mich zu entwirren bemühe. Ich würde gern erfahren, ob Großzügigkeit mit Impulsivität, geistige Rechtschaffenheit mit seinem Anspruch auf Einzigartigkeit und Unabhängigkeit Hand in Hand geht. Er ist sechs Fuß groß, hat rabenschwarzes Haar, das kurz und dicht gekräuselt ist wie das eines Mohren, dunkelgraue, ausdrucksvolle Augen, hervorstehende Brauen, aufgeworfene Lippen und ein Lächeln, das Gutmütigkeit und Herzensgüte ausdrückt ... Seine Redeweise, wenn er die Begebenheiten seines Lebens erzählt, ist einfach und energisch, ob es sich nun um eine Schauergeschichte oder um einen unwiderstehlich komischen Vorfall handelt. Seine Gesellschaft ist ganz entzückend, denn er regt mich zum Denken an, und falls irgend etwas Böses, das die Zeit zutage fördert, auf den Umgang mit ihm einen Schatten werfen sollte - die Sonne wird aufgehen oder die Nacht alles verfinstern« (Brief an Mrs. Gisborne, 9. Februar 1822).

Trelawny war in der Tat ein romantischer Held auf der Suche nach einem Autor - und kaum hatte dieser, nämlich Byron, ihn zu Gesicht bekommen, als er in ihm das Geschöpf seiner eigenen Erfindung erkannte: »Heute bin ich der Verkörperung meines ›Korsaren‹ begegnet. Er schläft mit dem Gedicht unter dem Kopfkissen, und all seine früheren Abenteuer und seine jetzigen Manieren zielen auf diese Verkörperung ab« (Brief an Teresa Guiccoli).

Aber für Trelawny war Byron wenn nicht eine Enttäuschung, so doch fraglos ein Grund zur Beunruhigung. Trelawny hatte in seiner Begeisterung erwartet, dem düsteren und exaltierten Pilger aus *Childe Harold* zu begegnen, dem Schöpfer jener bezaubernd rätselhaften Gestalten der Lara und des Korsaren, denen er sich verwandt fühlte. Er wurde jedoch dem ironisch-frivolen und brillanten Gesellschafter aus *Don Juan* vorgestellt, der im Palazzo Lanfranchi fröhlich Billardkugeln gegeneinanderklickern ließ. Byrons Wirklichkeitssinn und Sachlichkeit, sein schottischer gesunder Menschenverstand waren für Trelawny wie ein Schock. »Ich war gekommen, um ein feierliches Mysterium zu erleben«, beklagt er sich in den *Records,* »und soweit ich es von Anfang an beurteilen kann, kam es mir wie eine feierliche Posse vor ... Byron ernüchterte mich.«

Anders als Byron besaß Trelawny ebenso wie Shelley einen nur gering entwickelten Sinn für das Komische. Trelawnys romantische Schwärmerei, sein Posieren und seine Prahlerei wurden von Byron ständig hintertrieben und zunichte gemacht. Er hatte etwas von einem Quälgeist an sich und amüsierte sich über seinen neuen Freund offenbar köstlich. Bisweilen war er aber auch regelrecht erbost über ihn: »Wenn wir Trelawny nur dazu bringen könnten, sich von alledem zu distanzieren und die Wahrheit zu sagen, dann könnten wir aus ihm einen Gentleman machen.« Unverhofft fand sich der stattliche, ständig bramarbasierende Trelawny durch Byrons Überlegenheit bei sportlichen Betätigungen aus dem Rennen geworfen. Trelawny war zwar bereit, dem hinkenden Dichter Meisterschaft im Bereich abstrakten Philosophierens zuzugestehen, aber der physische und praktische Bereich sollte seine eigene Domäne bleiben. Dies war auch ein Grund, warum Trelawny sich zu dem intellektuellen und verträumten Shelley hingezogen fühlte, der in fast allem das genaue Gegenteil von ihm war.

Tatsächlich war es die unpraktische und übertrieben idealistische Seite Shelleys, die Trelawny zusagte, denn sie bestärkte ihn in seiner guten Meinung von sich selbst und schmeichelte seiner romantischen Veranlagung. Byron konnte darüber nur lachen. Shelley dagegen ließ Trelawny die Rolle eines romantischen Helden und naiv-derben Tatmenschen spielen; es war der realistische Byron, der die theatralisch aufgeblasene Pose durchlöcherte und Trelawny das Gefühl gab, lächerlich zu wirken. Jeder hatte, wie Newman Ivey White von Shelley sagt, »eine geradezu verblüffende Fähigkeit zu glauben, was er glauben wollte«. Fast fünfzig Jahre später, als er über Jefferson Hoggs Shelley-Biographie schrieb, bemerkte Trelawny dazu: »Hogg behauptet, der Dichter habe nie die Wahrheit von der Unwahrheit unterscheiden können – ich fand den Dichter stets ehrlich und aufrichtig. Gleichwohl mochte seine lebhafte Phantasie ihn gelegentlich täuschen, wie es ja auch bei anderen vorkommt.« Er könnte hier durchaus von sich selbst gesprochen haben.

Die Porträts, die Trelawny von Byron und Shelley entwirft, sind alles andere als objektiv. In mancher Beziehung sind die Figuren wie Spiegel, aus denen uns Trelawnys Vorstellung von sich selbst entgegenblickt. Dennoch bleiben sie lebhaft gezeichnete Impressionen, die geschickt vermittelt werden - was in den Erinnerungen von weniger schwungvoll, aber mit mehr Wahrhaftigkeit schreibenden Chronisten nur selten erreicht wird. Trelawny hat sich eher seinen Gefühlen als den Fakten verschrieben. Byrons einstige Geliebte, Claire Clairmont, in die Trelawny selber verliebt zu sein glaubte, machte ihrem Herzen einmal Luft: »Er [Trelawny] ist voll edler Gefühle und ohne Grundsätze; ich bin voll edler Grundsätze, hatte aber nie ein Gefühl; er empfängt all seine Eindrücke durch das Herz, ich durch den Kopf. *Que voulez-vous?*« Trelawnys Gespür für die charakteristische, spektakuläre und symbolische Anekdote - den Fakten durchaus nicht immer dienlich - bereitete den Biographen lange Zeit erhebliche Schwierigkeiten.

Da ist Trelawnys Geschichte, die sonst nirgends verbürgt ist, wie Shelley einmal in einen Teich sprang, auf dem Grund wie ein ausgestreckter Aal liegen blieb und nicht die geringste Anstrengung unternahm, sich zu retten, bis Trelawny ebenfalls ins Wasser sprang und ihn herausfischte. Gleich einer Karikatur, die eine verborgene Veranlagung übertrieben darstellt, um die Aufmerksamkeit des Betrachters auf deren tieferen Sinn zu lenken, verdeutlicht die Anekdote ein Wesenselement von Shelleys Natur: seine Todessehnsucht. Wir haben davon auch aus anderer Quelle Kenntnis, aber erst Trelawnys impressionistisch gefärbte Skizze führt uns den Sachverhalt mit der unmittelbaren Anschaulichkeit eines Bildes vor Augen.

Eine andere bekannte Anekdote demonstriert uns Shelleys geistesabwesende oder vielmehr in einer anderen Geistigkeit beheimatete Weltfremdheit und seine Blindheit gegen die Konvention (durchaus etwas anderes als unkonventionelles Verhalten, in dem ein aggressives Element mitschwingt). Es geht um den nur in den *Records* berichteten Vorfall, wie Shelley, vom Meer kommend, splitternackt und triefend naß das Speisezimmer der Casa Magni durchquert, um aus dem am anderen Ende gelegenen Schlafzimmer seine Sachen zu holen, wobei ihn die Anwesenheit von Damen, die zum Dinner geladen sind, nicht im mindesten stört. Wiederum eine möglicherweise zweifelhafte Geschichte, die aber überzeugt, weil sie so sehr zu Shelley paßt, daß sie - Fakten hin, Fakten her - zu einem Bestandteil der Wahrheit über den Dichter geworden ist, wenn auch nur deshalb, weil eine solche Geschichte allenthalben erzählt und auch geglaubt werden konnte – ein Merkmal, das der Legende und dem Märchen eignet.

Die ausführlichste Darstellung in den *Records* findet natürlich der Schiffbruch der »Don Juan« in der Bucht von La Spezia sowie die Bergung und Verbrennung der Leichen von Shelley und Williams am Strand bei Viareggio. Als dramatischer Höhepunkt zeugt die Episode von Talent. Und Trelawny läßt es keineswegs ungenutzt. Doch obwohl man ihn schwerlich als zurückhaltend oder bescheiden bezeichnen würde, findet sich in der Darstellung seiner eigenen Rolle bei diesen Ereignissen eine merkwürdige Unklarheit. Von dem berühmten Vorfall, bei dem er zweifellos die Hauptperson war – er entriß Shelleys Herz den Flammen des Scheiterhaufens –, macht er nur sehr wenig Aufhebens. Die Angelegenheit wird in einem einzigen Satz behandelt. Während er behauptet, bei der Suche nach den Leichen Shelleys und seines Gefährten weitaus aktiver mitgewirkt zu haben, als es in Wirklichkeit der Fall gewesen sein mag, sagt er fast nichts über den unermüdlichen Beistand und Trost, den er den leidgeprüften Frauen Jane Williams und Mary Shelley gewährte. Dafür liegen fast von allen Seiten Beweise vor – nur nicht von Trelawny. Mary Shelley schrieb damals:

»Doch der Freund, dem wir ewig zu Dank verpflichtet sind, ist Trelawny. Ich habe ihn natürlich in meinem Brief an Sie erwähnt – als einen Menschen, der als Sonderling zu gelten wünscht, der sich aber im Grunde als edel und hochherzig erwies ... Aus meiner flüchtigen Darstellung der Ereignisse werden Sie ersehen, wie er unaufgefordert mit Jane & mir von Livorno nach Lerici zurückkehrte, wie er dort zwölf Tage lang mit uns traurigen Gestalten zusammenblieb und uns aufzuheitern sich bemühte, wie er uns am Donnerstag verließ und, als er unser Unglück bestätigt fand, dann ohne Nachtruhe am Freitag zu uns zurückkehrte & wieder ohne Nachtruhe mit uns am Sonnabend nach Pisa zurückkehrte. Das waren keine der üblichen Gefälligkeiten. Seitdem hat er es ganz allein auf sich genommen, Konsulatsbeamte und Gouverneure zu umgarnen, um die Erlaubnis zu erhalten, den Dahingeschiedenen die letzte Ehre zu erweisen; auch hat er der Zeremonie selbst beigewohnt, der ganze unangenehme Teil und alle Scherereien blieben an ihm hängen – wie Hunt sagte: ›Er arbeitete mit den schäbigsten Kreaturen und empfand Mitgefühl mit den Edelsten.‹ Er ist großzügig, daß es fast peinlich wirkt. Doch wofür ich ihm nach all diesen Wohltaten, die er uns erwies, am meisten danke, ist folgendes. Als er an jenem qualvollen Abend, jenem Freitagabend zurückkam, um uns mitzuteilen, daß für uns jegliche Hoffnung erloschen sei …, versuchte er nicht, mich zu trösten, denn das wäre höchst zwecklos gewesen; vielmehr setzte er zu einer gleichsam überquellenden und ausdrucksvollen Lobeshymne auf meinen göttlichen Shelley an – bis ich in meinem Unglück fast darüber erfreut war, ihn derart gepriesen zu hören und in Gedanken bei der Lobrede verweilen zu können, die der Tod Shelleys seinem Freund eingab« (Brief an Maria Gisborne, 27. August 1822).

Dagegen muß Trelawnys haltlose Behauptung in den *Records* gesetzt werden, daß das Boot, in dem Shelley ertrank, von Edward Williams konstruiert worden sei, während es in Wirklichkeit nach einem anscheinend von Trelawny selbst beschafften Modell gebaut worden war. Trelawny verfaßte über die Ereignisse im Zusammenhang mit Shelleys Tod durch Ertrinken und der Einäscherung seines Leichnams nicht weniger als acht verschiedene Berichte, entsprechende Hinweise in Briefen oder in seinen fragmentarischen unveröffentlichten Erinnerungen nicht gerechnet. Sieben von diesen Berichten wurden einige Monate nach den Ereignissen niedergeschrieben. Alle enthalten Widersprüche und Verwechslungen, meist geringfügiger Art. Daten und Zeitangaben geraten durcheinander, so der Zeitpunkt, als die »Don Juan« zu ihrer letzten Fahrt in See stach, der in seinen frühen Berichten verschiedentlich mit 12 Uhr mittags angegeben wird, aber nach der über dreißig Jahre später verfaßten und in den *Recollections* und *Records* abgedruckten Darstellung irgendwann nach 14 Uhr gewesen sein soll. Es bestand die Versuchung, eine gute Story besser zu machen – eine Versuchung, der ein Mann wie Trelawny schwerlich widerstehen konnte.

Der Schilderung in den *Records* fügt er einen aus der *Times* von 1875 nachgedruckten Briefwechsel hinzu, der sich auf das Geständnis eines alten Fischers auf dem Sterbebett bezieht: er habe zu der Mannschaft einer Feluke gehört, durch die Shelleys Boot vorsätzlich in den Grund gebohrt worden sei, weil man Byron mit einem Sack voll Gold an Bord vermutet habe. Ein Beweis für die Existenz des alten Seemanns, der 1863 gestorben sein soll, ganz zu schweigen von seinem »Geständnis«, ist nie erbracht worden. Nach der Bergung der »Don Juan« zeigte sich lediglich, daß das Spantenwerk auf der Steuerbordseite eingedrückt war - ein Beweis, daß das Boot vermutlich während des Unwetters von einem anderen Fahrzeug in den Grund gebohrt wurde. Falls diese Annahme zutrifft, dürfte Unfall als Unglücksursache wahrscheinlicher sein als Piraterie - freilich nicht für einen phantasievollen Kopf wie Trelawny.

Was Trelawny seinen Ruf als ungebildeter Flegel einbrachte, war das Bild, das er von Mary Shelley entwarf. Sie war 1851 gestorben, sieben Jahre bevor die *Recollections of the Last Days of Shelley and Byron* erschienen. Im Laufe ihrer langen Witwenschaft hatte Mary aus ihrer Ehrbarkeit und aus Shelley - zwei offensichtlich unvereinbaren Gottheiten - einen Kult entwickelt. Nach ihrem Tode hatte sich nun ihre Schwiegertochter, Lady Shelley, zur Oberpriesterin des Heiligtums ernannt. Sie war eine sehr wachsame Priesterin: Sie sorgte dafür, daß die Fortsetzung der kritischen Biographie des Dichters aus der Feder von Shelleys Freund Jefferson Hogg - immer noch die beste, die es gibt, jedenfalls für den behandelten Zeitraum - nach Erscheinen des zweiten Bandes 1858 verhindert wurde. Im gleichen Jahr erschienen Trelawnys *Recollections*. In diesem Buch und noch mehr in den *Records* von 1878 wurde das Bild von Shelley und Mary als den beiden verwandten Seelen arg ramponiert: »Mrs. Shelley besaß eine Anzahl liebenswürdiger Eigenschaften, doch war sie vom grünäugigen Ungeheuer, der Eifersucht, besessen ... Dieser Umstand erwies sich als ein unüberwindliches Hindernis für den vertrauten Umgang mit ihrem Gatten. Sooft der Dichter über die Liebe schrieb - und das Thema mochte noch so abstrakt oder ideal sein -, legte Mary dies falsch aus und betrachtete es als einen Verrat an sich selbst. In der Einsamkeit war sie traurig gestimmt und verzagt und sehnte sich nach Gesellschaft. Sie ließ nichts unversucht, Shelley den Konventionen zu unterwerfen und ihn dazu zu bewegen, sich so zu verhalten wie andere auch; ihr ständiges Jammern und Klagen bekümmerte ihn, und ihre Gesellschaft bot ihm keinen Trost.«

Unverzeihlich, doppelt unverzeihlich, daß solches von einem Manne stammte, der der Witwe des Dichters ewige Freundschaft geschworen und ihr sogar einen Heiratsantrag gemacht hatte – um entschieden abgewiesen zu werden: »Sie gehören den Frauen im allgemeinen, nie wird eine Mary Shelley die Ihre sein.« Nichtsdestoweniger trifft Trelawnys Bild von den gespannten Beziehungen zwischen Shelley und Mary zu. Shelley selbst schrieb: »Ich spüre nur die Abwesenheit derer, die mich verstehen können. Ob wegen der Nähe oder des ständigen häuslichen Umgangs miteinander, Mary spürt sie nicht.« Claire Clairmont, die mit den Shelleys 1820 in Florenz zusammenlebte, äußert sich vielsagend in ihrem Tagebuch: »Eine schlechte Ehefrau ist wie Winter im Haus«, während Mary im gleichen Jahr ihrem eigenen Tagebuch anvertraut: »Wir haben jetzt fünf Jahre zusammengelebt, und wenn alle Ereignisse dieser fünf Jahre ausgelöscht würden, könnte ich wohl glücklich sein.«

Um Mary Gerechtigkeit widerfahren zu lassen: sie hatte allen Grund, so zu schreiben, und Trelawny hatte allen Grund, sie für einen »griesgrämigen Jammerlappen« zu halten. Erst fünfundzwanzig Jahre alt, als Trelawny ihr in Pisa begegnete, hatte sie bereits acht Jahre mit Shelley zusammengelebt und in dieser Zeit drei Kinder geboren und wieder verloren. Es hatte Krisen und Tragödien gegeben wie den Selbstmord ihrer Halbschwester Fanny Imlay und einen Monat später den von Shelleys erster Frau, Harriet Westbrook, die sich im schwangeren Zustand in den Serpentine-Teich stürzte. Mary hatte zunächst die soziale Ächtung durch ihren Vater William Godwin ertragen müssen, sodann dessen schonungsloses Schmarotzertum, ganz zu schweigen von der Belastung durch ihre Stiefschwester, Claire Clairmont, die sich beharrlich an Marys und Shelleys Fersen heftete, wohin die beiden auch gehen mochten. Hinzu kamen noch die nie endenden finanziellen Schwierigkeiten, die Mißstände und Aufregungen, in die das Ehepaar durch Shelleys hitzige und unpraktische Art ständig aufs neue geriet. Von all diesen Schicksalsschlägen traf Mary der Tod ihrer Kinder am schwersten, besonders der des letzten Kindes, eines kleinen Knaben, der 1819 in Rom starb. Diese Tragödie hatte eine Mauer zwischen ihr und Shelley aufgerichtet, der sich Marys Schwermut hilflos ausgeliefert sah. Kein Wunder also, daß er sich leicht zu *amitiés amoureuses* mit Mädchen wie der Contessina Emilia Viviani und Jane Williams bereit fand.

Wenn Trelawny seine Haltung gegenüber Byron später milderte, so nahm die Art, wie er Mary behandelte, an ätzender Schärfe noch zu. In einem Nachtrag zu den *Records* schleudert er eine neue Philippika gegen sie, obwohl sie zu diesem Zeitpunkt schon über ein Vierteljahrhundert tot war. In einem Teil des in den *Records* zusätzlich aufgenommenen Materials macht Trelawny sich zum Fürsprecher von Shelleys erster Frau, Harriet Westbrook. Der in jeder Beziehung armen Harriet, die ins Wasser ging, nachdem Shelley sie verlassen hatte, wurde im Leben und sogar nach ihrem Tode übel mitgespielt. Man kann sich noch immer nicht des Eindrucks erwehren, daß Trelawny, auch wenn er sich wirklich in Harriet einzufühlen vermochte, sie lediglich als Vorwand benutzte, um gegen Mary Shelley vom Leder zu ziehen.

Trelawnys langsame, aber immer stärker werdende Entfremdung von Mary mag anfangs auf deren Weigerung zurückzuführen gewesen sein, ihm bei der Abfassung einer Shelley-Biographie zu helfen (ein Plan, den er bald fallenlassen mußte, weil sie sämtliche Papiere und Dokumente besaß), erhielt aber mit Sicherheit neue Nahrung durch Marys wachsende Bemühungen, sich anzupassen und die Werte der bestehenden Gesellschaftsordnung zu akzeptieren. Nach Trelawnys Ansicht war dieser Rückfall einer Tochter des radikalen Philosophen William Godwin und der noch radikaleren Mary Wollstonecraft unverzeihlich; einer Frau, die überdies die Gattin eines Mannes wie Shelley gewesen war. 1837 scheint die Freundschaft zwischen Mary und Trelawny endgültig zerbrochen zu sein.

Mary zahlte mit gleicher Münze heim. Ihr Tagebuch von 1831 enthält eine vernichtende Analyse des Menschen Trelawny: »Ein seltsames, doch wundervolles Wesen, begabt mit Geist – großer Charakter- und Empfindungsstärke, doch zerrüttet durch das *Gefühl seiner Nichtigkeit* – zerfressen von Neid und innerer Unzufriedenheit.«

Im Jahr nach Shelleys Tod nahm Trelawny Byrons Einladung an, ihn auf seinem Feldzug zur Unterstützung der Griechen in ihrem Freiheitskampf gegen die Türken zu begleiten. Nach jahrhundertelanger Unterjochung hatten sich die Griechen endlich zum Kampf erhoben. Kein Ereignis seit dem amerikanischen Unabhängigkeitskrieg und der Französischen Revolution hatte unter den europäischen Liberalen so viel Hoffnung und Begeisterung geweckt. Im März 1823 war in London ein griechisches Komitee zur Beschaffung von Geld, Waffen und Proviant für die Aufständischen gegründet worden. Eines der aktivsten Mitglieder war Byrons Freund John Cam Hobhouse. Zwar wußte niemand im Komitee darüber Bescheid, wie die Lage in Griechenland eigentlich aussah und was dort am dringendsten benötigt wurde, aber das Ziel, das Joch der Türkenherrschaft abzuschütteln, war klar.

Nach einigen anfänglichen Massakern und unerheblichen Erfolgen hatte sich das Interesse der griechischen Revolutionäre allerdings mehr und mehr dem Streit und der Uneinigkeit in den eigenen Reihen zugewandt. Auf der einen Seite stand der Führer der westlich orientierten zivilen Partei, der feiste bebrillte Fürst Maurokordatos, der in Pisa ein Freund der Shelleys gewesen war und sich jetzt in Westgriechenland ziemlich sicher behauptete. Auf der anderen Seite stand der Bandit Kolokotronis, der die aus Einheimischen bestehende militärische Partei führte und dessen Befehlsgewalt auf Morea galt (wie der Peloponnes üblicherweise genannte wurde). Es gab unzählige Splitterparteien und mehr oder weniger selbständige Gruppen mit eigenwilligen Kommandeuren, von denen wir nur Odysseus Andrutzos, einen Häuptling der räuberischen Klephten, zu erwähnen brauchen, der Ostgriechenland kontrollierte und mit Kolokotronis ein operatives Abkommen getroffen hatte.

Byron, der zwischen 1809 und 1811 Griechenland und die Türkei fast zwei Jahre lang bereist und sich dabei nicht nur mit Land und Leuten, sondern auch mit der Sprache vertraut gemacht hatte und durch dessen Dichtungen der Philhellenismus in Europa wesentlich gefördert worden war, galt als der aussichtsreichste Bewerber um den Posten eines Emissärs für das griechische Komitee in London. Doch es waren vor allem der Reklamewert und die magische Anziehungskraft von Byrons Namen, die Edward Blaquiere, den irischen Abenteurer und die treibende Kraft hinter dem Londoner Unternehmen, dazu bestimmten, Byron um Teilnahme zu ersuchen. Blaquiere wußte, daß Byrons Name unentbehrlich war, wenn das bisher ziemlich geringe Interesse der britischen Öffentlichkeit an der griechischen Sache wachgehalten und verstärkt werden sollte. Als Byron schließlich zustimmte, nach Griechenland zu reisen, versah ihn das Londoner Komitee mit Geld und medizinischen Versorgungsgütern für die Partisanen; außerdem hatte er noch eine erhebliche Geldsumme aus seinem Privatvermögen bei sich.

Nach seiner Ankunft in Griechenland ging Byron höchst umsichtig zu Werke, sehr zum Ärger des impulsiv und unüberlegt handelnden Trelawny. Monatelang hielt er sich auf der griechischen Insel Kephalonia auf und vertrödelte dort scheinbar die Zeit. Kephalonia stand damals unter britischem Schutz, war also neutrales Gebiet und somit ein günstiger Ausgangspunkt für weitere Operationen. William St. Clair schrieb in seiner 1972 erschienenen Untersuchung über die Rolle der Philhellenen im griechischen Unabhängigkeitskrieg: »Byron versuchte fast als einziger der Philhellenen . . ., über griechische Institutionen Erkundigungen einzuziehen.« Byron machte seine Position klar: »Ich bin nicht hergekommen, um mich einer Partei anzuschließen, sondern einer Nation.« Dies blieb seine Taktik, an der er unerschütterlich festhielt.

Ende 1823 schloß sich ihm in Kephalonia ein weiterer Emissär des Londoner Komitees an, Oberst Leicester Stanhope. Ein Anhänger Jeremy Benthams, voller pädagogischer Theorien und demokratischer Grundsätze, tauchte dieser Weiße Ritter bei Byron auf, beladen mit Bibeln und Druckerpressen – er hatte ganz entschieden einen Sparren zuviel im Kopf. Eine freie Presse sei der sicherste Weg zur Beendigung der Tyrannei: Ergo wünschte der Herr Oberst eine Zeitung zu gründen. Daß die Mehrheit der griechischen Bevölkerung gar nicht lesen konnte, war für ihn nebensächlich. Wie ein zeitgenössischer Beobachter es formulierte, zogen die beiden Männer nicht am gleichen Strang. Einmal bemerkte Byron voller Sarkasmus: »Es ist schon seltsam, daß Stanhope, der Soldat, dafür plädiert, die Türken mit der Feder niederzuringen, während ich, der Schriftsteller, dafür bin, sie im offenen Kampf zu besiegen.« Und ein andermal: »Er ist wie alle politischen Geschäftemacher, die das Beiwerk der Zivilisation mit deren Ursache verwechseln.«

Nicht lange nach Stanhopes Ankunft kam Byron zu der Überzeugung, daß von den griechischen Führern Fürst Maurokordatos der verantwortungsbewußteste sei und für Griechenland die besten Aussichten bot. Seiner provisorischen Regierung streckte Byron daher eine namhafte Summe vor und schiffte sich im Dezember 1823 nach Missolunghi ein, einer von Sümpfen umgebenen Hafenstadt in Westgriechenland, wo Maurokordatos sich niedergelassen hatte. Hier widmete sich Stanhope der Aufstellung einer Druckerpresse für seine Zeitung, während Byron, den man von allen Seiten mit Geldforderungen bedrängte, mit dem Aufbau eines Artilleriekorps begann und Vorbereitungen für einen Angriff auf Lepanto (Naupaktos) traf. William Parry, der vom Londoner Komitee entsandte leitende Waffeningenieur, kam in Missolunghi jedoch ohne Congrevesche Brandraketen an, die damals das Modernste an Angriffswaffen darstellten; sie waren in der Schlacht von Waterloo eingesetzt worden. Am Vorabend des Marsches auf Lepanto machten Byrons albanische Söldner alle Pläne zunichte, indem sie plötzlich mehr Sold verlangten. Einige Tage später ermordete einer von ihnen einen schwedischen Artillerieoffizier, und Missolunghi war in Aufruhr. Ende Februar 1824 reiste der »Drucker-Oberst«, wie Byron Stanhope spöttisch nannte, nach Athen, um dort eine weitere Druckerpresse aufzustellen.

Trelawny begleitete Byron nicht nach Missolunghi. Er hatte im September 1823 zusammen mit Hamilton Browne, einem anderen Mitglied von Byrons Kommando, Kephalonia verlassen, um Auskünfte einzuholen und Kontakt zu den griechischen Führern aufzunehmen. Trelawny hatte nicht die Absicht, bei Byron stets die zweite Geige zu spielen. Als er und Browne endlich Athen erreichten, begegneten sie dort einer Person, von der Trelawny sofort fasziniert war: dem Klephtenhäuptling Odysseus Andrutzos. Odysseus zog es vor, ein unabhängiger Anführer zu bleiben, und war von dem möglichen Erfolg des griechischen Aufstandes nicht sonderlich überzeugt, zeigte sich aber nicht abgeneigt, alles, was damit zusammenhing, für seine Zwecke auszunutzen. Er war ein Halunke, aber nicht ganz so niederträchtig und gemein, wie man ihn dargestellt hat. St. Clair zufolge erweckte das von Odysseus kontrollierte Gebiet - im Gegensatz zum größten Teil Griechenlands - »den Anschein, als unterstünde es einer effizienten Regierung und einem gut funktionierenden Polizeiapparat mit einer leidlich brauchbaren Regionalverwaltung und Gerichtsbarkeit«. In einer zeitgenössischen Darstellung von 1825 findet sich folgender Passus: »Da er am Hofe von Ali Pascha [dem türkischen Despoten] aufgewachsen ist, überrascht es nicht, daß Odysseus Laster, wohl aber, daß er gute Eigenschaften besitzt.«

Odysseus war vor allem ein Mann der Tat, ein Kämpfer, auch wenn die meisten seiner Kämpfe nichts als glattes Banditentum waren. Eine derart exotische Gestalt mußte auf Trelawnys romantische Gefühlswelt sogleich Eindruck machen. Byronscher als Byron selbst - wie die meisten Philhellenen, die gekommen waren, für die Freiheit Griechenlands zu kämpfen -, begann Trelawny für Odysseus zu schwärmen und Byrons unromantisches, aber realistisches Festhalten an dem bebrillten und wie ein Spießbürger aussehenden Maurokordatos mit Verachtung und Schlimmerem zu strafen. Nach Byrons Tod schrieb er fast hysterisch an Mary Shelley: »Ihr hölzener Gott, Maurokordatos... will Könige und Kongresse; ein armseliger, schwacher, feiger, unaufrichtiger Kerl.« Dagegen war Odysseus »ein prächtiger Gefährte, ein tapferer *Soldat* und ein Mensch von ganz wundervollen Geistesgaben, ebensowenig engstirnig wie Shelley und mit fast ebensoviel Phantasie begabt; er ist ein großartiger Mensch. Ich habe mit ihm zusammengelebt - er nennt mich Bruder -, und er will mich mit seiner Familie bekannt machen.« Es überrascht nicht, daß Mary in ihrer Antwort den Wunsch äußerte, Trelawny möge »den Hexenkunststücken des Odysseus entgehen«.

Im Februar 1824 stieß Oberst Stanhope zu Trelawny und Odysseus in Athen. Letzterer muß darüber hocherfreut gewesen sein. Alle Griechen wußten, daß Byron unermeßliche Summen Geld zu seiner Verfügung hatte; eine Anleihe in Höhe von 800 000 Pfund Sterling war im Vertrauen auf seinen Namen aufgenommen worden - mehr als die gesamten Steuereinkünfte Griechenlands. Mit Byrons Freund Trelawny und Byrons Kollegen, dem verrückten Oberst, zur Seite muß Odysseus das Geld schon so gut wie in seiner Tasche geglaubt haben. So ging er Oberst Stanhope um den Bart und stimmte der Errichtung von Schulen nach dem Lancaster-System, der Gründung einer utilitaristischen Gesellschaft und natürlich einer freien Presse begeistert zu (die griechische Zeitung von Oberst Stanhope erschien tatsächlich und erreichte eine Auflage von vierzig Exemplaren).

Als nächstes galt es Byron zu erwischen. Odysseus schlug vor, Byron und Maurokordatos zu einem Kongreß nach Salona kommen zu lassen. Trelawny wurde losgeschickt, um sie in Missolunghi abzuholen. Zwei Tage war er unterwegs, als ihn ein Bote mit der Nachricht erreichte, daß Byron gestorben sei. Am 9. April hatte Byron sich eine fiebrige Erkältung zugezogen. In Missolunghi standen vier Ärzte zur Verfügung. Sie entschlackten seine Gedärme mit Brechmitteln und Rizinusöl und schwächten seine Abwehrkräfte weiter durch wiederholte Aderlässe, bis er am 19. April dem Fieber erlag.

Wolkenbruchartige Regengüsse waren niedergegangen – Straßen und Flüsse waren nahezu unpassierbar. Trelawny behauptet mit seiner üblichen Ungenauigkeit, er sei in Missolunghi am 24. oder 25. April eingetroffen, rechtzeitig, um Byrons Leiche noch einmal zu sehen, bevor sie für die Überführung nach England in einem Sarg versiegelt worden sei, und auch rechtzeitig, um seine berüchtigte Untersuchung der mißgebildeten Füße des Dichters vornehmen zu können. Es bestehen allerdings erhebliche Zweifel, ob eine solche Untersuchung überhaupt stattfand.

Byron starb in dem Glauben, daß sein Einsatz in Griechenland umsonst war. Das glaubte damals auch Trelawny. Seine Eifersucht auf Byron und der Einfluß, den Odysseus auf ihn ausübte, kommen in einem typisch maßlosen Brief zum Ausdruck, den er im August 1824 von Odysseus' Felsenhöhle aus an Mary Shelley richtete: »Byron und ich schlugen in Griechenland diametral entgegengesetzte Wege ein – ich im Osten, er im Westen ... Fünf Monate verdöste er. Bei den Göttern! Die Lügen, die zu seinem Lobe aufgetischt werden, drängen einen, die Wahrheit zu sagen. Es ist gut für seinen Namen und besser für Griechenland, daß er tot ist... Das wenige, was er tat, geschah zugunsten der Aristokraten, um die Republik zu zerstören und einem fremden König den Weg zu ebnen. Aber Byron ist jetzt tot, und es läßt mich schamrot werden, daß ein so schwacher und unwürdiger Geist mich so lange beeinflussen konnte. Es ist und bleibt ein erniedrigender Gedanke. Ich wünschte, er hätte etwas länger gelebt, dann hätte er erleben können, wie ich mich hier hoch über ihn erhob, wie ich über seine schäbige Gesinnung triumphierte.« Tatsächlich stellte Byrons Tod in Missolunghi das entscheidende Ereignis des griechischen Unabhängigkeitskampfes dar, denn er löste eine internationale Welle der Begeisterung für die Griechen und ihre Sache aus. Drei Jahre später besiegte die vereinigte französisch-englisch-russische Flotte die Türken in der Seeschlacht von Navarino, und Griechenland war frei.

Daß er sich mit Odysseus eingelassen hatte, führte bei Trelawny am Ende zu Enttäuschung und zur Abkehr von seiner bisherigen Haltung, die ihn fast das Leben gekostet hätte. Nach Byrons Tod kehrte er zu Odysseus in Salona zurück und nahm - trotz heftigsten Protestes von seiten des verhaßten Maurokordatos - die Waffen und die Munition mit, die das Londoner Griechenkomitee nach Missolunghi geschickt hatte. Während Odysseus loszog, um die Verbindung zu seinen Unterkommandeuren aufrechtzuerhalten, blieb Trelawny verantwortlich für die Bergfeste des Klephtenhäuptlings, eine romantische und uneinnehmbare Höhle in den Felsen des Parnaß, die nur über Leitern zu erreichen war.

Etwa um diese Zeit heiratete Trelawny Odysseus' Halbschwester, Tersitza Kamenou, ein Mädchen von etwa zwölf oder dreizehn Jahren. Es lag offenbar in Odysseus' Interesse, sich mit einem Engländer zu verbünden, der ihm möglicherweise zu einem Anteil am Geld des Londoner Komitees verhelfen konnte. Doch im Dezember 1824 beschloß Odysseus, ins andere Lager überzuwechseln oder jedenfalls mit der türkischen Regierung einen vorläufigen Frieden zu schließen. Trelawny muß ernüchtert und enttäuscht gewesen sein; er versuchte noch, wenn auch vergeblich, Odysseus dazu zu bewegen, an Bord eines Schiffes zu gehen, das Kurs auf die unter britischem Schutz stehenden Ionischen Inseln nahm. Im April 1825 wurde Odysseus von seinen früheren griechischen Freunden gefangengenommen und in einem Turm auf der Akropolis eingeschlossen. Am Fuße dieses Turmes fand man ihn einige Monate später tot auf; vermutlich wurde er bei einem Fluchtversuch ermordet.

Inzwischen war Trelawny selber, wie er es in den *Records* so anschaulich schildert, dem heimtückischen, aber mißglückten Mordanschlag eines schottischen Abenteurers namens Fenton zum Opfer gefallen, der möglicherweise im Solde der griechischen provisorischen Regierung von Maurokordatos stand. Obwohl schwer verwundet, genas Trelawny völlig und wurde mit seiner jungen griechischen Frau auf einem britischen Schiff nach Kephalonia evakuiert. Zwei Jahre lang blieb er auf den Ionischen Inseln, 1828 kehrte er endgültig nach England zurück.

Die *Records* enden mit den Ereignissen des Jahres 1825. Deshalb mag hier eine kurze Darstellung von Trelawnys weiterem Leben angebracht sein. Tersitza nahm er nicht nach England mit. Sie stritten sich - eine typische Trelawny-Geschichte -, weil er sie lieber in der Tracht ihrer griechischen Heimat sehen wollte. Als die temperamentvolle Tersitza auf seine Wünsche nicht einging, drohte Trelawny, falls sie nicht gehorche, ihr die Haare abzuschneiden. Eines Tages fand er sie in einem Kleid, das sie sich aus Paris bestellt hatte. Wortlos zog er einen Dolch und schnitt ihr die Haare ab. Ebenso wortlos stand Tersitza auf und verließ das Haus für immer. Sie hatte ihm eine Tochter namens Zella geboren und brachte nach ihrer Trennung ein weiteres Kind zur Welt, das aber starb. Folgt man der einen Darstellung, lebte Tersitza bei der Geburt des zweiten Kindes in einem Kloster; gleichzeitig strengte sie gegen Trelawny einen Scheidungsprozeß an. Da es gegen die bestehenden Vorschriften war, ein Kind innerhalb der Klostermauern aufzuziehen, ließ die Oberin das Neugeborene in einen Korb packen und an den Vater schicken. Aus dem Gefühl heraus, daß der Platz des Kindes bei der Mutter sei, sandte Trelawny den Säugling unverzüglich zurück, aber die Oberin, unbeugsam wie sie war, schickte den Korb abermals zurück. Als Trelawny ihn öffnete, war das Kind tot. Eine weniger grausige und vielleicht wahrscheinlichere Version der Geschichte besagt, daß Trelawny das Kind lediglich zum Stillen außer Haus gab; da es jedoch schon nicht mehr am Leben war, schickte er den Leichnam an das Kloster zurück. Tersitza heiratete später einen Landsmann und starb 1870 als wohlhabende alte Dame.

Nachdem er 1828 wieder nach England gegangen war, beschloß Trelawny, seinen Wohnsitz nach Italien zu verlegen. Er fuhr nach Florenz und begegnete dort einem Mann, der ihm nicht unähnlich war: dem ungestümen und leicht aufbrausenden Walter Savage Landor und außerdem Charles Armitage Brown, dem Freund von Keats. Die beiden überredeten Trelawny, sich an einer Autobiographie zu versuchen. Mit ihrem Rat und ihrer Unterstützung schrieb er die *Adventures of a Younger Son,* ein Werk, für das Mary Shelley 1831 einen Londoner Verleger zu finden half. Über jedem Kapitel stand ein Zitat von Byron, Shelley oder Keats - in diesem Dreigestirn sah Trelawny »die Dichter der Freiheit« verkörpert. Das Buch war ein Erfolg, und die Motti über den einzelnen Kapiteln müssen dazu beigetragen haben, das Interesse an den Dichtungen Keats' und Shelleys wiederzuerwecken, das 1831 schwerlich vorhanden war. 1832 kehrte Trelawny zusammen mit seiner griechischen Tochter Zella nach England zurück.

Ein Jahr später war er erneut unterwegs, diesmal nach Amerika, wo er der Schauspielerin Fanny Kemble begegnete, um die er hartnäckig warb; einmal besuchte er mit ihr die Niagarafälle. Obwohl sie ihn ganz attraktiv fand, war sie klug genug, ihm einen Korb zu geben. In ihrem Tagebuch von 1835 beschreibt sie ihn folgendermaßen: »Ein Mann mit den Proportionen eines Riesen, was Körperkräfte und Behendigkeit anlangt; größer, von aufrechterer Haltung und breitschultriger als die meisten Männer, doch mit einer gleichgültig-trägen Nachlässigkeit der Gangart und einer unsicheren, gleichsam ziellosen Art, die Füße auf den Boden zu setzen, als wüßte er nicht recht, wohin er gehen soll, und als wünsche er gar nicht, überhaupt irgendwohin zu gehen. Sein Gesicht ist so dunkel wie das eines Mohren, mit einem wilden, seltsamen Aussehen um Augen und Stirn und einem narbenähnlichen Mal auf der Wange; seine ganze Erscheinung läßt einen an schwere Arbeit, Entbehrungen und gefährliche Abenteuer denken.«

In Amerika vollbrachte Trelawny das letzte seiner phantastischen Heldenstücke. Er durchschwamm den Niagara, wobei er fast ertrunken wäre, und gedachte dieser Leistung in einer der besten seiner phantasievoll ausgeschmückten Abenteuerschilderungen (*A Swim in the Rapids of Niagara*, postum veröffentlicht in H. Buxton Formans *Letters of Edward John Trelawny* [1910]). Anschließend bereiste er die Vereinigten

Staaten; in Charleston kaufte er einen Negersklaven und schenkte ihm die Freiheit.

Schon 1835 war Trelawny wieder in England. Er befaßte sich ein bißchen mit radikaler Politik, wurde jedoch von Mary Shelleys zunehmendem Konformismus mehr und mehr enttäuscht. 1839 entführte er eine Freundin von ihr, Lady Augusta Goring, die Frau von Sir Harry Vane Goring. Trelawny heiratete sie schließlich, nachdem ihr Gatte 1841 - wiederum durch Parlamentsbeschluß - sich von ihr hatte scheiden lassen. Er erwarb ein Gut bei Usk in Monmouthshire und etablierte sich dort, nicht ohne Erfolg, als Landwirt und Handelsgärtner. 1858, als die *Recollections of the Last Days of Shelley and Byron* erschienen, ging die letzte seiner Ehen in die Brüche. Noch mit sechsundsechzig setzte er sich über jegliche Konvention hinweg und nahm eine junge Frau ins Haus als Geliebte. Lady Augusta ließ sich das nicht bieten und zog aus. Bald darauf verkaufte Trelawny das Gut und kehrte nach London zurück.

Die nächsten zehn Jahre lebte er meist in Putney. In London lernte er Swinburne kennen, der, als es an der Zeit war, eine besonders schreckliche Elegie auf Trelawny verfassen sollte. Er traf auch mit W. M. Rossetti zusammen, dem Bruder von Dante Gabriel und Christina Rossetti und einstigen Sekretär der Präraffaelitischen Bruderschaft. Rossetti war jetzt Staatsbeamter und ein unermüdlicher Sammler von literarischen Reminiszenzen; er wurde nicht müde, Trelawny nach Anekdoten über Shelley und Byron auszufragen. Auf Veranlassung Rossettis, durch seine Unterstützung und Mitarbeit wurde die revidierte und erweiterte Ausgabe der *Recollections* unter dem neuen Titel *Records of Shelley, Byron, and the Author* abgeschlossen und 1878 veröffentlicht.

In seinen letzten Lebensjahren saß Trelawny dem Maler John Millais Modell für dessen berühmtes Bild »Die Nordwestpassage«. Trelawny saß nicht gern Modell und stimmte den Sitzungen nur unter der Bedingung zu, daß Lady Millais sich einer Schwitzbadkur unterzog, um so für eine Firma zu werben, an der er beteiligt war. Auf Millais' Gemälde ist Trelawny als zerschundener alter Seebär dargestellt: ein grauhaariger Raufbold mit einem Glas Grog in der Hand und einem in die Ferne gerichteten, verträumten Blick. Ein viktorianisches Fräulein liest ihm in einem mit Seekarten und nautischen Instrumenten ausstaffierten Raum vor. Als Trelawny das Bild sah, geriet er in Wut.

Von 1869 bis zu seinem Tode lebte Trelawny hauptsächlich in einem Häuschen bei Worthing mit einer Miss Taylor, die er als seine Nichte ausgab. Bis in sein hohes Alter blieb er unwahrscheinlich rüstig. Als er die Achtzig schon weit überschritten hatte, ritt er noch immer täglich zum Meer, um zu schwimmen, grub seinen Garten um - den er in ein Vogelschutzgebiet verwandelt hatte - oder hackte Holz. Am 13. August 1881 verstarb er nach kurzer Krankheit im Alter von neunundachtzig Jahren. Sein Leichnam wurde verbrannt und die Asche nach Rom übergeführt; dort wurde sie neben Shelley in der Grabstelle beigesetzt, die Trelawny fast sechzig Jahre zuvor erworben hatte.

Ein seltsames, unbefriedigendes Leben, doch alles andere als langweilig. Es fällt nicht schwer, Harold Nicolsons oberlehrerhaftes Verdikt über Trelawny - »ein Lügner und ordinärer Kerl« - durch Belege zu rechtfertigen. In ihrer ausgezeichneten, aber eingestandenermaßen parteilichen Untersuchung über Byrons Nachleben hat Doris Langley Moore genau das getan. Trelawny könne abgeschrieben werden als Scharlatan, Schwindler, Raufbold, ja sogar als eine Art Clown. Als Achtzigjähriger schrieb er an Claire Clairmont: »Wer kann schon zufrieden Rückschau halten? - Ich nicht. Ich bin erstaunt über die Nichtigkeit und Torheit meines vergangenen Lebens. Es gibt kaum eine Handlung, die ich heute noch billigen könnte. Meine ersten Regungen waren oft gut, aber ich richtete mich selten danach. Selten sah ich die Dinge, wie sie waren - Eitelkeit und Einbildung haben mich getäuscht.«

Diese Art von spontan geäußerter Grundehrlichkeit macht es einem schwer, über Trelawny kurzerhand hinwegzugehen. Er war ein einfacher Mensch und ein komplizierter Charakter, der Inbegriff zahlreicher widersprüchlicher Eigenschaften. Er war ein heller Kopf, besaß aber ein schlechtes Urteilsvermögen. Er war ein Mann von starken Empfindungen, genußfähig, von moralischem und physischem Mut, phantasievoll, doch ohne das geringste Mitgefühl; ungeschliffen, doch sensibel; affektiert, doch vernünftig denkend; freigebig, hochherzig, doch völlig skrupellos. Er war selbständiger Entschlüsse fähig, unangepaßt, frei von Heuchelei, unterlag aber gleichwohl dem hypnotischen Einfluß seiner eigenen Schwärmereien. Er war eitel, fast ein Narziß, trotzdem ein zwanghafter Heldenverehrer. Durch Standes- oder Klassenzugehörigkeit, ja selbst durch den Charakter eines Menschen ließ er sich nicht beeindrukken; dafür besaß er keltische Empfänglichkeit für Temperament und Genie. Obwohl nahezu ungebildet - der vorgeschriebene Schulunterricht endete, als Trelawny dreizehn war - und nur im Besitz von Elementarkenntnissen in der Rechtschreibung und Grammatik, war er dennoch mit einem kraftvollen Prosastil und einem intuitiven Wahrnehmungsvermögen begabt, das ihn befähigte, das geistige Format von Zeitgenossen wie Shelley, Keats, Blake, ja sogar von George Eliot richtig einzuschätzen und zu würdigen, noch bevor ihnen allgemeine Anerkennung zuteil wurde. All diese Mängel und Tugenden finden sich in seinen *Records of Shelley, Byron, and the Author* wieder. Nur wenige Bücher offenbaren eine derart vollständige Umsetzung des Temperaments und der Persönlichkeit ihres Verfassers - ein Grund, warum Trelawnys Werk heute noch lebendig ist und uns anspricht.

Was die umstrittene Frage der Glaubwürdigkeit Trelawnys betrifft, hat die Quellenforschung herausgefunden, daß die *Adventures of a Younger Son* als Bericht über die Jugendjahre des Autors vom dreizehnten bis zum zwanzigsten Lebensjahr nicht mehr als ein Zehntel Wahrheit enthalten. Was nicht unbedingt besagt, daß der Rest des Buches pure Erfindung ist. Einigen romantischeren Ereignissen in den *Adventures* liegen ganz offensichtlich spätere Begebenheiten zugrunde, die er in den *Records of Shelley, Byron, and the Author* erzählen sollte. Wenn man es sich recht überlegt, weist der geheimnisvolle und offenbar frei erfundene französische Freibeuter namens De Ruyter eine ungewöhnliche Ähnlichkeit mit dem echten Räuberhauptmann Odysseus Andrutzos auf, den Trelawny seinerzeit als einen Helden verehrte. Die Einäscherung von Zellas Leichnam am Gestade des Meeres findet ihre Entsprechung in der Verbrennung von Shelleys Leiche am Strand von Viareggio, ja sogar die Nebensächlichkeit, daß Trelawny sich an Zellas Scheiterhaufen die Hände verbrennt, wird erwähnt. Schon der Name »Zella« ist phonetisch nicht weit von »Shelley« entfernt. Und in Griechenland heiratete Trelawny tatsächlich ein dreizehnjähriges Mädchen - wenn auch nicht eine vornehme Araberin, so doch jedenfalls die Halbschwester eines Banditenführers, und ihr gemeinsames Kind wurde auf den Namen Zella getauft...

Der umstrittenste Punkt in den *Records* ist zweifellos die Frage, ob die berühmte oder berüchtigte Episode in Missolunghi, wo Trelawny das Leichentuch von Byrons Füßen wegzieht, um die Art der Mißbildung festzustellen, wahr oder frei erfunden ist. Als diese Geschichte zum ersten Mal in den *Recollections* erschien, war Trelawny über die empörte Reaktion seiner Leser anscheinend nicht sehr erstaunt. Zwanzig Jahre später änderte er jedoch seine Darstellung und bot jetzt eine andere - um nicht zu sagen: entgegengesetzte - Beschreibung von Byrons Klumpfüßen. Trelawny mußte doch damit rechnen, daß die beiden Versionen miteinander verglichen würden.

Hatte er Byrons Leichnam überhaupt zu Gesicht bekommen? Aller Wahrscheinlichkeit nach traf Trelawny in Missolunghi ein, als Byrons Sarg bereits verplombt war, und hatte daher keine Möglichkeit, den Toten zu sehen - das heißt, wenn man Millingens Behauptung unberücksichtigt läßt, daß Trelawny noch rechtzeitig eingetroffen sei, »um auf seine bleichen Lippen einen letzten Kuß zu drücken«. Wenn aber Trelawnys Geschichte von Byrons Füßen reine Erfindung ist, welchen Zweck hatte sie dann? Die Antwort mag darin liegen, daß Byrons Mißbildung einen wesentlichen Bestandteil der Byronschen Legende bildete und Trelawny daher die Geschichte förmlich erfinden *mußte.* Er war ein Mythenschöpfer, wobei er den Blick auf sein Publikum gerichtet hielt. Byron reagierte zwar, was seine Mißbildung betraf, sehr empfindlich, beschäftigte sich aber mit ihr nicht in dem gleichen Maße oder in der gleichen Art wie Trelawny und Byrons Leserschaft. Um ihretwillen lüftete Trelawny in seiner Phantasie, wenn auch nicht in Wirklichkeit, das Leichentuch und erblickte »die Gestalt und die Züge eines Apolls, doch mit den Füßen und Beinen eines waldbewohnenden Satyrs«. Das entsprach genau dem, was Byrons Leser erwarteten, denn darin war jenes Eigenbild verkörpert, das Byron in seinen Dichtungen, Briefen und Gesprächen von sich zu entwerfen liebte: der mit einem Makel behaftete romantische Held.

Wie H. J. Massingham in seiner Biographie *The Friend of Shelley* bemerkt, »ist Trelawnys Beitrag zur romantischen Revolution - Trelawny«. Ob aus einer bewußten Entscheidung heraus oder auf Grund seines eigenen Charakters und Temperaments in Verbindung mit den damaligen Zeitläuften, Trelawny wurde zu einer Verkörperung oder wenigstens zu einem Abbild des romantischen Individuums, des freien Menschen, der gegen die im Zuge der industriellen Revolution neu entstehende Massengesellschaft aufbegehrt und mit deren bürgerlich-philisterhaften Werten und Konventionen in ständigem Widerspruch steht.

Trelawny war nicht nur ein Romantiker, sondern auch ein Romane schreibender Phantast und Aufschneider. Sicher haben seine besseren Anekdoten durch vielfache Wiederholungen noch an Brillanz gewonnen. Wie Roy Campbell in *Broken Record* von sich selber sagt: »Mein Gedächtnis und meine Phantasie funktionieren als eine Einheit; dadurch, daß ich meine Abenteuer immer wieder erzähle, bekommen sie eine elegantere Form, und ich gehöre nicht zu denen, die ihre Leser mit einer Aufzählung von Fakten langweilen.« Trelawnys wie auch Campbells Einstellung zur Wahrheit ging freilich über die eines guten Geschichtenerzählers hinaus; sie kam der eines Barden näher, der Legenden und Mythen spinnt. Solche Schriftsteller nehmen die Wahrheit sozusagen als Kettfäden, in die ein Schuß Phantasie eingewebt werden darf. Das entstehende Gewebe ist ein Mythos, doch oft ein symbolischer Mythos, der eine inhärente Wahrheit, die durch strikte Tatsachen bisweilen nur verdunkelt würde, neu erschafft und deutlich hervortreten läßt.

Auf zahlreiche Daten und einige Fakten in den *Records of Shelley, Byron, and the Author* ist kein Verlaß; Trelawny geht mit beiden höchst nachlässig um. Seine *Records* sind ebenso wie die *Adventures of a Younger Son* ein romantischer Roman im Gewand einer Autobiographie. Beide Werke feiern einen romantischen Helden: De Ruyter/Odysseus als Musterbeispiel des romantischen Menschen der Tat ist die beherrschende Gestalt in den *Adventures*, Shelley steht als Inbegriff der romantischen Idee des Dichters im Mittelpunkt der *Records*.

Wie Shelleys Biograph Newman Ivey White bemerkt, vernimmt man in den *Records* immer wieder »den unbestimmbaren Klang der Wahrheit«. Vielleicht mag Ford Madox Fords Charakterisierung seiner eigenen Autobiographie auch auf die Trelawnys zutreffen: »Nur noch ein Wort zur Klärung, worum es sich bei diesem Buch handelt. Es besteht aus Eindrücken. Kurz, dieses Buch ist voller faktischer Ungenauigkeiten, doch was die Eindrücke betrifft, von absoluter Genauigkeit.«

Aus dem Englischen von Wilfried Sczepan

Mit Shelley und Byron in Pisa

Im Sommer 1820 war ich in Ouchy, einem Dorf am Ufer des Genfer Sees im Kanton Waadt. Der bei weitem gebildetste Mensch, mit dem ich mich in dieser Gegend unterhalten konnte, war ein junger Buchhändler in Lausanne. Er hatte an einer deutschen Universität studiert und war mit den Werken vieler erstklassiger Schriftsteller vertraut; seine Lektüre war nicht, wie das bei Leuten seines Berufs üblich ist, auf Kataloge und Inhaltverzeichnisse beschränkt. Er war ein ernsthafter Leser, der die Literatur höher schätzte als den schnöden Mammon.

Da Lausanne einer jener mitten im Lande gelegenen Zufluchtshäfen ist, wo Wanderer aller Nationen Schutz suchen, standen auf seinen Regalen Werke in allen Sprachen; er war ein guter Sprachenkenner und las alles, was ihm gefiel. »Großartiger als die Höhe der Berge«, sagte er einmal, als ich mir eben das Panorama der Alpen betrachtete, »ist die Erhabenheit der Geister, und Bücher sind die Maßstäbe, an denen man sie mißt.« Er pflegte mir Abschnitte aus den Werken Schillers, Kants, Goethes und anderer zu übersetzen und Kommentare zu ihren schwerverständlichen mystischen und metaphysischen Theorien zu schreiben. Eines Morgens traf ich meinen Freund unter den Akazien auf der Terrasse vor dem Haus, in dem Gibbon gelebt und den »Verfall und Untergang des Römischen Reiches« geschrieben hatte. »In dieser schneidenden Luft«, sagte er, »die den Geist des großen Historikers so brillant geschliffen hat, suche ich auch meinen Verstand zu schärfen, damit ich sein Buch ganz begreife. Die modernen Dichter Ihres Landes, Byron, Scott und Moore, kann ich dagegen beim Spazierengehen lesen und verstehen. Jetzt ist mir allerdings ein Buch in die Hände gefallen, das mich zum Einhalten zwingt, zum Atemholen und Nachdenken.« Es war Shelleys ›Queen Mab‹. Da ich weder den Namen dieses Dichters noch den Titel je hatte nennen hören, fragte ich, wie er denn darauf gestoßen sei. »Ich fand den Band in einem Stapel neuer englischer Bücher, die ich gegen alte französische eingetauscht hatte. Da mir die Namen der Autoren nicht bekannt waren, hätte ich vielleicht nie hineingesehen, aber ein feister, herumschnüffelnder Priester hatte diesen Band hier auf meinem Speicher gerochen und war, nachdem er einen Blick auf die Anmerkungen geworfen hatte, in Zorn geraten. ›Ungläubiger, Jakobiner, Gleichmacher! Nur der Scheiterhaufen kann die Verbreitung solcher Gotteslästerungen aufhalten; die Welt steht im Begriff, in verfluchtes Heidentum und weltweite Anarchie zurückzufallen.‹ Als der Priester gegangen war, nahm ich das Büchlein, das er weggeworfen hatte, zur Hand, indem ich mir sagte: ›Hier findest du gewiß etwas, was sich lohnt.‹ Sie kennen doch das Sprichwort: ›Niemand wirft Steine in einen Baum, der keine Früchte trägt.‹«

»Jedenfalls kein Priester«, erwiderte ich; »auch ich möchte deshalb gern von dieser verbotenen Frucht kosten. Was halten Sie von dem Buch?«

»Für meinen Geschmack«, sagte der Buchhändler, »ist die Frucht zwar unreif, aber dennoch wohlschmeckend; man braucht also einen starken Magen. Der Autor ist voller Feuer und hat wirklich den Geist eines Dichters; anders als Byron und Moore, die die Menschheit gemein machen wollen, strebt er danach, sie zu erheben. Es heißt, er sei fast noch ein Knabe und dies sei sein erstes Werk. Wenn das stimmt, werden wir noch oft von ihm hören.«

Einige Tage nach dieser Unterhaltung wanderte ich nach Lausanne, um dort im Hotel mit einem alten Freund von der Marine, Captain Daniel Roberts, zu frühstücken. Er war ausgegangen, um zu zeichnen, kehrte aber bald in Gesellschaft zweier englischer Damen zurück, deren Bekanntschaft er unterwegs gemacht hatte. Wenig später kam noch der Gatte einer der beiden Damen hinzu. Ihrer praktischen Kleidung wie auch den Blasen und Flecken in ihrem Gesicht konnte ich die Fußwanderer ansehen, die eben von den schneebedeckten Bergen zurückkamen; die grelle Sonne und die frostige Luft hatten auf ihre zarte Haut eingewirkt wie kochendes Wasser auf den Hummer, dessen dunkle Schale sich scharlachrot färbt. Der Mann war offenbar ein Bewohner des Nordens, mit hartem Akzent und weißer Haut; er war eckig und knochig gebaut, selbstbewußt und dogmatisch in seinen Ansichten.

Edward John Trelawny 1836
Zeichnung von Alfred d'Orsay

Sein bei aller Wunderlichkeit treffsicherer Ausdruck und seine ungewöhnlichen Bemerkungen über ganz alltägliche Dinge wirkten auf mich sehr anregend. Unsere eisigen Insulaner tauen, sind sie einmal in wärmere Breiten abgetrieben, sehr schnell auf. Herausgelöst aus dem antisozialen System geheimnisvoller Kasten und Zirkel, Cliquen und Sekten, legen sie ihre säckelstolzen, speichelleckerischen Streberallüren ab und finden durchaus Gefallen daran, das Leben in vollen Zügen zu genießen. Überdies sind wir in fremder Gesellschaft zur Konversation genötigt, wenn nicht aus Wohlerzogenheit, so doch, um unsere Kinderstube zu beweisen, da die Gabe der Rede nun einmal einen wesentlichen, wenn nicht den einzigen Unterschied zur übrigen Tierwelt ausmacht.

Zurück zu unserem Frühstück. Die Reisenden, die vor Gesundheit strotzten, waren von ihrem Ausflug entzückt; sie brachten einen wohlverdienten Appetit mit und waren so guter Laune, daß Robert und ich bald davon angesteckt wurden. Alle redeten so laut und so schnell, als stünden sie unter dem belebenden Einfluß von Champagner; wir tranken aber nur eine beruhigende Mischung Café au lait. Ich erinnere mich leider nur an die letzten Worte unserer Unterhaltung. Der Fremde äußerte seinen Abscheu vor der Einführung der Reisewagen in den Gebirgsgegenden der Schweiz und vor den alten Philistern, die sich ihrer bedienten.

»Was diese eigenmächtigen, unbarmherzigen, gottlosen Kreaturen betrifft«, rief er aus, »die die Grenzsteine der Natur umstürzen, indem sie durch die Alpen und den Apennin Landstraßen hacken, bis alles die gleiche tödliche Langeweile ausstrahlt: sie werden sich dereinst vor Gericht zu verantworten haben. Sie haben den besten Exemplaren des Menschengeschlechts die Freistatt in den Bergen genommen, haben den Adler, das Birkhuhn, den Rothirsch gezähmt oder ausgerottet. Der Liebhaber der Natur findet nirgends mehr einen einsamen Winkel, um ihre Schönheiten zu genießen. - Gestern, bei Tagesanbruch«, fuhr er fort, »erklomm ich den schroffsten Gipfel in der Gegend; er schien unzugänglich. Diese schöne Illusion wurde jedoch schnell zerstört. Das verfluchte Geklingel und Gerumpel einer Kalesche riß mich aus meinen Träumen; die rauhen Stimmen übertönten selbst den Wasserfall.«

Da der Fremde eben auf der Straße Lärmen hörte, sprang er auf, sah aus dem Fenster und läutete dann heftig die Glocke. »Kellner«, rief er, »ist das unser Wagen? Weshalb haben Sie uns nichts davon gesagt? Los, Mädchen, bewegt euch, der Tag hat längst angefangen. Freut euch, daß ihr nicht zu laufen braucht; so haben wir Aussicht, jene Hautreste zu retten, die uns die Sonne auf Kinn und Nase hat stehenlassen. Heute werden wir nicht geröstet, sondern bloß gesotten werden.«

Als sie das Zimmer verließen, um sich für ihre Reise zurechtzumachen, sagte mir mein Freund Roberts, der Fremde sei der Dichter Wordsworth mit Frau und Schwester.

Wer hätte das ahnen können? In den harten Zügen, auf der wettergefurchten Stirn, in der ganzen äußeren Erscheinung dieses Mannes konnte ich keine Spur des Göttlichen finden, das in ihm war. Wenige Minuten später kamen die Reisenden zurück, wir gaben uns herzlich die Hand und verabredeten ein Wiedersehen in Genf. Da ich nun wußte, daß ich es mit einem Veteranen des schönen Handwerks zu tun hatte, fragte ich ihn ohne Umschweife, da auf überflüssige Höflichkeiten keine Zeit zu verschwenden war, was er von Shelley als Dichter halte.

»Nichts«, erwiderte er, ebenfalls ohne Umschweife.

Da er meine Überraschung sah, fügte er hinzu: »Von einem Dichter, der bis zu seinem 25. Lebensjahr nicht ein einziges gutes Gedicht hervorgebracht hat, dürfen wir annehmen, daß er es nicht kann und daß er es niemals können wird.«

»Die Cenci!« sagte ich eifrig.

»Reicht nicht«, antwortete er kopfschüttelnd, indem er in den Wagen stieg; ein rauhhaariger Scotchterrier sprang hinterher.

»Dieser haarige Bursche ist unsere Flohfalle«, rief er, und schon fuhren sie ab.

Als ich mich von dem Schrecken dieses harten Urteils eines älteren Barden über einen jüngeren Bruder der Musen erholt hatte, rief ich aus:

»Schließlich sind auch Dichter nur Staub. Es ist die alte Geschichte - der Neid, Kain und Abel. Im allgemeinen halten Vertreter eines Standes, Sekten und Gemeinschaften auf Gedeih und Verderb zusammen; nur die Männer der Feder bilden eine Ausnahme; wenn einer aus ihrer Zunft in der Schlacht unterliegt, benehmen sich die Tintenbrüder wie die Krähen und fliegen krächzend und kreischend davon; wenn sie nicht selbst den Schuß abfeuern, blasen sie zum Angriff.«

Ich wußte damals nicht, daß ein flügge gewordener Autor die Schriften seiner Zeitgenossen niemals liest, es sei denn, um sie in einer Rezension zu verreißen, was als Werk der Liebe gilt. In späteren Jahren, als Shelley schon tot war, gab Wordsworth das auch zu; auch ließ er sich dann dazu bewegen, ein paar Gedichte von Shelley zu lesen, und er räumte ein, daß Shelley der größte Meister des klingenden Verses in unserer modernen Literatur sei.

Wenig später ging ich nach Genf. In der Nähe dieser Stadt, auf dem größten Landsitz der Gegend (Plangeau), lebte einer meiner Freunde, ein Baronet aus Cornwall, ein gutes Exemplar der alten Schule, der belesen war und in jahrelangem Umgang mit verständigen Männern vieler Nationen seinen Schliff bekommen hatte. Er hielt an einer inzwischen aus der Mode gekommenen Sitte der alten Barone fest: Sein Speisesaal stand allen seinen Freunden offen; man war willkommen, wann immer es einem gefiel, dorthin zu gehen, ohne daß es lästiger Einladungszeremonien bedurfte.

In diesem wahrhaft gastfreundlichen Haus lernte ich drei junge Leute kennen, die eben aus Indien zurückgekehrt waren. Sie wohnten in einer hübschen Villa, dem Maison aux Grenades, am Ufer des Sees, einen kurzen Spaziergang von Genf beziehungsweise dem Haus des Baronets entfernt. Ihre Namen waren George Jervoice, von der Madras-Artillerie; E. E. Williams und Thomas Medwin, Leutnants a. D., die zuletzt bei den 8. Dragonern gedient hatten. Es war in erster Linie Medwin, der in Williams und mir den Wunsch wachrief, Shelley kennenzulernen. Er selbst kannte ihn seit Kindheitstagen und redete von nichts anderem als dem begeisterten Jüngling, seinen Tugenden und Leiden, so daß wir, abgesehen von allem Genie, darauf brannten, seine Bekanntschaft zu machen. Aus allem, was Medwin erzählte, konnte ich schließen, das Shelley lebte, wie er schrieb, daß er das Leben eines wahren Dichters führte und die Einsamkeit liebte; auch schien er durchaus kein Zyniker.

Während der zwei oder drei Monate meines Genfer Aufenthalts verbrachte ich viele angenehme Tage in den beiden erwähnten Villen. Im Spätherbst wurde ich unerwartet nach England zurückgerufen; Jervoice und Medwin gingen nach Italien; die Williamsens beschlossen, den Winter in Chalon-sur-Saône zu verbringen. Ich erbot mich, sie in meinem leichten Schweizer Wagen dorthin zu fahren; im Frühjahr wollte ich mich wieder zu ihnen gesellen, um gemeinsam weiter nach Italien zu reisen, auf den Spuren Shelleys.

Der Mensch kann nur ein bestimmtes Maß von Schmerz oder Lust ertragen, ein Übermaß in die eine oder andere Richtung hat Unempfindlichkeit zur Folge. Die Williamsens waren des Glücks in ihrer bezaubernden Villa am heiteren Genfer See überdrüssig und hatten beschlossen, dieselbe zu verlassen; sie wollten herausfinden, wie lange sie es aushalten wür-

Edward Ellerker Williams
Miniatur von unbekannter Hand

den, wenn sie all dessen beraubt wären, woran sie gewöhnt waren. Eine französische Provinzstadt schien der geeignete Ort für ein solches Experiment, und man entschied sich für Chalon-sur-Saône. Im November machten wir uns im offenen Wagen auf den Weg. Nach einer viertägigen Fahrt durch Wind, Regen und Schlamm erreichten wir Chalon in bemitleidenswerter Verfassung. Die weite Ebene rings um die Stadt war überschwemmt; wir nahmen Quartier in einem Hotel am schlammigen Ufer der Saône. Was für ein Gegensatz zu der Granatapfel-Villa, die wir verlassen hatten, so dachten wir alle, sagten aber nichts.

Als ich mit der *malle-poste* nach Paris abreiste, kam ich mir vor wie ein Mann, der mit einigen Gefährten auf einem öden Felsen gestrandet ist, sich das einzige Boot nimmt, damit das nächstgelegene Land ansteuert und seine Leidensgenossen einem traurigen Ende überantwortet. Nachdem eine Magerkur aus Soupe maigre, Bouilli und saurem Wein sowie die freiwillige Abgeschiedenheit sie zur Besinnung gebracht hatten, reisten sie im Frühjahr nach Süden, ohne sich ein einziges Mal umzudrehen, bevor sie über die Alpen waren. Sie fuhren direkt zu den Shelleys; in einem Brief an mich hielt Williams seine ersten Eindrücke von dem Dichter fest:

Pisa, April 1821

Mein lieber Trelawny,

Wir haben vor, in Florenz zu überwintern; vor der Hitze des Sommers wollen wir dann in einem palastartigen Anwesen namens Villa Poschi in Pugnano, zwei Meilen vor der Stadt, Zuflucht suchen. Mit Shelley als Begleiter verspreche ich mir davon viel Vergnügen, wenn wir in den schattigen Oliven- und Kastanienhainen spazierengehen, die über uns die Hügel hinaufwachsen. Er läßt sich ein kleines Boot bauen, nur zehn oder zwölf Fuß lang, mit dem er auf Abenteuer fahren will, wie er es nennt; die vielen Flüßchen und Kanäle, die sich in diesem Teil Italiens finden, durchqueren die schönste Landschaft, die man sich vorstellen kann, schlängeln sich zwischen Terrassengärten am Fuße der Berge hin oder verbreitern sich zu Seen wie dem von Bientina.

Shelley ist zweifellos ein höchst geistreicher Mann, außerordentlich jung, von sanftem, liebenswürdigem Wesen, dabei voller Verve und Witz. Seine wundervolle Beherrschung der Sprache und die Leichtigkeit, mit der er Themen behandelt, die allgemein als schwierig und entlegen gelten, sind erstaunlich; kurzum, seine gewöhnliche Unterhaltung ist der Dichtung verwandt, denn er sieht die Dinge in der eigentümlichsten und erfreulichsten Beleuchtung; schriebe er, wie er spricht, er wäre populär genug. Lord Byron und andere halten ihn für den weitaus erfinderischsten Dichter dieser Tage. Die Briefe seiner Lordschaft an ihn sind durchaus Briefe eines Schülers; er bittet Shelley um seine Meinung, fragt ihn um Rat in diesem und jenem und so fort. Ich muß Ihnen sagen, daß die Idee zur Tragödie ›Manfred‹ und viele der philosophischen oder besser metaphysischen Vorstellungen, die in den vierten Gesang des ›Childe Harold‹ eingegangen sind, auf Anregungen Shelleys zurückgehen; dies natürlich nur unter uns. Vor ein paar Tagen hätte ich den Dichter und mich selbst fast umgebracht. Wir fuhren nach Livorno, um nach unserem kleinen Boot zu schauen, und da der Wind sehr frisch und gleichmäßig blies, beschlossen wir, damit nach Pisa zurückzusegeln; wir setzten also ein riesiges Segel und brachten das Boot um zehn Uhr abends zum Kentern.

Ich habe diesen Brief gestern morgen angefangen, wurde aber von der in Rede stehenden Person am Weiterschreiben gehindert; als mich der Dichter nach unserem unfreiwilligen Bad über einen Schmerz in der Brust klagen hörte, holte er einen Arzt, so schreibe ich Ihnen nun vom Bett aus, mit einem Zugpflaster an der wahrscheinlich affizierten Stelle. Ich habe Anweisung, still zu liegen und womöglich zu schlafen, ziehe es aber vor, aufrecht zu sitzen und dieses Blatt abzuschließen.

Ein General R., ein Engländer, ist von seiner Tochter und ihrem Geliebten, einem venezianischen Domestiken, mit kleinen Dosen Arsen vergiftet worden, so daß die Tage der ›Cenci‹ wiederaufleben, mit dem Unterschied, daß Verbrechen um so grausamer scheinen, je länger sie aufgeschoben werden. Die arme Beatrice wurde durch lange und unerträgliche Greueltaten zum Vatermord getrieben; im neuesten Fall dagegen wurde der Vater der niedrigsten menschlichen Leidenschaft geopfert, die allerdings Ursache vieler Verbrechen ist. Im Zusammenhang mit Beatrice und den ›Cenci‹ muß ich Ihnen eine schauerliche Geschichte von jenem unglücklichen Mädchen erzählen, die ich aber unmöglich zu Papier bringen kann; Sie werden dann nicht mehr über ihre Tat staunen, sondern die Tugend bewundern, (auch wenn Sie das vielleicht für einen seltsamen Ausdruck halten mögen), die sie dazu inspirierte. Adieu. Jane bittet, sich freundlich in Erinnerung bringen zu dürfen; und seien Sie meiner aufrichtigen Ergebenheit versichert Ihr E. E. Williams.

In einem späteren Brief gab mir Williams einen Vorgeschmack von dem, was ich von Lord Byron zu gewärtigen hatte:

Pisa, Dezember 1821

Mein lieber Trelawny,

Was um alles geht hier vor? Ich möchte schwören, daß gestern Weihnachten war, denn ich habe es mit einem glänzendem Festmahl gefeiert, das Lord Byron für seinen, wie ich es nenne, Pistolen-Club gab - Shelley, Medwin, ein Mr. Taaffe und ich selbst. Aus dem Traum dieses Festes kaum erwacht, erhielt ich Ihren Brief, der vom 1. Januar 1822 datiert. Die Zeit fliegt schon schnell genug, doch Sie, in der Geschwindigkeit Ihrer Bewegungen, überflügeln die alte Dame noch; nehmen Sie lieber ein paar Federn aus den Fittichen Ihres Geistes, befestigen Sie dieselben, wie Merkur, an Ihren Fersen und lassen Sie sich bei uns sehen, ehe ein weiteres Jahr verstrichen ist. In vierzig Jahren, mein Junge, werden Sie die Gegenwart mit mehr Respekt behandeln und sich hüten, das Kommende vorzudatieren. Aber ich hoffe, daß die Zeit immer so gleichgültig an Ihnen vorbeifliegen wird, wie sie es jetzt anscheinend tut.

Lord Byron ist wahrlich die Seele dieses Ortes, das heißt, für die wenigen, vor denen er, wie Mokannah, seinen Schleier gelüftet hat. Als Sie mich in Ihrem letzten Brief fragten, ob überhaupt Aussichten bestehen, irgendwie vertraut mit ihm zu werden, antwortete ich Ihnen so, wie ich es für das klügste hielt; ich erkläre Ihnen das, wenn ich Sie sehe. Inzwischen kenne ich ihn schon sehr viel besser und glaube mit Sicherheit sagen zu dürfen, daß es ganz von Ihnen abhängen wird. Das Exzentrische seines angenommenen Charakters, den die gänzliche Zurückgezogenheit von der Welt fast als natürlich erscheinen läßt, verliert sich von Tag zu Tag mehr. Von den vielen Engländern, die sich hier aufhalten, empfängt er keinen außer den genannten. Darüber bin ich um meinetwillen froh, denn in einer zusammengewürfelten Gesellschaft erfährt man nichts von einem Menschen. Wenn er sich einmal niedergelassen habe, sei er nicht leicht zu bewegen, sagt er, doch scheint er geneigt, sich im kommenden Sommer unserer Gesellschaft in La Spezia anzuschließen.

Alles, was ich über das Boot zu sagen habe, hebe ich mir auf, bis wir uns in jenem Ausschuß zusammensetzen, der über diese Angelegenheit beraten wird, sobald Sie hier eintreffen. Ein Boot brauchen wir auf jeden Fall, und können wir Roberts dazu bringen, es zu bauen, um so besser. Für den Winter sind wir hier eingerichtet, für viele Winter vielleicht, denn wir haben Wohnungen gemietet und dieselben möbliert. Das ist ein Schritt, der einen Mann vor Anker legt, ja ihn vorn und achtern festmacht: Sie finden uns in Tre Palazzi 349, Lung'-Arno. Bitte empfehlen Sie mich Roberts. Sagen Sie ihm, daß er sich damit abfinden muß, mich an der Hand zu nehmen; er wird aber weder eine Pfeife in meinem Mund noch einen Schnurrbart über demselben entdecken, da das erstere mich und das letztere Jane krank macht. Bringen Sie alle neuen Bücher mit, die Sie haben. Es gibt hier eine Mrs. B. mit einem Wurf von sieben Töchtern. Sie ist die lebenslustigste Dame hier und die einzige, die Bälle gibt, denn ihre jungen Squaws kommen in das Alter, wo sie, wie Lord Byron sagt, für ihren Lebensunterhalt walzen müssen. Wenn man in diese Tonart verfällt, sollte man – je eher, desto besser – Schluß machen mit seiner Epistel. Addio. Ganz der Ihre E. E. Williams.

Ich war an das Stadtleben, das ich damals führte, nicht gewöhnt und wurde der Gesellschaft bald so überdrüssig wie Stadtmenschen der Einsamkeit. Das große Übel der Einsamkeit ist, daß sie das Gehirn untätig läßt; die Muskeln schwellen nur, wenn man sie übt, und bei mangelnder Übung schrumpft auch der Verstand.

Um diesem Übel entgegenzuwirken und das notwendige Gleichgewicht zwischen Körper und Geist aufrechtzuerhalten, beschloß ich, den Winter in der wildesten Gegend Italiens, in der Maremma, inmitten von Sümpfen und Malaria zuzubringen, in Gesellschaft meiner Freunde Roberts und Williams, zwei eifrigen Jägern; in jener Gegend gibt es reichlich Schnepfen und Wildenten.

Zu diesem Zweck verfrachtete ich eine Menge Hunde, Gewehre und sonstigen Jagdbedarf nach Livorno. Zur Übung meines Hirns beabsichtigte ich, den anschließenden Sommer mit Shelley und Byron zu verbringen und auf dem Mittelmeer zu segeln. Nachdem ich meine Vorbereitungen getroffen hatte, brach ich im Herbst mit der französischen *malle-poste* von Paris nach Chalon auf, nahm dort das Pferd und den Einspänner, die ich bei Williams gelassen hatte, und fuhr damit weiter nach Genf, wo mich Roberts erwartete. Nach kurzem

Aufenthalt setzte ich mit Roberts die Reise in Richtung Süden fort; wir fuhren in meinem Schweizer Wagen, so daß wir anhalten konnten, wo und wann es uns gefiel. Diese Art zu reisen erlaubte es uns, nach Belieben zu zeichnen, zu jagen, zu fischen und uns mit Muße alles anzusehen. Auch wenn wir nur langsam vorankamen, war die Reise doch sehr angenehm. Wir fuhren über den Mont Cenis und erreichten schließlich Genua. Nach einem langen Aufenthalt in dieser Stadt der gemalten Paläste fuhr ich allein weiter nach Pisa, da ich es nicht mehr erwarten konnte, den Dichter zu sehen. Ich traf spät in Pisa ein; nachdem ich mein Pferd in der Herberge untergestellt und noch gegessen hatte, eilte ich zu den Tre Palazzi am Lung'Arno, wo die Shelleys und die Williamsens in verschiedenen Etagen unter einem Dach wohnten, wie das auf dem Kontinent üblich ist. Die Williamsens empfingen mich in ihrer ernsthaften, aber herzlichen Art; wir hatten uns viel zu erzählen und waren in lebhafter und angeregter Unterhaltung, als ich ziemlich erschrak: Mir gegenüber lag eine Tür, die offenstand, und in dem Gang fühlte ich ein paar funkelnde Augen auf mich geheftet; es war zu dunkel, festzustellen, wem sie gehörten. Mit der den Frauen eigenen Aufmerksamkeit folgten Mrs. Williams' Blicke den meinen, und indem sie zur Tür trat, sagte sie lachend:

»Treten Sie ein, Shelley, es ist nur unser Freund Trelawny; er ist eben gekommen.«

Geschwind ins Zimmer gleitend und dabei errötend wie ein Mädchen, streckte mir ein hochgewachsener schlanker Jüngling beide Hände entgegen; in sein von Röte überzogenes, feminines und offenes Gesicht blickend, konnte ich kaum glauben, daß dies der Dichter war, erwiderte aber seinen warmen Händedruck. Nach Austausch der üblichen Begrüßungen und Höflichkeiten nahm er Platz und hörte zu. Ich war sprachlos vor Staunen: Sollte dieser so sanft wirkende, bartlose Jüngling tatsächlich jenes mit aller Welt im Streit liegende leibhaftige Ungeheuer sein, das von den Vätern der Kirche exkommuniziert und durch den Machtspruch eines grimmen Lordkanzlers seiner bürgerlichen Rechte beraubt worden war, von sämtlichen Familienangehörigen verworfen und von den rivalisierenden Größen unserer Literatur als Gründer einer satanischen Schule geschmäht? Ich konnte es nicht glauben; es mußte eine Täuschung sein.

Es ist für die jetzige Generation nicht leicht, sich von der giftigen Bigotterie, die vor fünfzig Jahren herrschte, einen Begriff zu machen. Wer die Göttlichkeit Christi in Frage stellte oder seinen Unglauben bekannte, wurde als Verbrecher gebrandmarkt und hatte alle Welt gegen sich. Shelley, einer der gütigsten und humansten Männer seiner Zeit, wurde auf Grund seiner antichristlichen Schriften, noch ehe er das einundzwanzigste Lebensjahr vollendet hatte, gemieden, als hätte er eine pestilenzialische Krankheit.

Er war gekleidet wie ein Knabe, mit schwarzer Jacke und Hosen, aus denen er herausgewachsen schien, oder aber sein Schneider hatte, wie es üblich ist, beim Maßnehmen auf schändliche Weise geknausert. Mrs. Williams bemerkte meine Verlegenheit, und um mir ein wenig Luft zu verschaffen, fragte sie Shelley nach dem Buch, das er in der Hand hatte. Sein Gesicht erhellte sich und er antwortete schnell:

»Calderóns ›Mágico Prodigioso‹; ich übersetze gerade ein paar Stellen daraus.«

»Oh, lesen Sie sie doch vor!«

Er hatte abgelegt vom Strand des Alltäglichen, das ihn nicht interessieren konnte; angesprochen auf ein Thema, das ihn fesselte, vergaß er augenblicklich alles, was um ihn herum geschah. Die meisterhafte Art, in welcher er den Genius des Verfassers zergliederte, die treffende Interpretation der Handlung und die Leichtigkeit, mit der er die subtilsten und geistvollsten Verse des spanischen Dichters in unsere Sprache übertrug, war ebenso erstaunlich wie seine Beherrschung beider Sprachen. Von diesen Auslegungen beeindruckt, zweifelte ich nicht länger an seiner Identität. Es folgte eine Totenstille.

»Wo ist er?« fragte ich, als ich meinen Blick wieder emporrichtete.

»Wer? Shelley?« sagte Mrs. Williams, »oh, der kommt und geht wie ein Geist, niemand weiß, woher und wohin.«

Binnen kurzem kehrte er mit Mrs. Shelley zurück. Diese brachte uns aus der idealen Welt, in der uns Shelley zurückgelassen hatte, wieder in die Wirklichkeit, hieß mich in Italien willkommen, fragte nach Neuigkeiten aus London und Paris, nach neuen Büchern, Opern, Hüten, Hochzeiten, Morden und anderen Wunderdingen. Der Dichter verschwand, und der Tee

Mary Shelley
Miniatur von Reginald Easton

erschien. Die Schriftstellerin Mary Wollstonecraft, die erste Frau von William Godwin, war 1797 bei der Geburt ihrer Tochter Mary, der späteren zweiten Frau Shelleys, gestorben, die zu der Zeit, von der ich rede, demnach vierundzwanzig Jahre alt war. Schon ihre Abstammung von so genialen Eltern hätte ausgereicht, mich für sie zu interessieren - ganz abgesehen von ihren eigenen Verdiensten als Schriftstellerin. Der auffälligste Zug ihres Gesichts waren die stillen grauen Augen; sie war etwas kleiner, als englische Frauen es gewöhnlich sind, hatte sehr blondes, lichtes Haar, war geistreich, gesellig und in Gesellschaft von Freunden sehr lebhaft, trübsinnig dagegen, wenn sie sich einsam fühlte. Wie Shelley, wenn auch in geringerem Maße, besaß sie die Fähigkeit, sich mittels eines reichen Wortschatzes treffend auszudrücken, den sie durch vertrauten

Umgang mit den großen Werken unserer alten Schriftsteller erworben hatte. Keiner von beiden gebrauchte veraltete oder fremdsprachige Wörter. Diese Beherrschung unserer Sprache beeindruckte mich um so mehr, als ich sie dem von den Damen der Gesellschaft benutzten dürftigen Vokabular gegenüberstellte, wo ein Dutzend armseliger abgedroschener Phrasen ausreicht, alles auszudrücken, was man empfindet oder mitteilen zu müssen glaubt.

Um zwei Uhr am folgenden Tag ging ich mit Shelley über den Ponte Vecchio zum Palazzo Lanfranchi, der Wohnung Lord Byrons am Lung'Arno. Wir betraten eine große marmorne Eingangshalle, stiegen eine riesige Treppe hinauf, durchquerten einen entsprechend großen Raum über der Eingangshalle und wurden in ein kleineres Zimmer mit Büchern und einem Billardtisch geführt. Eine mürrisch dreinschauende Bulldogge (Moretto) meldete uns knurrend, und im nächsten Augenblick stand der Pilger, der aus einem inneren Gemach kam, vor uns. Sein schleppender Gang war unübersehbar, und doch bewegte er sich behende; obgleich er blaß aussah, wirkte er so frisch, kräftig und lebhaft, wie ich selten einen Mann gesehen habe. Sieht man davon ab, daß er viele Jahre allein gelebt hatte, so war wohl sein Stolz die eigentliche Ursache dafür, daß er bei der ersten Begegnung mit Fremden verlegen wurde; er versuchte dies hinter einer vorgetäuschten Nonchalance zu verbergen. Nachdem die üblichen Fragen und Antworten ausgetauscht waren, gewann er seine Selbstsicherheit zurück und sagte zu Shelley gewandt:

»Da Sie der Poesie ergeben sind, gehen Sie und lesen Sie die Versikel, von denen ich in der letzten Nacht oder vielmehr heute morgen entbunden wurde, das heißt, falls Sie es können. Ich bin verwirrt; ich werde langsam ordinär. Da ist ein Brief von Tom Moore, lesen Sie, Sie finden sich darin ironisch gepriesen.«

Dann nahm er einen Billardstock und forderte mich zu einer Partie auf; er stieß die Bälle, bewegte sich auch geschwind um den Tisch, spielte aber ohne jede Hingabe und kümmerte sich offensichtlich überhaupt nicht um das Spiel, sondern plauderte dabei ganz lässig:

»Der Zahlmeister der Fregatte, auf der ich nach Konstantinopel fuhr, nannte einen Offizier ›unflätig‹, weil jener auf seine Perücke angespielt hatte. Also, bevor ich eine Perücke aufsetze – und ich werde bald eine brauchen – werde ich sie mir am Sattelknopf befestigen und ausreiten, oder ich werde sie auf meinen Spazierstock stecken. Mit dieser Fregatte hätten wir in den Dardanellen fast ein amerikanisches Handelsschiff mit einer ganzen Ladung Galanteriewaren in den Grund gebohrt. Unser Kapitän, der alte Bathurst, rief den Yankee an und fragte ihn, würdevoll wie ein Lord, nach dem Namen seines Schiffs und wo er herkäme. Der Yankee-Kapitän brüllte: ›Sie kupferarschige Schlange, ich schätze, das werden Sie schon erfahren, wenn ich Sie beim Kongreß angezeigt habe.‹«

Die Überraschung, die sich in meinen Mienen malte, galt nicht dem, was er sagte, sondern dem Umstand, daß er solche Geringfügigkeiten im Gedächtnis behielt. Natürlich wurde unter solchen und ähnlichen kleinen Anekdoten auch sein großer Triumph erwähnt, das Meer von Sestos nach Abydos durchschwommen zu haben. Ich war auf ein feierliches Mysterium vorbereitet gewesen, aber soweit ich das Stück nach dem ersten Akt beurteilen konnte, handelte es sich eher um eine feierliche Farce. Ich vergaß, daß große Schauspieler, wenn sie nicht auf der Bühne stehen, entsetzlich langweilige Burschen sind und daß selbst der mächtigste Prospero ohne sein Buch und seinen Zaubermantel ein ganz gewöhnlicher Sterblicher ist. Unterdessen gesellte sich Shelley zu uns, der sein Buch und seinen Zaubermantel nie ablegte; er schwang seinen Stab, und Byron verstummte, nachdem er einen Anflug von Trotz hatte durchblicken lassen; die Stichhaltigkeit von Shelleys Bemerkungen über sein Gedicht erfaßte er sofort, und der Ernst, mit dem dieser seine gerechte Kritik vorbrachte, schlug ihn in Bann.

Byrons geistige Beweglichkeit und sein wunderbares Gedächtnis beeindruckten mich; er verteidigte sich mit allen möglichen Beispielen, Präzedenzfällen und Zitaten zeitgenössischer Autoritäten; er bestritt Shelleys Behauptungen nicht, indem er sie als solche in Frage stellte, sondern nur in bestimmter Hinsicht, und seine subtilen Bemerkungen hätten einen weniger scharfsinnigen Denker als den, mit dem er streiten mußte, verwirrt. Während dieser Diskussion musterte ich den Pilger aufmerksam. Byrons äußere Erscheinung erfüllte das Ideal, mit welchem die Phantasie das Genie schmückt.

Casa Lanfranchi, Byrons Palast in Pisa
Stich von O.F.M. Ward

Er war in den besten Mannesjahren, vierunddreißig, von mittlerer Größe, fünf Fuß achteinhalb Zoll groß; seine Züge waren ebenmäßig, die bleiche Haut ohne Flecken oder Furchen, seine Schultern breit, die Brust gewölbt, Körper und Glieder fein proportioniert. Sein kleiner feingebildeter Kopf mit dem lockigen Haar machte dank der Massigkeit und Länge seines Halses einen luftigen, anmutigen Eindruck. Sein Genie sah man in den Augen und Lippen. Kurzum, die Natur hätte kaum mehr für ihn tun können, weder an äußerer Gestalt noch an dem inneren Feuer, das sie ihm mitgegeben hatte. Doch wie er sich in seiner Verbitterung einbildete, dienten alle diese seltenen Gaben nur dem Zweck, den einen Makel, sein Hinken, um so deutlicher hervortreten zu lassen, wie ja auch ein Diamant mit Einschlüssen durch das Polieren nur verliert. Und so brütete er über diesem Gebrechen, wie empfindsame Seelen brüten, bis sie eine Warze zu einem Grützbeutel aufgebläht haben. Sein Hinken unterstützte zweifellos seine skeptische, zynische und wilde Wesensart.

Seine Kleidung hatte nichts Ausgefallenes, sie war dem Klima angemessen. Er trug eine mit Litzen besetzte schottische Jacke, von deren Muster er sagte, es sei das der Gordons, zu welchem Geschlecht seine Mutter gehöre, eine blaue Samtkappe mit goldenem Band und sehr weite Nankinghosen, die seine Füße bedeckten, sein Hals war nicht frei, wie man es auf Zeichnungen sieht.

Um drei Uhr meldete ein Diener, daß die Pferde vor der Tür hielten, was Byrons Diskussion mit Shelley ein Ende setzte, und wir folgten ihm in die Eingangshalle. Vor der Tür standen drei oder vier eher durchschnittliche Pferde; sie hatten Halfter an den Sätteln und viel überflüssigen Putz, wie ihn die Italiener lieben und die Engländer meiden. Shelley und ein eben gemeldeter irischer Besucher bestiegen zwei von diesen traurigen Mähren. Ich hatte zum Glück einen eigenen Klepper. Byron setzte sich in eine Kalesche und bestieg sein Pferd erst, nachdem wir das Stadttor passiert hatten, um nicht, wie er sagte, von den »verdammten Engländern« angestarrt zu werden, die gewöhnlich vor seinem Haus am Arno herumlungerten. Nach ein oder zwei Stunden gemächlichen Ritts und lebhafter Unterhaltung – im Sattel war er nämlich meist bei guter Laune – hielten wir bei einem kleinen *podére* am Wegrand, stiegen ab und gingen ins Haus, wo ein Tisch mit Wein und Kuchen bereitstand. Vor dort begaben wir uns in den Weinberg hinter dem Haus; der Diener brachte zwei Paar Pistolen, ein Rohr wurde in den Boden gesteckt und oben ein Fünf-Paoli-Stück von der Größe einer halben Krone hineingeklemmt. Byron, Shelley und ich schossen aus fünfzehn Schritt Entfernung, und einer traf gewöhnlich das Rohr oder die Münze; wir waren ziemlich gleich gute Schützen. Nachdem jeder fünf oder sechs Schuß abgegeben hatte, steckte Byron das verbeulte Geldstück ein und spazierte umher. Dann bestiegen wir wieder die Pferde. Auf dem Heimweg drängte Shelley, Byron solle etwas von dem, was er angefangen habe, vollenden. Byron lächelte und erwiderte: »John Murray, mein Mäzen und Zahlmeister, sagt, daß meine Stücke nicht zu spielen seien. Mich kümmert das nicht, denn ich habe ihm gesagt, daß ich sie nicht für die Bühne geschrieben habe. Er fügt aber hinzu, daß meine Gedichte sich nicht verkaufen lassen; das kümmert mich nun allerdings, denn mein Beutel sitzt mir sehr locker. Er drängt mich, in meinem alten ›Korsaren-Stil‹ weiterzumachen, der den Damen so gefällt.«

Shelley erwiderte entrüstet: »Das ist die richtige Logik für einen Buchhändler, aber nicht für einen Autor. Der Krämer ist daran interessiert, die kurzlebigen Bedürfnisse des Tages zu befriedigen. Aber Ihre Sache ist es, dem Ungeheuer einen Ring durch die Nase zu ziehen und es zu bändigen.«

Mit einem Lächeln über Shelleys Erregung sagte Byron: »John Murray hat recht, auch wenn er nicht gerecht ist: Alles, was ich bisher geschrieben habe, war für die Frauenwelt; aber warten Sie, bis ich vierzig bin, dann wird ihr Einfluß eines natürlichen Todes sterben, und ich werde den Männern zeigen, was ich kann.«

Shelley erwiderte: »Tun Sie es jetzt. Schreiben Sie nichts gegen Ihre Überzeugung, nichts, was Ihnen nicht die Wahrheit zu schreiben eingibt; Sie sollten selber den Weisen Ratschläge geben, anstatt sich von Narren beraten zu lassen. Die Zeit wird das Urteil des Pöbels verwerfen. Die zeitgenössische Kritik stellt nur die Summe der Ignoranz dar, gegen die das Genie sich zur Wehr setzen muß.«

Damals wie später war ich angenehm überrascht von der Geduld und Gelehrigkeit, mit der Byron Shelley zuhörte; doch fühlten alle, die ihm zuhörten, den Zauber seines einfachen ernsten Wesens. Byron wußte, daß Shelley frei von Egoismus, Pedanterie, Geckenhaftigkeit und vor allem frei von Konkurrenzneid war und daß er in ihm den aufrichtigsten und kritischsten Bewunderer hatte. Mit einem Blick auf den westlichen Himmel rief Byron: »Wo ist das Grün, von dem Ihr Freund solchen Schwulst redet?« Er meinte Coleridge:

Byron nach seinem täglichen Ausritt in Pisa
Scherenschnitt von Mrs. Leigh Hunt

Anstarrend den westlichen Himmel
und dessen sonderbar gelbgrüne Färbung.

»Wer hat jemals«, fragte Byron, »einen grünen Himmel gesehen?«

Shelley schwieg; er wußte, daß, wenn er antwortete, Byron seiner schlechten Laune freien Lauf lassen würde. So sagte ich: »Der Himmel in England ist häufiger grün als blau.«

»Schwarz, meinen Sie«, versetzte Byron, und in solcher Diskussion gelangten wir vor seine Haustür.

Als er aus dem Sattel stieg, nannte er zwei seltsame Wörter, die sich reimten. Ich nahm dies zum Anlaß, sein Geschick in dieser Kunst zu erwähnen, und zitierte zwei Zeilen aus dem ›Don Juan‹; dies stimmte ihn friedlicher, ja es freute ihn, und die Hand auf die Mähne meines Pferdes legend bemerkte er:

»Wenn Sie sich für solche Sachen interessieren, sehen Sie bei Swift nach, ich schicke Ihnen einen Band; der läßt uns alle weit hinter sich, seine Reime sind wunderbar.«

Dann verabschiedeten wir uns für diesen Tag, den ich so ausführlich geschildert habe, nicht nur, weil es der erste unserer Bekanntschaft war, sondern vor allem, um ein möglichst charakteristisches Bild von Byron, von seinen Gewohnheiten und seiner Unterhaltung zu geben.

Als ich Byron etwas länger kannte, sagte ich zu Shelley: »Byron ist so ganz anders, als ihn die Leute schildern. Ich sehe nichts Geheimnisvolles an ihm; er ist zu freimütig, er sagt Dinge, die besser ungesagt blieben. Ich werde aufpassen, was ich zu ihm sage. Er liest Stücke aus den Briefen seiner Londoner Briefpartner vor.« (Mrs. Shelley lächelte; sie wußte, daß diese Byron warnten, seinen Namen durch eine Verbindung mit demjenigen Shelleys aufs Spiel zu setzen.) »Er ist so impulsiv und eifersüchtig wie eine Frau und vielleicht auch so wankelmütig.«

Bei einer späteren Unterhaltung rief Shelley seine Frau und sagte: »Mary, Trelawny hat Byron schon durchschaut. Wie dumm wir waren, wie lange wir dazu gebraucht haben.«

»Das kommt daher«, meinte sie, »weil er mit den Lebendigen lebt und wir mit den Toten.«

Ich bemerkte: »Byron fragte mich, ob er so sei, wie ich ihn mir vorstellt hätte. Ich sagte, nein. Er fuhr fort: ›Sie wissen nichts über mich. Meine Poesie ist das eine, ich bin etwas anderes. Ich bin nicht der Menschenfresser, für den mich die Leute halten. Meine Poesie ist eine ganz eigene Begabung. Das Ideal hat keine Wirkung auf den realen Charakter. Ich kann nur schreiben, wenn mich der *estro* überkommt; zu allen anderen Zeiten bin ich ich selbst.‹«

Mrs. Shelley schrieb eines von Byrons Dramen ab und zitierte einige Verse daraus,

»Eins, zwei, schlägt die nimmer muntre Uhr«.

Shelley sagte: »Das ist ausgezeichnet; dennoch versagt er beim Drama. Er ist zu abstrakt und diffus. Wir müssen alle versagen. Shakespeare ist der Löwe, der sich uns in den Weg stellt; er hat für das Drama geleistet, was die Griechen für die Bildhauerkunst geleistet haben - er hat es schlechthin vollendet.«

Mrs. Shelley, lachend: »Byron ist eitel genug, eifersüchtig auf Shakespeare zu sein.«

Shelley: »Byrons Kraft ist wunderbar und nicht einmal zur

Hälfte heraus. Alle dürfen ihn beneiden; seine Schwingen werden ihn noch höher tragen; mit jeder neuen Anstrengung gewinnt er an Kraft.«

Als ich ein beliebtes Gedicht erwähnte, sagte Shelley:

»Seine Verse und Reime sind nicht übel, aber Verse und Reime machen noch kein Gedicht. Ein Thema, das ebensogut in Prosa ausgedrückt werden kann, taugt nicht zu einer Dichtung hohen Ranges. Viele Werke von Pope, Dryden und zahlreichen anderen Dichtern könnten ebensogut Prosa sein. Walter Scotts Prosageschichten sind ausgezeichnet.«

Vor seiner Wohnung am Lung'Arno in Pisa sagte Byron:

»Ich kann Sie nicht zum Essen einladen, denn meine Mahlzeit besteht aus Sodawasser und Zwieback; aber kommen Sie gegen neun, dann trinken wir Genever oder Rheinwein, was Ihnen lieber ist. Außer uns wird niemand da sein; vielleicht kommt Medwin.«

Tre.: »Ich habe bei den Shelleys zugesagt. Sein Bankett ist noch weniger üppig als Ihres – Brot und unvermischtes Wasser.«

Byron: »Die Schlange ißt und trinkt nicht.«

Tre.: »Ich bin keine Pflanze, die von der Luft lebt, und werde in der Locanda essen.«

Als der Dichter vom Pferd stieg, sagte ich: »Sie sollten wissen, daß Medwin sich Notizen von Ihren Gesprächen macht.«

Byron: »Er soll nicht wagen, sie zu veröffentlichen.«

Tre.: »Wenn er Sie überlebt, wird er's tun.«

Byron: »Man erzählt so viele Lügen über mich, daß man Medwin nicht glauben wird.«

Tre.: »Wie mir einmal ein Inder sagte, ›Vielleicht ja, vielleicht nein.‹ Medwin hat nicht die Absicht, über Sie Lügen zu verbreiten; er ist leichtgläubig und wird Ihre müßigen Reden aufschreiben.«

Byron: »Wenn ich tot bin, bin ich nichts; solange ich lebe, kann ich sie alle in Zucht halten mit meiner Feder oder meiner Pistole. Falls er Lügen über mich veröffentlicht, dürfen Sie sagen, daß es Lügen sind.«

Und damit schieden wir voneinander.

Als ich bei den Shelleys diese Unterhaltung erwähnte, sagte Mrs. Shelley lächelnd: »Das wird Byron nicht zurückhalten, sondern im Gegenteil anfeuern; er wird nur um so mehr schwatzen.«

Männer, die ihr Leben mit Büchern verbringen, insbesondere Dichter, sind selten Männer der Tat; die geistige Anstrengung zehrt an ihren Körperkräften. Byron galt allgemein als Ausnahme von dieser Regel; zweifellos sah er sich auch selbst so, und wirklich, er war eine Ausnahme. Die müßigen Engländer waren rechte Stubenhocker geworden; die in der ganzen Welt wütenden langen Kriege hatten das Reisen sehr erschwert. Heute, da wir Frieden haben und auch dank der Dampfschiffe und Eisenbahnen gibt es solche Schwierigkeiten nicht mehr.

1809 verließ Byron England zum ersten Mal; er ritt durch Spanien und Portugal, überquerte an Bord einer Fregatte das Mittelmeer und landete in Griechenland, das er zwei Jahre lang durchwanderte. Eine solche Reise, die er mit Ausflügen nach Smyrna und Konstantinopel, Malta und Gibraltar abrundete, wobei er gewöhnlich an Bord eines Kriegsschiffes reiste, wo man alle Bequemlichkeit und Behaglichkeit und fast denselben Luxus genießt wie zu Hause, galt damals als ein abenteuerliches Unternehmen für einen Lord. Dabei ist, wie ich aus eigener Erfahrung weiß, ein größeres Vergnügen, als auf jenem Meer zu kreuzen und durch jene Länder zu reiten in einem so gesegneten Klima, auf der ganzen Welt nicht zu finden. Berücksichtigt man jedoch, wie sich diese Reisen in seinen Werken niedergeschlagen haben, dann dürfte er sich dessen wohl rühmen; wenn er je eine Zeile geschrieben habe, die des Aufhebens wert sei, so hat er oft gesagt, dann habe Griechenland ihn dazu angeregt.

Nach dieser ersten Reise kehrte er nach England zurück, wo er vier oder fünf Jahre blieb, um es dann für immer zu verlassen. Er durchquerte die Niederlande, fuhr rheinaufwärts, verweilte einige Monate in der Schweiz, ging über die Alpen nach Italien, das er bis zu seinem letzten Lebensjahr nie mehr verlassen sollte.

Der Pilger reiste wie ein Pascha mit einem Heer von Bediensteten, und sie führten alles bei sich, was sie unterwegs benötigten. Nach dem, was ich von Fletcher, seinem tapferen Diener, der seit der ersten Reise stets um ihn war, in Erfahrung bringen konnte, suchte Byron stets und überall an seinem

Byron im Alter von 25 Jahren
Stich von R. Grave nach James Holmes

bequemen lockeren Lebensstil festzuhalten, den er auch zu jener Zeit, da ich ihn kannte, fortsetzte. Selten kam er vor Mittag aus dem Bett; dann trank er gewöhnlich eine Tasse starken grünen Tee, ohne Milch und Zucker. Um zwei Uhr aß er einen Zwieback und trank Sodawasser. Um drei bestieg er sein Pferd und ritt aus, fast immer denselben Weg; wenn er allein ritt, zermarterte er sich dabei das Hirn nach geeigneten Stoffen und Reimen für sein nächstes Gedicht. Um sieben Uhr dinierte er so frugal, wie den Legenden zufolge die Einsiedler sich ernährt haben sollen. Um neun besuchte er die Familie des Grafen Gamba; zurück in seiner Wohnung, saß er dann lesend und dichtend bis zwei oder drei Uhr in der Frühe und ging dann zu Bett, oft fiebrig, unruhig und erschöpft, mehr um zu träumen, wie er sagte, als zu schlafen.

Nur sehr dringende Angelegenheiten und die Zudringlichkeit derer, die Einfluß auf ihn hatten, konnten ihn dazu bringen, den Trott, den ich beschrieben habe, für einen Tag zu unterbrechen; daß er am folgenden Tag in den gleichen Trott wieder zurückfiel, war gewiß, denn in diesem Punkt war er wirklich beständig.

Seine Unterhaltung war alles andere als literarisch, außer wenn Shelley zugegen war. Das Bild, das er dabei von sich entwarf, war in der Regel von der leichten, unbeschwerten Art, die während der Regentschaft Georgs IV. in Mode gewesen war, als Byron in London gelebt hatte. Seine Rede war gewürzt mit Anekdoten über die großen Schauspieler, vor und hinter den Kulissen, über Boxer, Spieler, Duellanten, Säufer und so weiter und im Jargon jener Zeit mit entsprechenden Skandalgeschichten gespickt. So wollte es damals die Mode, und es galt bei den Herren jener Zeit als Beweis feiner Lebensart; der Prinzregent höchstpersönlich war der Häuptling und nach allgemeinem Urteil auch das vollkommenste Exemplar dieser Sippschaft gewesen, die sich Mohocks nannten. Byron, der nicht wußte, daß es diese Bande inzwischen längst nicht mehr gab, hielt sich noch immer viel darauf zugute, ihr angehört zu haben. Nichts brachte ihn mehr auf, als wenn man ihn als Schriftsteller behandelte anstatt als Lord und einen Mann von Welt; dies machte es Ausländern und Freunden der Kunst schwer, mit ihm auszukommen, denn in diesem Punkte griffen sie unfehlbar daneben. Byrons lange Abwesenheit von England hatte das Mal, mit dem John Bull seine Kinder zeichnet, nicht getilgt; kaum tauchte er am Horizont auf, zu Fuß oder zu Pferde, erkannte man in ihm auf den ersten Blick den Briten. Ausländer verstand er nicht, wie diese umgekehrt für ihn kein Verständnis aufbrachten. Während der ganzen Zeit unserer Bekanntschaft verkehrte er, sieht man von der Familie des Grafen Gamba ab, mit keinem einzigen Italiener. Es schien ihm besonderes Vergnügen zu bereiten, allen Neuankömmlingen gegenüber frei von der Leber zu reden, so als wolle er sich über deren vorgefaßte Meinungen mokieren und alles, was über ihn bekannt war, Lügen strafen.

Der Narr, der Liebhaber und der Poet
Sind ganz aus Einbildung gemacht

sagt unser größter Dichter, und die Stoiker verwarfen alle Dichtung als Lüge. Genies sind mit gewöhnlichem Maß nicht zu messen; sie sind anders angelegt; sie stehen höher und sehen weiter. So hoffen wir, im Leben eines ungewöhnlichen Dichters den göttlicheren Teil der Menschennatur exemplifiziert zu sehen, aber Byron enttäuschte mich. Er fühlte das; kurz nachdem ich seine Bekanntschaft gemacht hatte, sagte er mir auf einem gemeinsamen Ausritt:

»Geben Sie's ruhig zu, Sie erwarteten einen ›Timon von Athen‹ oder einen ›Timur der Tatar‹; oder dachten Sie etwa, ich sei bloß ein poetischer Faselhans voller ›Entusaßmus‹, wie Braham das auf einer Probe einmal nannte? Staunen Sie denn nicht, mich so zu finden, wie ich bin, als einen Mann von Welt, der niemals ernst ist und alle weltlichen Dinge verlacht?« Dann murmelte er wie zu sich selbst:

»Die Welt ist ein Bündel Heu,
Die Menschheit sind die Esel, die davon rupfen«.

Jeder Mensch, der seine geistigen Fähigkeiten so hoch züchtet, daß er bisweilen inspiriert scheint, wäre unerreichbar für uns, fänden wir ihn bei näherer Betrachtung nicht mit Schwächen behaftet, die unseren eigenen verwandt sind. Byron beruhigte einen in dieser Hinsicht schon nach kurzer Bekanntschaft. Godwin sagt in seinen »Gedanken über den Menschen«, Shakespeare habe unter all seinen vielfältigen Gestalten keinen einzigen vollkommenen Menschen, und Pope sagt:

»Ein vollkommener Mensch ist ein nie gesehenes Ungeheuer.«

Jedenfalls würde ich den vorbildlichen Menschen nie unter den Schriftstellern suchen; sie sind zu reizbar und egoistisch. Die Laune des leicht erzürnbaren Dichters hing ganz von den Umständen ab. Wenn ein gerade erhaltener Brief aus England, die Erinnerungen an einen alten Zwist oder auch seine Verdauungsorgane ihn irritierten, schonte er niemanden. Wie ein Malaie unter einer Überdosis seiner Lieblingsdroge, des Haschisch, lief er Amok ohne Rücksicht auf die Folgen. War er in solch verquerer verstimmter Laune, machte er seiner satanischen Ader Luft.

Nach langem Schweigen begann er eines Tages während eines Ausritts: »Ich habe ein Gewissen, auch wenn mir die

Welt keines zutraut. Ich bereue aber nicht die paar Sünden, die ich begangen, sondern die vielen, die ich nicht begangen habe. Es gibt ja Dinge, die wir gar nicht täten, wenn sie nicht verboten wären. Mein ›Don Juan‹ war beiseite gelegt und fast vergessen, als ich hörte, daß die pharisäische Synode in John Murrays Hinterzimmer das Gedicht als höchst unmoralisch und für die Veröffentlichung ungeeignet bezeichnet hatte. ›Glaubst du, weil du tugendhaft, sei Bier und Kuchen abgeschafft?‹ Jetzt ist mein Hirn in Wallung, und ich muß mir Luft machen. Ich glaubte, Gin fördere die Inspiration, aber Heuchelei ist stärker. Heute hatte ich wieder einen Brief, der mich vor der Schlange (Shelley) warnte. Er ist der einzige in diesem schwindelhaften Zeitalter, der es wagt, sich gegen die Strömung zu stellen, wie er's heute mit seinem Skiff auf dem Hochwasser des Arno tat, auch wenn er dabei, wie ich glaube, kein Stück vorangekommen ist. Der Versuch ist jedenfalls mehr wert, als sich treiben zu lassen wie der Rest, mit all dem von den Ufern fortgespülten stinkenden Unrat.«

Ich nutzte die Gelegenheit dieser Lobeshymne und bemerkte, daß er Shelley durch ein paar freundliche Worte in seinem nächsten Werk bei geringem Aufwand einen großen Dienst leisten könnte, wie er es ja schon für weniger verdienstvolle Autoren getan habe. Mit wissender Miene fuhr Byron fort:

»Jedes Handwerk hat seine Geheimnisse; wenn wir für einen beliebten Autor Reklame machen, zahlt er es uns in gleicher Münze zurück, einschließlich der Zinsen. Ein Freund mag schon geliehenes Geld zurückgezahlt haben – was ich von meinen allerdings nicht behaupten kann; aber hat man schon einmal gehört, daß ein Freund obendrein auch noch Zinsen gezahlt hat?«

»Damit räumen Sie ein, daß Sie in Shelleys Schuld stehen«, gab ich zurück, »einige seiner besten Verse drücken seine Bewunderung für Ihren Genius aus.«

»Ach«, sagte er mit einem vielsagenden Blick, »wer liest das schon? Für die Schlange Reklame zu machen, ist keine sehr lohnende Investition. Wenn er bloß die Haut seiner mystifizierenden Metaphysik abstreifen würde, dann hätte er gar keine Reklame nötig.«

Da Byron sah, daß er mich nicht überzeugt hatte, fügte er

Thomas Moore, Byrons Vertrauter
Gemälde von Thomas Lawrence

hinzu: »Wenn wir Shelley unseren Lesern vorstellen, ziehen diese vielleicht Vergleiche, und die wären ›übelriechend‹.«

Nach Shelleys Tod schrieb Byron in einem Brief an Moore vom 2. August 1822: »Und wieder ist ein Mann dahingegangen, in dem sich die Welt böswillig, dumm und brutal geirrt hat. Vielleicht wird sie ihm jetzt Gerechtigkeit widerfahren lassen, da sie ihm nichts mehr nützen kann.« In einem früheren Brief an Murray sagt er: »Ihr habt euch alle geirrt in Shelley, der mit Abstand der beste und selbstloseste Mensch war, den ich je kennengelernt habe.« Und an anderer Stelle sagt er: »Ihr habt alle keine Ahnung von Shelley; ihr wißt nicht, wie sanft, wie tolerant, wie gut er war.«

Was Byron von Shelley sagt, daß die Welt ihm vielleicht erst dann Gerechtigkeit widerfahren lassen werde, wenn ihm dieselbe nichts mehr nützen könne, trifft auf ihn selbst weit eher zu. Wenn die Welt irrte, dann aus Unwissenheit; Shelley war ihr ein Mythos. Byron aber konnte sich nicht auf Unwissenheit berufen.

Man hat Byron vorgeworfen, ein starker Trinker zu sein. Zweifellos haben unsere Universitäten mehr berühmte Säufer als Gelehrte hervorgebracht. In der guten alten Zeit zeichneten sich die Engländer dadurch aus, daß sie beherzt tranken, so wie sie sich heute durch Streberei und Speichelleckerei hervortun. Das ewige Saufen, die damit verbundenen üblen Gewohnheiten und polternden Manieren erreichten unter Georg IV. ihren Höhepunkt. Seitdem ist das übermäßige Trinken aus der Mode gekommen, aber da ein ausgetüftelter Stil von Gastronomie die Lücke gefüllt hat, ist nicht viel gewonnen. Byron prahlte gern damit, wieviel er vertragen konnte. Er sagte: »Wir jungen Whigs tranken Rotwein und retteten damit unsere Verfassung; die Tories schworen auf Port und zerstörten ihre und die ihres Landes.«

Auch mit seinen Leistungen beim Reiten, Boxen, Fechten, ja sogar beim Laufen prahlte er; um dabei Überdurchschnittliches zu leisten, sind Füße genau so nötig wie Hände. Im Wasser ist eine Flosse besser als ein Fuß, und so bewegte er sich in diesem Element frei und gut; mit biegsamem Körper, offener Brust, breiten Schultern und runden Gliedern war er wie zum Schwimmen gebaut. Wenn die See glatt und warm war, konnte er sich stundenlang darin tummeln; er gönnte sich diesen Sport allerdings selten, und wenn, dann überanstrengte er sich, und darunter litt er sehr. Da ich das beobachtet hatte und wußte, wie tief es ihn kränken würde, geschlagen zu werden, ließ ich ihn, wenn wir um die Wette schwammen, großmütig gewinnen. Er argwöhnte, daß ich ihn nicht ernst nahm, und eines Tages, als wir an Land waren und die ›Bolivar‹ drei Meilen vom Strand vor Anker lag, bestand er darauf, den Wettstreit zwischen uns endgültig zu entscheiden; wir sollten zu der Yacht hinausschwimmen, dort längsseits wassertretend eine Mahlzeit einnehmen und dann zur Küste zurückkehren. Es war windstill und heiß, und da ich sah, daß er von seinem Plan nicht abzubringen war, schwammen wir los. Ich erreichte das Schiff lange vor ihm; befahl, eine Kleinigkeit anzurichten, und ließ mich treiben, bis Byron kam. In aller Ruhe nahmen wir unser Essen ein, das auf einer neben dem Schiff schwimmenden Gräting aufgetragen wurde, tranken eine Flasche Bier, und ich rauchte eine Zigarre, die er zu löschen versuchte, da er niemals rauchte. Dann kehrten wir um und schwammen auf die Küste zu. Wir waren noch keine dreißig Meter von der ›Bolivar‹ weg, als er heftig zu würgen begann, und da dem häufig ein Krampf folgte, drängte ich ihn, mir die Hand auf die Schulter zu legen, damit ich ihn zum Schoner zurückschleppen könnte.

»Bleiben Sie weg, Sie Schurke, rühren Sie mich nicht an. Eher ersaufe ich, als daß ich aufgebe.«

Ich antwortete, wie Jago Rodrigo antwortete:

»Einen Dreck fürs Ersaufen: Ersäuft Katzen und blinde Hündchen. Ich werde an Bord gehen und die Wirkung eines Glases Grog auf meinen Magen probieren.«

»Na, kommen Sie schon«, rief er, »mir geht's immer besser, wenn ich mich erbrochen habe.«

Mit Mühe lockte ich ihn zurück; ich ging an Bord, und er saß auf den Stufen des Fallreeps mit den Füßen im Wasser. Ich reichte ihm ein Weinglas voll Brandy und schirmte ihn gegen die brennende Sonne. Er war schlechter Laune, schlug aber nach einer Weile seinen gewöhnlichen Ton wieder an. Auf keine Weise war er dazu zu überreden, sich im Beiboot des Schoners an Land bringen zu lassen, obgleich ich beteuerte, vom Wasser genug zu haben.

»Machen Sie, was Sie wollen«, rief er, ließ sich ins Wasser fallen, und wir schwammen an Land.

Er kam auf dieses Ereignis nie zurück und sprach von seinen Schwimmkünsten mir gegenüber nur in der Vergangenheit. Nach unserem Ausflug wurde er krank und hütete zwei Tage das Bett. Unvermittelt sagte er eines Tages zu mir: »Ich habe über die Leiden Schiffbrüchiger gelesen; sie waren nichts im Vergleich zu dem, was ich einmal in einem Landhaus durchgemacht habe, wo ich mit einer Familie von Puritanern eingesperrt war, deren einzige Zerstreuung Gebete und Vorträge über Anstand und Moral waren. Ein Schiffbruch erregt angeblich das Blut, meins stagnierte. Wie weit sind Sie schon einmal geschwommen?«

Tre.: »Acht Knoten, da war ich fünf Stunden im Wasser; es war vor der Küste Patagoniens. Die Dünung lief günstig, es war windstill, und das Wasser war lau. Zwei andere ertranken; die Kälte ist's, die einen umbringt.«

Byron: »Mit Ihnen werde ich mich noch mal messen.«

Ein Jahr später in Ithaka erinnerte ich ihn daran und schlug ihm vor, die Meerenge von Kephalonia zu überqueren. Er sagte, es sei schon zu spät, das Wasser sei zu kalt. Ich war im Wasser. Byron, mit besorgter Stimme: »Wir können nicht stundenlang auf Sie warten; drüben rechnet man auf uns.«

Also stieg ich ins Boot. Ich hatte ihn herausgefordert, ohne zu berücksichtigen, daß er sich seiner unteren Gliedmaßen, seiner weichen und geschrumpften Muskeln nur schwer bedienen konnte. Er war anfällig für Krämpfe und Zuckungen.

Nach dieser Abschweifung über seine sportlichen Heldentaten zurück zu seiner Neigung zum Trunk: Von allen seinen Prahlereien waren die diesbezüglichen glücklicherweise die leersten, jedenfalls nachdem er England und seine Zechkumpane verlassen hatte; was er dort getrieben hat, weiß ich natürlich nicht. Nach allem, was ich über seine Gewohnheiten im Ausland gehört und selbst beobachtet habe, war er sowohl beim Essen wie beim Trinken äußerst zurückhaltend. Wenn er allein war, trank er ein oder zwei Gläser leichten Rot- oder Rheinwein und bei völliger Erschöpfung abends ein Glas Grog; wenn ich ihm diesen zubereitete, verdünnte ich ihn auf jenes Maß, bei dem die Seeleute von »verhextem Wasser« sprechen, was er aber nie bemängelte. Einmal ließ ich, um ihn auf die Probe zu stellen, den Alkohol ganz weg; da sagte er: »Tre, haben Sie nicht das leibliche Wohl vergessen?« Ich tat daraufhin zwei Löffel voll hinein, und er gab sich zufrieden. Das läßt ihn nicht gerade als gewohnheitsmäßigen Säufer erscheinen. Alle seine englischen Bekannten in Italien waren, wie er verächtlich zu sagen pflegte, Waschlappen. Wenn ihn einer seiner früheren Freunde besuchte, was jedoch selten vorkam, forderte er ihn gleich zum Zechen auf, aber auch seine Freunde waren weiser geworden. Er pflegte zu sagen, daß der kleine Tommy Moore der einzige aus seiner Bekanntschaft sei, den es bei der Flasche halte und der ihn zur Aufbietung aller seiner Kräfte ansporne. Byron fügte hinzu: »Aber der ist ein Eingeborener der feuchten Insel, wo die Männer sich noch durch Saugen nähren.«

Byron hat seinen Körper nicht durch geistige Getränke ruiniert; er hatte solche Angst, dick zu werden, daß er seine Nahrung immer mehr einschränkte, bis er buchstäblich Hunger litt. Er besaß eine weichlich-schlaffe Beschaffenheit des Leibes, dessen Umfang auf ein vernünftiges Maß zu reduzieren

Byron im Alter von 27 Jahren
Miniatur von Holmes

nahezu unmöglich war, um so mehr, als sein Gebrechen ihm nicht erlaubte, sich Bewegung zu verschaffen. Als er immer mehr zunahm, wurde ihm selbst das Stehen zur Qual, und so beschloß er, nicht schwerer als 154 Pfund zu werden oder sich zu erschießen. Er sagte, daß alles, was er schluckte, sich augenblicklich in Talg verwandele und an seinen Rippen ansetze.

Er war der einzige Mensch, dem ich je begegnet bin, der genügend Selbstbeherrschung und Entschlossenheit besaß, gegen seine Neigung zum Dickwerden anzukämpfen. Er tat dies mit Erfolg; und als er sich in Genua zum letzten Male wiegen ließ, wog er nur noch 135 Pfund, obwohl er viel schlanker wirkte. Dies alles tat er nicht aus Eitelkeit, sondern aus einem besseren Beweggrund, und da er genau wie Richter Gierig immer Hunger hatte, war sein Verdienst um so größer. Manchmal ließ seine Wachsamkeit nach, und dann schwoll er entsprechend an.

Ich erinnerte mich, wie einer seiner alten Freunde einmal sagte: »Byron, wie gut Sie aussehen!« Hätte er es dabei belassen, wäre alles in Ordnung gewesen, aber als er hinzufügte: »Sie nehmen zu«, rötete sich Byrons Stirn und seine Augen blitzten: »Nennen Sie dick werden ›gut aussehen‹? Als wäre ich ein Mastschwein!« Und zu mir gewandt murmelte er: »Das Biest, ich kann mich kaum beherrschen, ihm nicht eine Tracht Prügel zu verabreichen.« Der Mann, der ihn so gekränkt hatte, war der Gemahl der Dame, die als ›Genevra‹ bedichtet wurde und die Byron zur Zuleika in der ›Braut von Abydos‹ inspirierte. Ich glaube, daß Byron in diesen Tagen nicht viel Appetit auf sein Dinner hatte, und niemals vergab er dem Mann, der ihm, ohne im geringsten an eine Beleidigung zu denken, ein Kompliment hatte machen wollen.

Byron sagte, er habe alle möglichen Experimente angestellt, um seinen Hunger stillen zu können, ohne seinem Leibesumfang zu schaden. »Einmal schwoll ich auf 196 Pfund, da legte ich einen Maulkorb an und zehrte, wie die Tiere im Winterschlaf, von meinem eigenen Fett.«

Tagelang lebte er nur von Zwieback und Sodawasser; um den an seinen Eingeweiden nagenden ewigen Hunger zu stillen, bereitete er sich dann gelegentlich einen scheußlichen Mischmasch aus kalten Kartoffeln, Reis, Fisch oder Gemüse, übergoß alles mit Essig und verschlang es wie ein ausgehungerter Hund. Ein derart unappetitliches Gericht – dazu nahm er einen Zwieback und trank ein oder zwei Gläser meist sauren Rheinwein – nannte er ein üppiges Mahl. Als ich einmal bemerkte, er könnte Fisch und Gemüse schließlich auch frisch bekommen, lachte er und antwortete: »Ich habe Ihnen eins voraus: Ich habe keinen Gaumen; mir schmeckt alles.«

»Dem Naturmenschen«, sagte ich, »bekommt so etwas, er fastet und frißt sich voll, seine Nerven und sein Hirn machen ihm keinen Ärger; wenn Sie aber leben wollen ...«

»Wer will denn leben?« erwiderte er, »ich nicht. Die Byrons sind ein kurzlebiges Geschlecht, väterlicher- wie mütterlicherseits: Langlebigkeit ist erblich. Ich bin fast am Ende meiner Kräfte. Der Tod kümmert mich einen Dreck; nur seinen Stachel kann ich nicht ertragen, den Schmerz.«

Sein Lebenswandel und der Mangel an Bewegung zerstörten ihn, nicht das Trinken. Außerdem muß man bedenken, daß sein Hirn ständig unter Hochdruck arbeitete. Die Folge dieses Lebenswandels war schwaches oder Wechselfieber, das ihn auf seinen Reisen in der Levante zum ersten Mal befallen hatte. Wer einmal Malaria gehabt hat, bleibt ihr schutzlos ausgeliefert, solange er in ihrer Reichweite ist; und Byron hielt sich selten außerhalb von Malariagebieten auf. Venedig und Ravenna sind von Sümpfen umgeben, und das Fieber wütete dort jeden Herbst.

Indem Byron seinen Leib aushungerte, hielt er sich den Kopf klar; keiner hatte leuchtendere Augen oder eine klarere Stimme. Seine entschlossene Haltung und seine Schlagfertigkeit verliehen, wenn er erregt war, seinem Körper ein muskulöses Aussehen, was auf Fremde Eindruck machte. Das Leben war ihm gleichgültig und er war stolzer als Luzifer, und so habe ich nie daran gezweifelt, daß er, hätte er in Griechenland oder anderswo das Schwert gezogen, die Scheide fortgeworfen hätte.

Mrs. Shelley bemerkte einmal über Byron: »Nehmen Sie sich in acht, wenn Sie mit ihm reden, er ist eine ausgemachte Plaudertasche; immer bemüht, eine gute Figur zu machen, läßt er andere eine schlechte machen, wie die meisten Leute.«

Tre.: »Darf man, ohne Gefahr zu laufen, auf seine Anregungen eingehen?«

Mrs. Shelley: »Es sind nicht seine Anregungen, sondern Ihre eigenen; Sie haben das Feuer in ihm entzündet. Wenn Sie nicht aufpassen, wird jemand kaltes Wasser hineingießen und es löschen. Und wenn Sie fortgehen, wird es ausbrennen.«

Shelley: »Ihre Energie und Entschlossenheit wirken auf einen wankelmütigen Geist ansteckend; er selbst hat keine Charakterfestigkeit, er ist mit sich selbst noch nicht im klaren und ist dazu auch in jeder Hinsicht unfähig.« Dann stellte sich Shelley mit ausgestreckten Armen hin und schrie in einer Mischung aus Staunen und Kummer: »Gestern abend sprachen wir über seinen ›Kain‹, das beste seiner undramatischen Dramen, und nach dem, was er da gesagt hat, glaube ich wirklich, Mary« – hier hielt der Dichter inne, um Atem zu holen, denn er zögerte, die Schwäche seines Freundes bloßzustellen – »glaube ich wirklich, Mary, daß er kaum besser ist als ein Christ!«

Mrs. Shelley: »Hogg sagt, daß alle Dichter Rasende seien und in Bedlam eingesperrt werden sollten.«

Shelley: »Wenn Byron durch des Sokrates göttliche Raserei inspiriert wäre, würde er alles, was er bisher gemacht hat, übertreffen, aber seine Fähigkeiten leiden unter den verderblichen Platitüden seiner Londoner Besucher.«

Mrs. Shelley: »Seine Freunde gehören zu den Großen des Tages.«

Tre.: »Überleben die Männer des Tages den Tag, was wird aus Ihnen?«

Shelley: »Sie gehen mit dem Tag in die Nacht, in Dunkelheit und Vergessen.« Dann verschwand der Dichter.

Bei einer späteren Unterhaltung mit Byron erwähnte ich Shelleys Besorgnis, er, Byron, könne abtrünnig werden; er bemerkte lächelnd: »Das ist alles Unsinn, das dient nur dazu, daß der Schlange der Kamm schwillt und sie ihre Klapper rührt. Wenn ich seinem Rat folgte, käme ich dahin, wo er ist.«

Tre.: »Shelley sagt, Sie sollten für die Nachwelt schreiben.«

Byron: »Das hat noch keiner getan; warum also ich? Es ist doch reine Heuchelei, wenn gesagt wird, einer hätte für die Nachwelt geschrieben.«

Während der Zeit, in der ich Byron kannte, redete er mit niemandem ernsthaft und vertraulich außer mit Shelley. Abgesehen davon, daß Shelley viel gebildeter war, hatte er mit Byrons engerem Kreis, überhaupt mit den Leuten, die dieser kannte, nichts zu tun. Wenn irgendeiner von Byrons alten Londoner Freunden ihm einen überraschenden Besuch abstattete, schöpfte Byron sofort Verdacht, daß er ausgehorcht werden solle und daß das Gehörte und Gesehene dann mit entsprechenden Kommentaren verbreitet würde. So begegnete er seinen alten Freunden mit den verwegenen und herausfordernden Reden von einst und vermied unter Scherz und Ironie jedes ernsthafte Gespräch. Die Londoner Freunde waren ihrerseits auf der Hut, denn sie kannten Byrons Gewohnheit, den Leuten zu erzählen, was über sie gesprochen wurde. Er pflegte Fragen mit Gegenfragen zu parieren, die recht unangenehm sein konnten. Er bewirtete solche Besucher nie in seinem Haus, sondern nahm sie nur, wenn sie wollten, mit zum Reiten oder zum Essen. Dann legte er immer großen Wert auf Shelleys Gesellschaft, dem solche Gespräche aber sehr zuwider waren, da man auf nichts kam, was ihn einigermaßen interessiert hätte; es war bloß von lauter Todesfällen, Entführungen, Heiraten, Skandalen usw. die Rede. Doch besaß Shelley in höchstem Maße die Gabe, seine Sinne zu verschließen und zu seinen eigenen Gedichten Zuflucht zu nehmen. Oft verließ er die Gesellschaft, ohne ein Wort mit demjenigen gewechselt zu haben, dessen Bekanntschaft zu machen er eingeladen worden war; sobald sich ihm eine Gelegenheit bot, entfloh er wie ein wildes Tier und rannte den Lung'Arno entlang zurück in seine Höhle.

In den Annalen kann ich keinen Schriftsteller finden, der unter so entmutigenden Umständen schrieb wie Shelley; selbst Bunyans Kerkermauern hallten wider von den Hochrufen eifriger Jünger, die er draußen scharenweise besaß, während Shelley seine Leser an den Fingern abzählen konnte. Er sagte: »Ich kann meine Schriften nur drucken lassen, wenn ich am Essen spare!« Verlegt wurden sie nicht, und sie waren auch nicht im Handel erhältlich.

Von der ›Queen Mab‹ ließ er dreißig Exemplare drucken, die er an seine Bekannten verteilte; der Drucker schnitt seinen Namen heraus, um sich nicht gerichtlichen Verfolgungen auszusetzen. Einen Teil des Gedichts hatte Shelley bereits mit achtzehn Jahren geschrieben, drucken ließ er es vor seinem einundzwanzigsten.

Die völlige Einsamkeit, in welcher er den größten Teil seines Lebens zubringen mußte, hätte jeden weniger genialen Kopf gelähmt. Dabei war er gesellig und fröhlich, bei aller Selbstgenügsamkeit freigiebig gegen andere und einem Freund gegenüber stets zu jedem Opfer bereit. Es war vielleicht sein Glück, mit so wenigen bekannt zu sein, denn schon diese wenigen rupften ihn ziemlich kahl.

1821 reiste Shelley in Geschäften Byrons nach Ravenna; der Pilger hatte ihn gebeten, einen schwierigen Auftrag für ihn zu erledigen, was Shelley in einem Brief an seine Frau kommentierte: »Es scheint vom Schicksal beschlossen zu sein, daß ich für jeden, mit dem ich zu tun habe, irgendwelche Angelegenheiten übernehmen muß.« Und so verhielt es sich in der Tat.

Täglich verbrachte ich einige Stunden mit Byron und die Abende sehr oft mit Shelley und Williams, so daß, wenn meine Erinnerung einen von ihnen beschwört, die anderen ihm unfehlbar auf dem Fuße folgen. Wenn Byrons verwegene Offenheit und seine scheinbare Herzlichkeit für ihn erwärmten, kühlten einen seine Empfindlichkeit, Reizbarkeit und Launenhaftigkeit ab. Ich war damals noch nicht dreißig, und die Ansprüche meiner vollerblühten Eitelkeit waren noch unbefriedigt, meine Gutgläubigkeit unerschöpft. Ich glaubte damals an viele Dinge und glaube an ein paar noch heute; ich konnte nicht mit Byron fühlen, der an gar nichts glaubte.

»Liebe, Freundschaft und Ihr ›Entusaßmus‹«, sagte er, »die brauchen ihre Zeit. Wenn Sie nicht vor Ihrem vierzigsten gehängt werden oder ertrinken, werden Sie noch staunen ob der närrischen Sachen, die diese Gefühle Ihnen eingegeben haben; ich bin jetzt schon soweit.«

»Ich werde zu den Shelleys hinübergehen«, erwiderte ich, »und deren Meinung hören.«

»Ach, die Schlange hat Sie fasziniert. Ich versuche einen Mann von Welt aus Ihnen zu machen, die Shelleys aber werden Sie in ein Frankenstein-Monstrum verwandeln; gute Nacht also.«

Goethes Mephistopheles nennt die Schlange, welche Eva versuchte, »meine Muhme, die berühmte Schlange«, und als Shelley einmal Stellen aus dem ›Faust‹ übersetzte und rezitierte, um, wie er sagte, Byrons Hirn damit zu schwängern, und an die erwähnte Stelle kam, meinte Byron: »Dann sind Sie ihr Neffe.« Fortan nannte er Shelley häufig »die Schlange«; Shelleys helle Augen, seine schlanke Gestalt und die geräuschlosen Bewegungen bestätigten diesen Vergleich, wenn sie ihn nicht sogar suggerierten. Mochten Byrons Witz und Humor den Umstehenden auch ein saures Lächeln, ein gequältes Lachen entreißen, so stimmten sie einen doch eher düster als fröhlich und machten einen unzufrieden, mit sich selbst und mit ihm. Wenn ich seine dunkle Halle verließ, das Echo der schweren eisenbeschlagenen Tür verhallte und ich endlich die mit breiten Steinplatten belegte Promenade am hohen Ufer des freundlichen Flusses hinunterlief, beflügelt durch den wolkenlosen Himmel, die milde Luft und das dämmernde Licht eines italienischen Tages, konnte ich die Freudenschreie kaum zurückhalten.

Nach einem hastigen Dinner in meinem *albergo* eilte ich dann am Arno entlang zu der gastlichen und heiteren Wohnung der Shelleys. Dort galten jene Empfindungen und Gefühle, die der Pilger als Illusionen schmähte, als die einzigen Realitäten.

Shelleys geistige Regsamkeit war ansteckend; er hielt jedermanns Gedanken in ständiger Bewegung. Die Wirkung auf seinen Hausgenossen war sehr auffällig. Williams verzichtete auf alle seine üblichen Vergnügungen und Zerstreuungen um der Bücher und der Bildung willen; er hatte vortreffliche Anlagen, und den Dichter entzückte es, die Saat, die er gesät hatte, sprießen zu sehen. Shelley sagte, er sei ein Sperling, der die Jungen des Kuckucks aufziehe. Nach langwierigen Wehen wurde Ned von einem Schauspiel in fünf Akten entbunden, und Shelley war zuversichtlich, daß sein Schüler als Theaterschriftsteller Erfolg haben würde. Eines Morgens war ich in Mrs. Williams' Wohnzimmer; Ned wollte einen Akt seines Dramas vorlesen. Ich saß da mit der grimmigen Miene eines Kritikers, der sich anschickt, das Schicksal eines Dichters zu besiegeln. Indessen stand Shelley mit dem denkbar kläglichsten Gesichtsausdruck vor uns.

Mrs. Williams fuhr auf und rief: »Was ist denn los, Percy?«

»Mary hat mir gedroht.«

»Womit gedroht?«

Er blickte geheimnisvoll und schien zu erregt, eine Antwort herauszubringen.

Mrs. Williams wiederholte: »Womit? Mit Kopfnüssen?«

»Ach, viel schlimmer; Mary sagt, sie will eine Gesellschaft geben; es sind englische Sänger hier, die Sinclairs, und die will sie einladen und alle ihre Bekannten dazu - ach, es ist grauenhaft!«

Wir brachen in Gelächter aus, sein Freund Ned ausgenommen. »Es wird mich umbringen!«

»Musik Sie umbringen?« sagte Mrs. Williams. »Sie haben mir doch selbst erzählt, Sie Schmeichler, daß Sie Musik lieben!«

»Das stimmt auch. Aber mir graut vor der Gesellschaft.

Haben Sie Erbarmen und legen Sie bei Mary Fürsprache für mich ein; ich will mich jeder Tortur unterwerfen, aber nicht der Qual, von müßigen Damen und Herren zu Tode gelangweilt zu werden.«

Nach einigem Hin und Her wurde beschlossen, daß Ned Williams, der redegewandt war und zudem die Abneigung des Dichters gegen feine Damen teilte, Mrs. Shelley seine Aufwartung machen und erkunden sollte, wie die drohende Störung der Einsamkeit abzuwenden sei. Unterdessen verblieb Shelley in einem Zustand rasender Aufgeregtheit, er konnte nicht einmal lesen oder sitzen.

Ned kehrte mit ernster Miene zurück; der Dichter stand da wie ein Verbrecher bei der Urteilsverkündung. »Die Dame«, begann Ned, »freut sich darauf, eine Gesellschaft zu geben, und ist von diesem Plan nicht abzubringen.« Da er des Dichters Verzweiflung sah, setzte Ned hinzu: »Geladen werden sollen aber nur die hier Anwesenden und einige von Graf Gambas Angehörigen; und an Stelle eines Festkonzerts soll es – da wir denn offenbar keinen Sinn dafür hätten – ein Festessen geben.« Der Dichter hüpfte entzückt davon, wobei er ein Geräusch machte, das ich für Pfeifen gehalten hätte, aber von dieser Kunst hatte er keine Ahnung.

Ich habe Shelley und Byron in Gesellschaft erlebt, und der Gegensatz war so ausgeprägt wie die Charaktere der beiden. Der erstere war selbstvergessen und benahm sich so ungezwungen, als wäre er zu Hause; auch ließ er keine Gelegenheit aus, Leuten, mit denen er in Berührung kam, gefällig zu sein; er sprach bereitwillig mit jedem, der ihn anredete, ohne dabei auf Alter, Rang oder irgendwelche Äußerlichkeiten zu achten. Als ich zum ersten Mal mit Byron auf eine Gesellschaft ging, sagte er unterwegs zu mir: »Seit ich in der englischen Gesellschaft verkehrte, ist schon so viel Zeit vergangen, daß Sie mir sagen müssen, wie heutzutage die Bräuche sind. Hat höherer Rang den Vortritt oder weist uns die Botschafterin Tischdamen und Plätze an? Bittet man die Leute zum Wein? Gehen wir mit den Frauen hinaus oder bleiben wir beim Rotwein sitzen?«

Als wir ankamen, stieg ihm das Blut ins Gesicht, er war übertrieben förmlich und befangen. Er hatte, wie ich schon erwähnte, seine Manieren während der Regentschaft

Georgs IV. gelernt, als die Gesellschaft noch exklusiver als heutzutage und folglich noch vulgärer war.

Lernt man einen Autor persönlich kennen, erlebt man leider allzuoft, daß die durch seine Werke erzeugte Illusion zerstört wird; zieht man den Schleier vor dem Heiligtum seines Abgotts weg und erblickt ihn mit der Schlafmütze, entdeckt man ein zänkisches altes Weib, einen sauren Pedanten, einen hochmütigen Gecken, einen kriecherischen Speichellecker, einen frechen Snob oder bestenfalls einen gewöhnlichen Sterblichen. Wir finden nicht den hochherzigen Wahrheitssucher, den Freund reiner Erkenntnis, den wir uns vorgestellt haben, nicht den Menschen, dessen äußerst verfeinerte Natur die Gemeinheiten des Lebens nicht ertrüge, sondern einen eitlen Egoisten, der ewig über Kleinigkeiten zetert und klagt. Als allgemeine Regel mag deshalb gelten, Autoren, deren Werke einen erfreuen oder entzücken, zu meiden, denn die persönliche Bekanntschaft kann einem leicht das Vergnügen an den Werken verderben. Shelley war die große Ausnahme von dieser Regel. Um sich von seiner Poesie eine richtige Vorstellung machen zu können, muß man eigentlich seinem täglichen Leben beigewohnt haben; seine Worte und Taten erklärten seine Schriften am besten. Wenn er mit seiner großartigen Auffassung von Göttern und Menschen ein Atheist war, dann waren, fürchte ich, seine Zuhörer kaum besser. Manchmal überflog er ein dickleibiges wissenschaftliches Werk, zog aus der schwerfälligen Darstellung kurz und bündig die Essenz und machte, indem er den mühsamen Fachjargon durch einfache Wörter ersetzte, den abstrusesten Gegenstand durchsichtig. Der zynische Byron schätzte Shelley als den besten und tüchtigsten Menschen, den er je kennengelernt hatte. Unleugbar liebte Shelley alles andere mehr als sich selbst. Selbsterhaltung ist, sagt man, das erste Gesetz der Natur; ihm war es das letzte, und der einzige Schmerz, den er seinen Freunden zufügte, war die gänzliche Gleichgültigkeit, mit der er alles abtat, was ihn selbst betraf.

Eines Tages badete ich an einer tiefen Stelle des Arno und verblüffte den Dichter mit einigen Wasserkunststücken, die ich von den Eingeborenen der Südsee gelernt hatte. Als ich mich ankleidete, sagte Shelley traurig: »Warum kann ich nicht schwimmen? Es scheint so leicht zu sein.« Ich antwortete:

»Weil Sie meinen, daß Sie's nicht können. Wenn Sie es sich fest vornehmen, können Sie es auch; springen Sie nur gleich hier kopfüber ins Wasser, und wenn Sie wieder auftauchen, drehen Sie sich auf den Rücken, Sie werden schwimmen wie eine Ente; Sie müssen nur Ihr Rückgrat durchdrücken, jetzt ist es genau falsch herum.«

Er zog Jacke und Hose aus, warf Schuhe und Socken ab und sprang ins Wasser; und dann lag er da auf dem Grund wie ein Aal, ohne den geringsten Versuch zu unternehmen, sich zu retten. Er wäre ertrunken, hätte ich ihn nicht sofort herausgefischt. Als er wieder zu Atem gekommen war, sagte er: »Ich gehe immer allem auf den Grund, denn es heißt, daß dort die Wahrheit liegt. Noch eine Minute da unten, und ich hätte sie gefunden, Ihnen wäre nur eine leere Hülse geblieben. Das ist ein leichter Weg, sich des Körpers zu entledigen.«

Tre.: »›Was ist Wahrheit? fragte Pilatus scherzend und wollte nicht auf die Antwort warten!‹ Was will Bacon damit sagen?«

Shelley: »Die Wahrheit ist ein Scherz; niemand hat sie gefunden.«

Tre.: »Deshalb sagen die Weisen, daß sie nichts wissen. Bacon hätte die großen Lügen bloßstellen sollen.«

Shelley: »Hätten wir die großen Wahrheiten gewußt, sie hätten die großen Lügen bloßgestellt.«

Tre.: »Was meinen die Weisen mit den großen Wahrheiten?«

Shelley: »Sie können weder die Zeit berechnen noch Entfernungen messen noch sagen, was über und was unter uns ist.«

Tre.: »Die Schurken sind am klügsten; sie behaupten, alles zu wissen. Die Narren glauben ihnen, und so regieren sie die Welt.«

Shelley: »Die Wissenschaft hat einiges geleistet und wird noch mehr leisten; oben arbeitet die Astronomie, unten die Geologie, und auch die Chemie sucht nach der Wahrheit. In hundert oder zweihundert Jahren werden wir einen Anfang machen; gegenwärtig spielen wir Blindekuh und tappen völlig im dunkeln.«

Tre.: »Was hätte Mrs. Shelley gesagt, wenn ich mit Ihrem leeren Käfig zurückgekommen wäre?«

»Erzählen Sie Mary nichts davon, kein Wort!« gab er zurück. »Es ist eine große Versuchung. Einen Augenblick später hätte ich auf einem anderen Planeten sein können, wenn die Altweibermärchen wahr sind.«

»Aber da Sie allem auf den Grund gehen«, bemerkte ich, »wären Sie vielleicht tiefer als je ein Senkblei gesunken. Glauben Sie an die Unsterblichkeit der Seele?«

»Ganz bestimmt nicht. Wie kann ich? Wir wissen nichts; wir haben keine Beweise; wir können unsere innersten Gedanken nicht ausdrücken, sie sind selbst uns unverständlich.«

»Warum«, fragte ich, »nennen Sie sich einen Atheisten? In dieser Welt vernichtet Sie das.«

»Das ist ein Schimpfwort, um Diskussionen zu beenden, ein an die Wand gemalter Teufel, der die Dummen erschrekken soll, eine Drohung gegen die Weisen und die Guten. Ich griff das Wort auf, wie ein Ritter den Fehdehandschuh aufnahm, um das Unrecht und die Ungerechtigkeit herauszufordern. Die Verblendung des Christentums ist für einen schöpferischen Geist verhängnisvoll. Sie beschränkt das Denken.«

Shelleys Wissensdurst war unstillbar. Er machte sich über ein Buch her oder gleich über eine Pyramide von Büchern; dabei blitzten seine Augen so wild wie die des gemeinsten Goldgräbers, der sich mit angespannter Aufmerksamkeit durch einen Quarzblock hindurchmeißelt, so daß ihm kein Körnchen des edlen Metalls entgeht. Als ich ihn einmal um zehn Uhr morgens besuchte, studierte er in seinem Arbeitszimmer einen deutschen Folianten, der aufgeschlagen auf dem breiten Marmorsims über dem altmodischen Kamin lag; ein Wörterbuch hielt er in der Hand. Wenn irgend möglich, las er im Stehen. Am Abend zuvor hatte er mir versprochen, mich zu begleiten, nun aber bat er mich, ihn aus dieser Verpflichtung zu entlassen. So ritt ich allein in das elf oder zwölf Meilen entfernte Livorno, wo ich den Tag verbrachte; als ich um sechs Uhr abends zurückkehrte, um wie verabredet mit Mrs. Shelley und den Williamsens zu essen, trat ich ins Zimmer des Dichters und fand ihn dort in der gleichen Stellung, in der ich ihn morgens verlassen hatte, nur daß er jetzt blaß und erschöpft aussah.

»Na«, sagte ich, »haben Sie's gefunden?«

Er schloß das Buch, ging zum Fenster und erwiderte: »Nein, ich habe es verloren.« Und mit einem tiefen Seufzer: »Ich habe einen Tag verloren.«

»Lassen Sie's gut sein, mein Junge, und kommen Sie zum Essen.«

Er fuhr sich mit den langen Fingern durch sein üppig wucherndes Haar und antwortete mit schwacher Stimme: »Gehen Sie nur, ich habe schon gegessen. Späte Mahlzeiten bekommen mir nicht.«

»Was ist das?« fragte ich aus dem Zimmer gehend und zeigte auf ein Bücherregal, auf dem ein Teller mit Brot und kaltem Fleisch stand.

»Das«, er errötete, »ja, das muß wohl mein Essen sein. So was Dummes, ich dachte, ich hätte es gegessen.«

Ich sagte, ich sei entschlossen, dafür zu sorgen, daß er wenigstens diesmal eine richtige Mahlzeit bekäme und schleppte ihn ins Speisezimmer; er nahm sich jedoch ein Buch mit, und dann las er mehr, als daß er aß. Er kannte keine festen Tischzeiten, sondern aß nur, wenn er eben hungrig war, oder wie ein Vogel, wenn er irgend etwas Eßbares herumliegen sah; nur sind die Schränke literarischer Damen meist leer wie diejenigen der Mutter Hubbard im Kinderlied. Er trank Wasser oder Milch, wenn er welche bekommen konnte; Brot war buchstäblich sein täglich Brot, und alles andere hielt er für überflüssig. Ein Italiener, der wußte, wie Shelley lebte, und der es nicht für möglich hielt, daß jemand so lebte, wenn ihn nicht die Armut dazu zwang, staunte, als er die Höhe seines Einkommens erfuhr, und mutmaßte, Shelley sei entweder das Opfer von Betrügern oder er habe keine Ahnung von Geld. Der freundliche Italiener machte deshalb einen Vorschlag, der den Dichter sehr amüsierte: Für zehntausend Kronen im Jahr wollte er Shelley wie einen Grandseigneur verpflegen, seine Tafel mit erlesenen Genüssen versehen, sein Haus mit Dienstboten bestellen, eine Kutsche und eine Opernloge für die Dame des Hauses beschaffen und ihn selbstverständlich nach der jeweils neuesten Pariser Mode kleiden. Mrs. Shelleys Toilette war in diesem schlauen Kostenvoranschlag nicht inbegriffen. Tatsache war, daß Shelley das Geld, das er sich in beispielloser Selbstverleugnung vom Munde abgespart hatte, auf selbstsüchtige Burschen verschwendete, die sich nichts versagten, Typen, an die der große Philosoph dachte, als er sagte: »Dem Wesen eines wahrhaften Egoisten ist es gemäß, ein Haus nur in Brand zu stecken, um sich an dem Feuer Eier zu braten.«

Als wir während unserer Reise nach Griechenland einmal über England sprachen, sagte Byron, nachdem er von dem Unrecht erzählt hatte, das ihm dort selber widerfahren war: »Und Shelley auch, der beste und gütigste aller Menschen; sie jagten ihn wie einen tollen Hund aus dem Land, nur weil er ein Dogma in Frage gestellt hatte. Der Mensch ist noch immer das gleiche gehässige Geschöpf, das er von Anfang an war, und käme Christus, den sie anzubeten vorgeben, heute wieder, sie würden ihn aufs neue kreuzigen.«

Byrons literarische Laufbahn war, ähnlich wie Alexanders militärische, ein einziger Triumph; doch als er im Zenith seiner Beliebtheit stand, zog er über die Ungerechtigkeit der Welt her. Unter ›Welt‹ verstand er, wie ich annehme, nicht mehr als jene elegante Gesellschaft, wie er sie einmal dichtgedrängt in einem Salon gesehen hatte, und wenn er von der gesamten ihm feindlich gesinnten Presse sprach, meinte er wohl gewisse einzelne Blätter, bei denen eine kleine, aber aktive Clique den Ton angab. Daß ihn Freunde verließen, konnte schon deshalb nicht sein, weil er stolz darauf war, nach den Halluzinationen seiner Schuljahre sich nie wieder um Freunde bemüht zu haben. Im Bewußtsein seiner Kraft und in der Vergangenheit seiner Jugend hatte er sich allerdings Feinde gemacht, und wann immer diese eine Gelegenheit sahen, sich ihres hochmütigen Rivalen zu entledigen, machten sie sich diese instinktiv zunutze. Was des Dichters Meinungsverschiedenheiten mit seiner Frau anging, so mußten sie Männern, denen ihre Frauen so gleichgültig waren wie dem größten Teil von Byrons Feinden, äußerst lächerlich vorkommen.

Wenn leidenschaftslose, weltkluge Herren heiraten, tun sie einen Sprung ins Dunkle und können die Folgen ihres Tuns ebensowenig vorhersehen wie die Dichter – Eulen, vom Lichte ihrer eitlen Einbildungen geblendet. Die weltklugen Herren, die nicht viel aufs Spiel gesetzt oder erwartet haben, halten sich an ihren Handel ›in Freud und Leid‹ und reden nicht weiter davon; die leicht aufbrausende Sippschaft der Sänger aber schreit »ihre Klagen von allen Dächern«, wenn

Byron in jugendlichem Alter
Gemälde von Thomas Lawrence

sich zeigt, daß die Ehe nicht genau das hält, was sie sich davon versprochen haben.

Über die »Liebe der Engel«, die »Liebe der Dichter« und die Liebe im allgemeinen sind sehr hübsche Bücher verfaßt worden. Sind aber die Liebenden erst einmal ein Paar und im heiligen Stand der Ehe zusammengesperrt, fällt der Vorhang und wir hören nichts mehr von ihnen. Es könnte sein, daß ihnen die Federn ausfallen und das Singen vergeht. Byrons Ehe darf aber nicht unter die Ehen der Dichter, sondern muß unter die der weltklugen Herren eingeordnet werden, denn nicht Illusionen von Liebe schwebten ihm vor, sondern von Geld. Wenn er seine Frau verlassen und die Gesellschaft geschnitten hätte (und letzteres war seine Absicht), er wäre zufrieden gewesen: Daß aber seine Frau und die Gesellschaft ihn verstießen, kam einer Kränkung gleich, die sein Stolz nicht vergeben konnte. Was die häufig erörterte Frage der Trennung des Dichters von seiner Frau betrifft, hat er die Tatsachen in Prosa und Versen zwar geschildert, aber es unterlassen, darauf hinzuweisen, daß er Frauen als Objekte ohne Seele und Verstand behandelte: Er weigerte sich, mit ihnen zu lesen, zu beten, spazierenzugehen oder ernsthaft zu reden. Von einem bestimmten Verwandtschaftsgrad an ist die Ehe verboten; sie sollte es gleichfalls sein, wo eine natürliche Verwandtschaft der Gefühle und Gewohnheiten, des Geschmacks und der Sympathie gänzlich fehlt. Es ist sicher gut gemeint, wenn Heilige sich mit Sündern verbinden, doch in neunundneunzig von hundert Fällen scheitern solche Verbindungen, in Byrons Fall auf besonders eindrucksvolle Weise.

In allen Beziehungen des Lebens machte ihn die Sorge, um jeden Preis eine gute Figur zu machen, ungerecht gegen andere. Sein Stolz beherrschte ihn durch und durch, und er bemühte sich auch nicht, dies zu verbergen oder dagegen anzugehen, obwohl es ihm in der Gesellschaft schadete. Inmitten der allgemeinen Huldigungen, die man seinem Genius darbrachte, erinnerte er sich in seiner Eitelkeit an frühe Enttäuschungen, da er verwirrt die Flucht ergreifen mußte und, obgleich er fliehend Partherpfeile gegen seine Verfolger abschoß, die Schlacht verloren hatte.

Shelley war von viel erhabenerem Geist; sein Stolz war geistiger Natur. Wenn er angegriffen wurde, suchte er sein Heil weder in der Flucht noch ließ er sich in die Enge treiben, sondern fuhr fort in seinem lauteren Bemühen, die menschliche Spezies zu fördern und zu bessern. Während die Menschen ihn auf ihr Niveau hinabzuziehen versuchten, war er nach Kräften bestrebt, sie geistig emporzuheben. »Ich mache weiter, bis mich jemand aufhält«, sagte er, »und ich werde nie aufgehalten.« Wie die indische Palme gedieh Shelley nur in Wassernähe. War er genötigt, in einer Stadt zu wohnen, floh er mit dem Instinkt eines Wasservogels allmorgendlich zum nächsten See, Fluß oder Meeresstrand und kehrte erst abends ins Nest zurück. Gab es kein Wasser, suchte er sich den einsamsten Platz, den er finden konnte. Städte und Menschen-

Teresa Guiccioli, Byrons Geliebte in Florenz
Zeichnung von Alfred d'Orsay

massen beunruhigten ihn. Selbst die stillen, halbverödeten Städte Italiens mit ihren Tempeln, Palästen, Gemälden und Skulpturen vermochten ihn nicht zu halten, wenn ein Wald oder ein Wasser in der Nähe waren. In Pisa hatte er einen Fluß direkt unter seinem Fenster und einen Pinienhain in der Nachbarschaft.

An einem jener strahlenden Frühlingsmorgen, die hier bei uns auf der falschen Seite der Alpen so selten sind, begleitete ich Mrs. Shelley auf der Suche nach dem Dichter in diesen Hain. Eine Kalesche brachte uns aus Pisa heraus; wir fuhren durch die Cascine und zwei oder drei Meilen weiter durch die

Weinberge und Äcker des großherzoglichen Gutes. Als wir einige Bauernhöfe erreichten, in deren Nähe ein Jagdschloß und eine Kapelle lagen, schickten wir den Wagen fort und gaben dem Kutscher Anweisung, uns nachmittags an einer bestimmten Stelle wieder abzuholen. Wir gingen zu Fuß weiter, ohne eigentlich zu wissen, welche Richtung wir einschlagen sollten, und waren höchst ratlos, als wir an einen offenen Platz kamen, von dem vier Straßen abzweigten. Wir warteten dort, bis ein *Contadino* vorbeikam, von dem ich erfuhr, daß es geradeaus ans Meer gehe, das zwei oder drei Meilen entfernt sei, rechts zum Serchio, links zum Arno; wir entschieden uns für die zum Meer führende Straße und setzten unsere Wanderung über eine sandige Ebene fort. Die Sonne stand schon fast im Zenith. Laufen gehörte nicht zu den Fertigkeiten, in denen Mrs. Shelley sich auszeichnete; der lockere Sand und die heiße Sonne ermüdeten sie bald. Als wir unter den kühlen Baldachin der Pinien kamen, blieb sie stehen und meinte, ich solle mich allein auf die Suche nach ihrem Mann begeben. Nun schritt ich tüchtig aus, den Wald zu meiner Rechten, zur Linken ausgedehnte Weiden, auf denen Herden von Ochsen, Kamelen und Pferden grasten. Ich erreichte das offene Meer an einer Stelle, die man Gombo heißt und von wo aus ich Via Reggio, den Golf von La Spezia und die dahinterliegenden Berge sehen konnte. Ich nahm ein Bad und drang dann, da ich noch immer keine Spur von dem Dichter gefunden hatte, tief in den Wald hinein, wieder und wieder Shelleys Namen rufend, wodurch ich aber nur aus dem stehenden Wasser der Tümpel, die mir den Weg versperrten, Scharen von Reihern und Wasservögeln aufscheuchte. Ohne Orientierungspunkte, nach denen ich mich hätte richten können, und ohne den Himmel sehen zu können, hatte ich mich in dieser Wildnis von Pinien und Tümpeln bald verirrt; so setzte ich mich, schlug Feuer und zündete mir eine Zigarre an. Eine Rothaut hätte ihren Weg an den Bäumen, deren Wuchs, Gestalt und Farbe abgelesen oder hätte sich, falls hier schon früher am Tage jemand vorbeigekommen war, an dessen Spur geheftet. Während ich so über die Weisheit der Indianer und meine eigene Dummheit nachsann, schreckte mich das Schreien eines anderen Esels auf. Diesem folgte ein alter Mann, der Kienäpfel sammelte. Ich fragte ihn, ob er einen Fremden gesehen habe.

»L'Inglese malinconico spukt hier im Wald maledetta. Ich werde Ihnen sein Nest zeigen.«

Der bisher ganz ebene Weg führte nun durch Mulden und Senken. Von Zeit zu Zeit wies der Alte mit seinem Stock auf einen Hut, auf Bücher, auf lose Blätter und endlich auf einen tiefen, dunkel schimmernden Teich: »Eccolo!« Ich dachte, er meinte, Shelley sei in oder unter dem Wasser. Die sorglose, um nicht zu sagen: ungeduldige Art, in der der Dichter die Bürde seines Lebens trug, verursachte bei seiner Familie und seinen Freunden eine unbestimmte Angst, daß er sie einmal unversehens verlieren oder abwerfen könnte.

Starkes Licht strömte durch die Lichtung. Eine der Pinien, vom Wasser unterspült, war in den Teich gestürzt. Auf ihrer windgeschützten Seite saß wie versteckt der Dichter und betrachtete den dunklen Spiegel unter sich; er war in seinen poetischen Träumen so versunken, daß er mein Kommen nicht hörte. Die Bäume waren hier verkrüppelt und niedergebogen, ihre Kronen von den Seewinden geschoren wie Mönche; die drei Bäume, unter denen Shelleys Siebensachen lagen, überragten die anderen. Um den Dichter nicht aus seinem Traum aufzuschrecken, setzte ich mich unter die hohen Bäume und blätterte in seinen Büchern: Das eine war ein Band des von ihm besonders geschätzten griechischen Dramatikers, des Aischylos - derselbe Band, den ich nach seinem Tode in seiner Tasche fand -, das andere ein Band Shakespeare. Dann rief ich ihn an; den Kopf wendend antwortete er mit schwacher Stimme:

»Hallo, treten Sie ein.«

»Ist das hier Ihr Studierzimmer?« fragte ich.

»Ja«, antwortete er, »und diese Bäume sind meine Bücher - sie lügen nicht. Wenn man dichtet, muß man alle seine Kräfte konzentrieren. In einem Haus gibt es keine Einsamkeit: Das Schließen einer Tür, Schritte, eine läutende Glocke, eine Stimme - alles verursacht ein Echo im Gehirn und zerstreut die Visionen.«

»Hier haben Sie den vorbeirauschenden Fluß, die zwitschernden Vögel und das brüllende Vieh.«

Er antwortete: »Der Fluß fließt vorbei wie die Zeit, und alle Geräusche der Natur harmonieren, sie haben eine besänftigende Wirkung; nur das Menschentier bringt einen Mißklang in die Natur und stört mich. Es ist schwer zu begreifen, warum und wozu wir hier sind, zur ständigen Qual für uns selber und jedes Lebewesen. Sie sitzen auf dem Schemel der Erleuchtung«, rief er aus, »in diesen drei Pinien sind die Schicksalsschwestern gefangen, und das da« – er wies auf das Wasser – »ist ihr Kessel voll schwarzer Brühe. Die pythischen Priesterinnen verkündeten ihre Orakel aus der Tiefe, jetzt werden sie aus der Höhe geflüstert. Lauschen Sie der feierlichen Musik in den Pinienkronen; können Sie nicht das klagende Gemurmel des Meeres hören? Manchmal tobt und brüllt, kreischt und heult es wie ein Haufen Priester. Bei Sturm, wenn ein Schiff sinkt, fangen die Wogen das verzweifelte Stöhnen der ertrinkenden Seeleute auf. Ihr Chor ist das ewige Klagelied unglückseliger Männer.«

»Wie alle Welt«, bemerkte ich, »scheinen sich die Wogen um unglückselige Frauen nicht zu kümmern. Die Seufzer und Klagen, von denen Sie reden, stammen nicht von fernen unglückseligen Männern, sondern entringen sich der Brust einer Frau, die hier ganz in der Nähe sitzt, nicht aus den Kronen der Pinien, sondern von einer verlassenen Dame.«

»Was meinen Sie?« fragte er.

»Nun, daß ich vor ein paar Stunden Ihre Frau, Mary Shelley, am Rande dieses Hains zurückgelassen habe. Sie war so verzweifelt, daß sie Sie nicht fand.«

Shelley sprang auf, las seine verstreuten Bücher und Papiere zusammen, stopfte sie in Hut und Jackentaschen und seufzte: »Arme Mary! Sie hat wirklich ein trauriges Schicksal. Kommen Sie schon! Sie kann Einsamkeit nicht ertragen und ich keine Gesellschaft: die Lebenden mit den Toten gepaart.«

Leichtfüßig wie immer glitt er davon, alles ging geschwind, denn nichts konnte ihn aufhalten, wenn er sich einmal ein Ziel gesetzt hatte. Als sie unsere Stimmen hörte, kam Mrs. Shelley uns entgegen. Um Shelleys Selbstvorwürfen ein Ende zu machen oder aber um ihre eigenen Gefühle zu verbergen, begann sie, ihn in scherzendem Ton zu schelten und zu mahnen: »Was für ein Wirrkopf du bist, Percy! Wenn mich irgend etwas von meiner Lektüre abgelenkt hat, dann die Oper und mein neues Kleid aus Florenz, insbesondere der vielbewunderte Efeukranz für mein Haar, und nicht du, du dummer Kerl! Als ich das Haus verließ, waren meine seidenen Pantoffeln noch nicht eingetroffen. Für Damen von Stand sind das ernste Angelegenheiten, die die heiterste Laune zu trüben vermögen. Was dich und deinen unritterlichen Gefährten betrifft, so hatte ich ganz vergessen, daß es euch gibt; da es nun aber lächerlicherweise einmal Brauch ist, zu Bällen und Opernvorstellungen in männlicher Begleitung zu gehen, muß ich euch wohl mitnehmen, wenngleich ihr eurer ungeschliffenen Manieren wegen für Valentine und Orson gehalten werdet.« Ähnlich wie die Gelehrten pflegte Shelley, sobald der Bann gebrochen war, der seine Geisteskräfte gefesselt hielt, die Bücher zuzuschlagen und sich dann den wildesten und ausgelassensten Narreteien hinzugeben. Da bei solcher Kurzweil jeder mitmachen kann, redeten und lachten, kreischten und schrien wir alle durcheinander, als wir aus den Schatten der melancholischen Pinien mit ihren nickenden Federbüschen hinaus in das kühle purpurne Zwielicht des offenen Geländes traten. Die anmutigen, fröhlichen Bauernmädchen, die aus den Weinbergen und Olivenhainen heimwärts zogen, blieben stehen und schauten uns zu. Der alte Mann mit dem Esel, den ich am Morgen beim Sammeln von Kienäpfeln getroffen hatte, überholte uns eilig, wobei er um Shelley einen großen Bogen machte, weil er wohl dachte, daß der melancholische Engländer nun gänzlich den Verstand verloren habe und in rasenden Irrsinn verfallen sei. Sancho sagt: »Gesegnet sei der Mann, der den Schlaf erfand«; der Mann, der das Lachen erfand, verdient nicht weniger Lob.

An dem Tage, an dem ich Shelley in dem Pinienhain fand, hatte er Verse auf eine Gitarre gemacht. Ich hob einen Zettel auf, konnte aber nur die ersten beiden Zeilen entziffern:

Ariel zu Miranda: Nimm
Diesen Sklaven der Musik

Es war eine furchtbare Krakelei; Wörter mit dem Finger verschmiert, eins über das andere, und alle liefen zusammen »in höchst bewunderter Unordnung«; man hätte das Ganze für die Skizze eines verschilften Sumpfes halten können und die Tintenkleckse darin für Wildenten, eine hingehauene Schmiererei, wie sie von sich eingenommene Maler gern als Manifestation ihres Genies mißverstehen. Als ich dies vorbrachte, antwortete er: »Wenn die Gedanken mein Hirn erhitzen, kocht es bald; dann wirft es Bilder und Worte schneller aus, als ich sie abschöpfen kann. Morgen früh, wenn ich mich abgekühlt habe, werde ich versuchen, aus dieser rohen Skizze, wie Sie das richtig nennen, eine Zeichnung anzufertigen. Wenn Sie mich fragen, weshalb ich etwas veröffentliche, was kaum einer oder niemand lesen will, dann deshalb, weil die Geister, die ich gerufen habe, mich heimsuchen, bis ich sie zum Teufel jage, nämlich in die Druckerei. Alle Autoren wollen ihre Bälger in Hosen sehen.«

Als ich Shelley eben kennengelernt hatte, traf ich auf einem Spaziergang am Arno einen alten Freund und dessen Frau. Ich sagte zu Shelley: »Dieser Mann war ein heiterer und fröhlicher Geselle; eine Witwe umgarnte ihn, wie die Spinne eine Fliege in ihrem Netz einfängt, um ihr das Blut auszusaugen. Sie ist eifersüchtig und quält ihn; als ich ihr deswegen Vorwürfe machte, sagte sie, sie tue das aus übermäßiger Liebe.«

Shelley antwortete: »Liebe hat mit Eifersucht nichts zu tun; Liebe sucht nicht das eigene Vergnügen, sondern das Glück des anderen. Eifersucht ist grobe Selbstsucht; sie sieht in jedem, der ihr begegnet, einen Feind; sie ist reine Selbstanbetung und wie die Tollwut unheilbar.« Seine Augen funkelten, als er das sagte. Ich wußte damals nicht, daß das grünäugige Ungeheuer in seinem eigenen Hause spukte.

Am nächsten Morgen ritten Shelley und ich nach Livorno. Wir kamen an ein paar Maurern vorbei, die eine Kapelle errichteten; Frauen leisteten Handlangerdienste und schleppten schwere Steine und Mörtel herbei. »Sehen Sie sich die Barbarei an«, sagte Shelley, »in die die Priester Italien gestürzt haben.«

Tre.: »Das ist der Urzustand. Die ältesten Urkunden des Menschengeschlechts zeigen uns die Männer als Jäger oder Krieger und die Frauen bei der Plackerei, beim Holzsammeln und Wasserholen. Der Anatomieprofessor an der Universität Pisa - und der ist eine Autorität auf dem Gebiet - sagt, daß Frauen zwar nicht die stärkeren, aber doch die zäheren Geschöpfe sind. Er sagt, bei allen Tieren sei das weibliche Geschlecht stets weniger hoch organisiert als das männliche und somit weniger anfällig für Krankheiten; auch heilen die Wunden der Weiber leichter als die der Männer. Erst die Maler, die Dichter und Denker haben die natürliche Ordnung

Percy Bysshe Shelley
Gemälde von Amelia Curran

der Dinge auf den Kopf und die Frauen an den Platz gestellt, den eigentlich wir einnehmen sollten.«

Shelley: »Wir sind den Dichtern zu Dank verpflichtet, daß sie die Frauen zu dem gemacht haben, was sie sind: unser Trost und unsere Freude.«

Tre.: »Nein; sie sind über das Ziel hinausgeschossen. Sie behaupten, es sei unsere eigentliche Lebensaufgabe, eine helle Haut, seidiges Haar und leuchtende Augen zu suchen – je leerer der Kopf, desto besser – und daß dies alles sei, was das Leben zu bieten hat. Es ist die alte Geschichte: Die Sirenen locken uns an den Strand, der mit Menschenknochen gepflastert ist. Die Natur hat alle Schönheit auf das männliche Geschlecht verschwendet, bei den Tieren ebenso wie bei den Menschen. Sehen Sie sich einmal eine Fasanen- oder eine Pfauenhenne an; und bei den Singvögeln singt nur das Männchen. Aber wir laufen um die ganze Welt, um aus einer Schlampe eine feine Dame zu machen. Die Hälfte der Menschheit verbringt ihr Leben damit, Edelsteine und Samt und Seide aufzutreiben, um die andere Hälfte damit zu schmücken, und welche Qualen hat man nicht zu erdulden, wenn man von einer dieser Libellen eingefangen wird! Männer dagegen haben nichts, ihre Blöße zu decken, als das abgeschorene Winterkleid der Schafe.«

Wenn er guter Laune war, entzückte den Dichter nichts so sehr, wie Gedanken auszuspinnen, die seinen wirklichen Ansichten zuwiderliefen.

Ich sagte: »Einzig die primitiven Völker des Indischen Archipels und anderer Länder bewahren die natürliche Ordnung der Dinge. Einmal lief ich eine Bucht an der Ostküste von Madagaskar an, um frischen Proviant und Wasser an Bord zu nehmen. Ein großer Häuptling mit nacktem Gefolge kam zum Tauschhandel an den Strand; er zeichnete sich dadurch aus, daß er einen goldbetreßten, federgeschmückten Dreispitz trug wie ein Divisionsgeneral und ein Paar Jagdstiefel, ansonsten aber splitterfasernackt war; Gesicht und Körper waren kunstvoll mit Tätowierungen in Farben geschmückt, die ich noch nie zuvor gesehen hatte.

Shelley: »Als ich jung war, dachte ich, daß die Verstandeskräfte, wenn sie nur recht entwickelt werden, triumphieren würden, aber die Leidenschaften gewinnen über all unsere Fähigkeiten die Oberhand. Die Tiere werden von ihren Instinkten geleitet, wir von unserer kultivierten List und unseren blinden Leidenschaften.«

Tre.: »Und von der Vernunft.«

Shelley: »Nein, diese Geisteskraft ist durch die Priester gelähmt ...«

Indem wir so schwatzten, wurde er von seinen Träumereien abgehalten, und so erreichten wir Livorno. Auf dem Rückweg sagte ich zu ihm: »Sie sollten heute mit mir speisen.« »Wozu?« meinte er; ich sah, daß er verstört war. »Wann?«

Ich sagte: »Jetzt«, und holte dabei einen Korb mit frischem Obst hervor: »Das wäre ein Essen für die Musen.« »Nein«, entgegnete er, »die leben in den blauen Regionen der Luft.«

Ungeachtet seines Protestes fing er an, Beeren von den Trauben zu pflücken und sie zu essen, ohne eigentlich zu merken, was er tat. Er aß niemals, ohne dabei zu lesen. Jetzt hielt er eine Monatsschrift in der Hand, die man ihm aus England geschickt hatte. Bei solcher Lektüre lachte er nie, aber ich las ihm an den Augen ab, daß es ihn erheiterte. »Was finden Sie so drollig?«

Shelley: »Hier schmäht ein Kritiker das ›Epipsychidion‹, das Sie so mögen, als die Rhapsodie eines Irren. Daß es sich dabei um eine Rhapsodie handeln mag, will ich nicht leugnen, und den eigenen geistigen Gesundheitszustand kann man selbst wohl nicht beurteilen. Nüchterne, prosaische Leute verurteilen jeden Höhenflug der Phantasie als Beweise von Geisteskrankheit, genauso wie es die griechische Sekte der Stoiker tat. Die große Masse hält jeden für exzentrisch oder irrsinnig, der Empfindungen äußert, die sie nicht versteht.«

Die Zeitschrift enthielt noch andere Schmähungen gegen ihn; ich sagte: »Der persische Dichter Hafis hätte Sie getröstet mit dem Wort ›Wie die Muschel des Meeres bist du, füllst mit Perlen die Hand, die dich verletzte‹.«

Orientalische Metaphern entzückten ihn; so nannte ich ihm noch viele andere und sprach von der Kultur des Orients, wo alle Poesie ihren Ursprung habe.

Als ich ihn einmal nach den ›Cenci‹ fragte, sagte Shelley, er habe sie geschrieben, »weil ich sehen wollte, wie es mir gelingen würde, Leidenschaften zu beschreiben, die ich nie empfunden habe, und weil ich die höchst scheußliche Geschichte in reiner und edler Sprache erzählen wollte. Das Bild der Beatrice verfolgte mich, nachdem ich einmal ihr Bildnis gesehen hatte. Die Geschichte ist gut verbürgt, und die Einzelheiten sind noch viel grauenhafter, als ich sie dargestellt habe.

›Die Cenci‹ sind ein Kunstwerk, das weder durch meine Gefühle noch durch meine Metaphysik verdunkelt ist. Ich halte nicht viel davon. Ich habe damit weniger Mühe gehabt als mit irgend etwas anderem von vergleichbarer Länge.

Ich schreibe jetzt ein Schauspiel für die Bühne. Wer behauptet, ein Schauspiel für irgendeinen anderen Zweck zu schreiben, ziert sich nur. Der Gegenstand ist der englischen Geschichte entnommen; nach Stil und Manier will ich damit unseren großen Dramatikern so nahe kommen, wie es meine schwachen Kräfte erlauben. ›König Lear‹ ist mein Vorbild, denn das ist nahezu vollkommen. Ich staune über meine Anmaßung. Dichter sollten bescheiden sein. Meine Verwegenheit schmeckt nach Wahnsinn. Angesichts der Mühe, die es kostet, sich beim Dichten hervorzutun, wäre es vielleicht besser, bei einem Stil zu bleiben. Das Geschrei nach Neuheiten führt uns alle in die Irre. Und doch drängte ich Byron in Venedig, aus dem düsteren ›Wald des Irrtums‹ heraus und ans Sonnenlicht zu kommen, um irgend etwas Neues und Heiteres zu schreiben. Das Ergebnis ist der ›Don Juan‹, dessen Poesie der des ›Childe Harold‹ überlegen ist; der Plan des Werkes oder vielmehr die Abwesenheit eines solchen gibt seinen erstaunlichen natürlichen Kräften freien Spielraum. Meine Freunde sagen, mein ›Prometheus‹ sei zu wild, zu ideal und mit Bildern überladen. Das Gedicht hat mit dem griechischen Drama keinerlei Ähnlichkeit. Es ist ursprünglich, und es hat mich schwere geistige Mühe gekostet. Autoren ziehen wie Mütter diejenigen ihrer Kinder vor, die sie unter den größten Schmerzen geboren haben. Milton schätzte sein ›Wiedergefundenes Paradies‹ am höchsten, Petrarca sein ›Africa‹ und Byron hält den ›Dogen von Venedig‹ für seine beste Arbeit. Ich bin so eitel, nur für poetische Geister zu schreiben, und muß mich mit wenigen Lesern begnügen. Byron ist ehrgeizig; er schreibt für alle, und alle lesen seine Werke.«

Ich sagte: »Der Sohn eines genialen Mannes hat mir ein sehr albernes Gedicht zugesandt, das ich Byron zeigen soll. Weshalb sind seine genialen Anlagen nicht erblich? Körperliche Krankheiten sind es, dagegen keine seiner geistigen Eigenschaften.«

Shelley erwiderte: »Das wäre eine größere Ungerechtigkeit der Natur als alle, die der Mensch erdacht hat; die Söhne dummer Eltern hätten keine Hoffnung.«

Tre.: »Die Sünden der Eltern und ihre Krankheiten dürften dann aber auch nicht erblich sein.«

Shelley: »Was die große Frage angeht, den Sinn des Universums, so bin ich nicht neugierig. Ich bin zufrieden, nicht weiter in die Zukunft zu sehen als Platon und Bacon. Ich fühle mich ruhig, habe keine Furcht, aber einige Hoffnung. In unserem gegenwärtigen grobmateriellen Zustand ist unsere Wahrnehmung getrübt, aber wenn uns der Tod den Lehm, der uns hier bedeckt, abnimmt, wird das Geheimnis offenbar werden.«

Er meinte, ein Schauspiel nach Shakespeares ›Timon von Athen‹ sei bestens geeignet, unsere sozialen und politischen Mißstände auf der Bühne zu erörtern und abzuhandeln.

Nachdem wir unsere Geschäfte in Livorno erledigt hatten, besuchte ich meine schottischen Freunde und verlockte dazu auch meinen Gefährten. Er haßte es, sich Fremden aufzudrängen; so verschwieg ich seinen Namen und sagte nur: »Da Sie Auskünfte über Italien haben wollten, habe ich einen Freund mitgebracht, der sie Ihnen geben kann; ich kann es nämlich nicht.«

Die Damen – denn es war kein Mann bei der Gesellschaft – waren Prachtexemplare schottischer Weiblichkeit, frisch eingetroffen aus dem Lande der Kuchen, offen, anständig, intelligent und natürlich fromm. Nach einer langen ernsthaften Unterhaltung konnten wir uns von ihnen nicht ohne Schwierigkeiten trennen, denn sie bestanden darauf, uns zum Essen dazubehalten.

Als wir zurückkamen, stellte ich meine Chaise bei der Herberge ab und ging zum Essen zu Mrs. Shelley. Der Dichter betrachtete geregelte Mahlzeiten gleich welcher Art als lächerlich; wenn er Hunger hatte, graste er irgendwo. Mrs. Shelley paßte sich, wie in jeder Hinsicht so auch hier, den geltenden Regeln nach Möglichkeit an.

Da ich in den anderen Räumen des Hauses niemand antraf, ging ich in die Bibliothek; der Dichter knüpfte gerade einen Beutel voller Scudi auf, den wir aus Livorno mitgebracht hatten. Stehend schüttete er den Inhalt des Beutels auf den Kaminvorleger, und die glitzernden Münzen lagen wie Sterne über den Fußboden verstreut. Es war amüsant zu beobachten, wie er sie mit der Kohlenschaufel aus dem Kamin zusammenkratzte; nachdem er sie geschickt zusammengescharrt hatte, trat er den Haufen mit dem Fuß so platt, wie es irgend ging, und teilte ihn dann mit der Schaufel fein säuberlich in zwei ziemlich gleich große Münzmengen; den einen Haufen teilte er nach Augenmaß abermals in zwei gleiche Teile und sagte dann zu Mary: »Diese Hälfte wird das Haus verköstigen und die Miete zahlen«, und, auf den kleineren Teil deutend, »das wird für dich reichen. Dies hier ist mein Teil.«

Dann redete er leiser mit ihr, damit ich ihn nicht hören sollte. Mary hinterbrachte mir später, was er gesagt hatte: »Ich werde dies dem armen Tom Medwin geben, der nach Neapel reisen will und kein Geld hat.«

Als wir beim Essen saßen, sagte ich zu ihr: »Wie, für sich selbst hat er gar nichts übriggelassen?« »Nein, wenn er irgend etwas braucht, sagt er es mir, damit ich es besorge, und wenn er einen Scudo braucht, um ihn irgend jemandem zu schenken, leihe ich ihm den vielleicht«, meinte sie lächelnd, »aber Geld kann man ihm nicht anvertrauen, er will auch nichts davon wissen.«

Als ich die schottischen Damen das nächste Mal besuchte, waren sie enttäuscht, daß ich meinen Gefährten nicht mitgebracht hatte, und als ich ihnen sagte, daß es Shelley sei, rang die junge und hübsche Mutter die Hände und rief: »Shelley! Dieser strahlende Jüngling; so sanft, so intelligent, so aufmerksam. Oh, warum haben Sie uns seinen Namen nicht genannt?«

»Weil er meinte, daß Sie das womöglich bestürzt.«

»Bestürzt! Bußfertig wäre ich vor ihm auf die Knie gefallen, wenn ich ihm auch nur in Gedanken Unrecht getan hätte. Wenn er nicht lauter und gut ist, dann gibt es keine Wahrheit und Güte auf der Welt. Sein Aussehen erinnert mich an mein eigenes gesegnetes Kind - so unschuldig, so voller Liebe und Sanftheit.«

»So wird die Schlange beschrieben, die Eva versuchte«, sagte ich.

»Ach, Sie Spötter!« fuhr sie fort. »Aber ich weiß, daß Sie ihn lieben. Ich werde keine Ruhe haben, ehe Sie ihn nicht herbringen. Erinnerst du dich, Schwester - ich sagte, daß sein junges Gesicht von Kummer und Sorgen gezeichnet sei -, als er uns auf der Karte die Straße nach Rom zeigte und die Sonne darauf schien. Armer Junge! Oh, erzählen Sie uns von seiner Frau - ist sie seiner würdig? Sie muß ihn sehr lieben, wie alle ihn lieben müssen, die ihn kennen.«

Um dieser weiblichen Bewunderung und auch meiner eigenen den Anschein des Überspannten zu nehmen, muß ich bemerken, daß alle, die Shelley kennenlernten, das gleiche Lied sangen; und wie ich schon sagte, stimmte selbst Byron mit seiner so galligen und zynischen Laune in dieses Lob ein, gleichsam als Echo meiner eintönigen Melodie. Wenn man den böswilligen Kampf gehört oder gelesen hatte, mit dem die käufliche Literatur jener Tage Shelley überschüttete - er wurde als ein Ungeheuer geschildert, scheußlicher als Caliban –, dann verursachte die persönliche Bekanntschaft einen so heftigen Gefühlsumschwung, daß er plötzlich ein Geist von der Sanftmut Ariels zu sein schien. Niemals hat es ein wahres Bildnis von ihm gegeben, und dies wird es auch nicht geben. Desdemona sagt: »Ich sah in seinem Geist Othellos Antlitz«; Shelleys Antlitz und Geist zeigen sich in seinen Werken.

Als ich mit Shelley in Livorno war, zog ich ihn zum Hafen und sagte: »Da wir eine Stunde Zeit haben, wollen wir doch einmal sehen, ob wir nicht in vierzig Minuten die ganze Erde umkreisen können. In diesem Hafen liegen lebende Exemplare aller Nationalitäten; so können wir herumgehen und jede Nation, die uns gefällt, besuchen und uns vertraut machen mit ihren Sitten und Gebräuchen, mit ihrer Tracht und Sprache, mit dem, was sie essen und hervorbringen, mit ihren Künsten und ihrem Schiffbau. Sehen Sie nur, wie unterschiedlich Form, Bauart, Takelage und Schmuck der einzelnen Schiffe sind. Da liegen ein englischer Kutter, eine französische Chasse-marée, ein amerikanischer Klipper, eine spanische Tartane, ein österreichischer Trabakel, eine genuesische Feluke, eine sardische Schebeke, eine neapolitanische Brigg, eine sizilianische Sparanza, eine holländische Galiote, eine dänische Schnau, ein russischer Briggschoner, ein türkischer Sakkalever, eine griechische Bombarde. Ich entdeckte zwar keine persische Dhau, keine arabische Grab und auch keine chinesische Dschunke, aber für unsere Zwecke reicht das, was da liegt, aus. Da Sie neulich ein Gedicht, ›Hellas‹, über die heutigen Griechen geschrieben haben, wäre es vielleicht angebracht, sie sich einmal hier, mitten im Hafenlärm, anzusehen. Ich höre die schrillen nasalen Stimmen und wüßte gern, ob Sie in der Sprache und den Gesichtszügen dieser Griechen des neunzehnten Jahrhunderts noch die erhabenen, überragenden Geister sehen, die im fünften Jahrhundert vor Christi Geburt lebten. Ein englischer Kaufmann, der mit ihnen zu tun hat, sagte mir, seines Erachtens seien diese modernen Griechen - beurteilt man sie nach ihrer Handlungsweise - eine Kreuzung zwischen Juden und Zigeunern. Hier kommt Capitano Zarita; ich kenne ihn.«

Daher nahm ich Shelley beim Arm, stellte ihn vor, und

nachdem wir um Erlaubnis gebeten hatten, das Schiff zu besichtigen, gingen wir über die Planke an Bord und standen nun auf Deck der ›San Spiridone‹ inmitten einer schwatzenden, heißblütigen Mannschaft. Sie beachteten den Kapitän kaum, denn auf diesen Handelsschiffen ist jeder Mannschaftsangehörige Mitbesitzer, und einige haben auch in die Ladung investiert. Darum sind alle an der Spekulation interessiert, denn Heuer erhalten sie nicht. Sie hockten in kleinen Gruppen auf dem Deck herum, schrien, gestikulierten, rauchten und aßen und würfelten wie die Wilden.

»Haben Sie sich das Griechentum so vorgestellt, Shelley?« fragte ich.

»Nein, aber die Hölle« erwiderte er.

Der Kapitän bestand darauf, uns in seiner Kajüte mit Kaffee und Tabakspfeifen zu traktieren, und so schleppte ich Shelley mit nach unten. Über dem Ruder uns gegenüber war ein vergoldeter Kasten angebracht, der ein schreiend buntes Heiligenbild enthielt, vor dem eine Lampe brannte; dies war Il Padre Santo Spiridone, der Schutzpatron des Schiffes. Der Kapitän bekreuzigte sich und hockte sich auf einen schmutzigen Diwan. Shelley redete mit ihm über die griechische Revolution, die gerade ausgebrochen war; da sie den Handel störte, war der Kapitän dagegen.

»Gehen wir!« sagte Shelley. »Hier gibt es keinen Tropfen des alten hellenischen Blutes mehr. Das sind nicht die Leute, die das Feuer der alten Griechen von neuem entfachen könnten; ihre Seelen sind ausgelöscht durch Schacher und Aberglauben. Gehen wir!« - und wir gingen.

»Es ist nur ein Schritt«, sagte ich, »von diesen Ruinen eines erschöpften Griechenland bis zur Neuen Welt; gehen wir an Bord eines amerikanischen Klippers.«

»Ich möchte mir lieber nicht noch mehr von meinen Hoffnungen und Illusionen durch traurige Realitäten zerstören lassen«, sagte Shelley.

»Sie müssen zugeben«, erwiderte ich, »daß dieses anmutige Schiff von einem Mann entworfen wurde, der die Empfindungen eines Dichters für schöne Dinge hatte; beschaffen wir uns ein Modell und bauen uns ein ähnliches Schiff.«

Der Gedanke gefiel dem Dichter so gut, daß er mir an Bord folgte. Die Amerikaner sind gesellige, ungezwungene Leute und daran gewöhnt, ihre eigenen Wege zu gehen und anderen das gleiche Privileg zuzugestehen, so daß niemand uns als Eindringlinge betrachtete, als wir an Bord kamen und das Schiff von vorn und achtern in Augenschein nahmen. Der Kapitän war an Land, daher sprach ich mit dem Maat, einem gewitzten Yankee. Als ich die Schönheit des Schiffes rühmte, sagte er: »Jetzt, mit den neuen Kupferbeschlägen, sieht es wohl eher aus wie die eherne Schlange, es läuft auch so geschwind, und seine Ladelinie verläuft gerade da, wo sie sein soll. Wir fahren hoch zum Himmel und nieder zur Hölle und bedecken den Ozean mit unseren Segeln.«

Ich sagte, daß wir ein Schiff nach dem gleichen Muster bauen lassen wollten. »Da müssen Sie, fürchte ich, wohl nach Baltimore oder Boston; auf dieser Seite des Wassers gibt es niemanden, der das machen könnte. Unsere Fracht ist geladen, wir sind auf der Heimreise; wir haben elegante Passagierkabinen und werden drüben sein, noch ehe der Bart Ihres jungen Freundes reif ist fürs Rasiermesser. Kommen Sie unter Deck und sehen Sie sich die Staatskabine mal an.« Sie maß etwa zehneinhalb auf fünf oder sechs Fuß. »Das ist Platz genug, in aller Bequemlichkeit zu leben oder zu sterben«, bemerkte er; dann nötigte er uns, ein Stück echten alten Virginia-Kuchen, nämlich Tabak, zu kauen und einen kühlen Schluck Pfirsichschnaps zu trinken. Ich erwähnte das griechische Schiff, das wir besucht hatten. »Rank wie eine Eierschale«, sagte er, »zuviel Takelage und topplastig, sieht aus wie ein Bündel Späne unterwegs zur Hölle, ins Feuer.«

Ich verführte Shelley zu einem Weinglas schwachem Grog, dem ersten und letzten, den er je trank. Der Yankee wollte uns nicht gehen lassen, ehe wir nicht unter dem Sternenbanner auf Washington und das Gedeihen des amerikanischen Staatenbundes getrunken hätten. »Als Krieger und Staatsmann«, sagte Shelley, »war er gerecht in allem, was er tat, anders als alle, die vor oder nach ihm lebten; er gebrauchte seine Macht nur zum Wohle seiner Mitmenschen:

Er kämpfte
Für Wahrheit und Weisheit, der Tapferen Erster;
Nicht blendeten ihn des Ruhmes müßige Blicke;
Freigebig und großherzig war er bestrebt,
Ein Leben an des Lebens großen Zweck zu wenden.«

»Fremder«, sagte der Yankee, »wahrere Worte wurden nie gesprochen; das Spantenwerk der Alten Welt ist durch und durch verfault, und Ihr alle werdet nichts Rechtes mehr zuwege bringen, ehe Ihr euch nicht von der Neuen habt überholen und annektieren lassen. Sie müssen das Lied, das Sie da gesungen haben, aufschreiben; es gibt nicht viele Briten, die so über den Mann, von dem sie Prügel bezogen, reden würden; tragen Sie also diese Zeilen ins Logbuch ein, damit es nicht umsonst ist.«

Shelley schrieb einige Verse in das Buch, aber nicht die, die er zitiert hatte, und damit verabschiedeten wir uns.

Es war Zeit, nach Pisa zurückzukehren. Ich versäumte nie eine Gelegenheit, dem verträumten Barden etwas vom rauhen Leben zu zeigen. Was er sah, gefiel ihm zwar nicht, aber er konnte sich meiner Zudringlichkeit nicht erwehren. Von der Werktagswelt kannte er nicht mehr als ein Mädchen in einem Pensionat, und seine Gewohnheit, ewig in Einsamkeit und Stille seinen eigenen Gedanken nachzuhängen, schadete seiner geistigen und körperlichen Gesundheit. Wie viele andere überempfindliche Leute glaubte er, daß ihn alle mieden, während er sich in Wirklichkeit selber abseits stellte. Gegenüber den wenigen, die seine Bekanntschaft suchten, war er freimütig, herzlich und, wenn sie würdig schienen, äußerst freundlich; aber schüchtern wie eine Jungfer scheute er sich, den ersten Schritt zu tun. Zu Beginn seines literarischen Lebens glaubte er, daß alle Autoren ihre Meinungen veröffentlichten so wie er, nämlich aus einer tiefen Überzeugung von deren Wahrheit und Wichtigkeit und nach sorgfältiger Prüfung. Wenn neue Werke erschienen, deren Gegenstand ihn irgend interessierte, pflegte er den Autoren zu schreiben und ihnen mitzuteilen, was er von ihren Büchern hielt, wobei er sein Urteil stets begründete und logisch, ohne Effekthascherei argumentierte. Mit seinem heiteren gelassenen Wesen, seinen vielseitigen Kenntnissen, seinem umfassenden Gedächtnis, seiner Beherrschung der Sprache oder vielmehr aller Sprachen der Weltliteratur war er ein höchst subtiler Kritiker; da aber Autoren nicht zu den bescheidenen und sanftmütigen Leuten zählen, wurde er mitunter schroff zurückgewiesen, und dann zog er sich in sein Schneckenhaus zurück.

Auf diese Weise hatte er früh die Bekanntschaft Godwins

gemacht, und in seinem ersten Werk, der ›Queen Mab‹, oder vielmehr in den Anmerkungen dazu, ist der Einfluß des alten Philosophen auf den bartlosen Knaben sehr spürbar. Weil er diese Anmerkungen drucken ließ, wurde Shelley gestraft, wie Ismael gestraft worden sein soll - »jedermanns Hand war gegen ihn«. Southey, Wordsworth, Keats und anderen hatte er geschrieben, er hatte Briefe mit ihnen gewechselt und auch ihre persönliche Bekanntschaft gemacht, aber bei ihnen fand er wenig Sympathie; ihr Enthusiasmus war mit den Jahren erkaltet, während Shelleys hitziger wurde. Vielleicht hielten sie sich an die weise Maxime des alten Rothschild: ›Verbinde dich nie mit einem glücklosen Mann‹. Wie dem auch sei, jeglicher Verkehr zwischen Shelley und den Angehörigen der literarischen Zunft jener Zeit war längst zum Erliegen gekommen: Nur Peacock, Keats, Leigh Hunt und die Brüder Smith, die Verfasser der ›Rejected Addresses‹, standen noch mit ihm in Verbindung.

Ich komme wieder auf unsere Heimfahrt, nachdem wir die Schiffe im Hafen von Livorno besichtigt hatten. Shelley war bei bester Laune und voller spaßiger Einfälle wie gewöhnlich nach solchen ›Zerstreuungen‹, wie er das nannte. Tatsächlich wurden durch die übermäßige geistige Arbeit seine Körperfunktionen gehemmt, wenn nicht gelähmt. Wenn sein Geist sich auf irgendeinen Gegenstand konzentrierte, strengte er seine Geisteskräfte aufs äußerste an. Wenn er nicht schrieb oder schlief, las er; er las während des Essens, beim Spazierengehen oder auf Reisen, vor dem Schlafengehen und schon in aller Frühe - nicht etwa die kurzlebige Tagesliteratur, die geringe oder gar keine geistigen Ansprüche stellt, sondern die Werke der alten Weisen, der Metaphysiker, Logiker und Philosophen, die griechischen und römischen Dichter sowie die neuen Werke der Naturwissenschaft, so daß alles, was sein überanstrengtes Hirn zerstreuen oder entspannen konnte, zugleich von höchstem Nutzen für ihn war. Jetzt redete er von nichts anderem mehr als von Schiffen, Seeleuten und dem Meer, und obwohl er mit Johnson der Meinung war, daß ein Mann, der Wortspiele macht, auch vor Taschendiebstahl nicht zurückschreckt, bildete er gleich mehrere in griechisch, die er selbst jedenfalls gut fand, denn er kreischte vor Lachen, während er sie vorbrachte. Da ich befürchtete, sein Philhellenismus würde ihn gleich wieder ernst werden lassen, lenkte ich seine Gedanken auf das Meer zurück, indem ich einige Verse von Sedley zitierte, die beginnen:

»Amor hat noch etwas von der See,
aus der emporstieg seine Mutter.«

Während der weiteren Fahrt spannen wir nur noch Seemannsgarn. Er bedauerte, sein Leben an das Griechische und Lateinische verschwendet, anstatt die nützlichen Künste des Schwimmens und der Seefahrt gelernt zu haben. Unverzüglich beschloß er, ein nicht zu kleines Schiff anzuschaffen. Ich schlug ihm vor, im Golf von La Spezia eine Kolonie zu gründen, und sagte: »Überzeugen Sie Byron, sich uns anzuschließen, und mit Ihrer Familie, den Williamsens, mit Büchern, Pferden und Schiffen werden wir, unbelästigt von den Ärgernissen der Welt, alles haben, dessen vernünftige Leute bedürfen.« Der Plan bezauberte ihn. »Aber«, warf ich ein, »tragen Sie ihn gleich morgen Byron vor.«

»Nein!« erwiderte er, »das müssen Sie tun. Byron läßt sich stets von seinem jeweils neuesten Bekannten beeinflussen. Das sind Sie jetzt, also kommen Sie ihm mit dem Vorschlag.«

»Ich verstehe das«, bemerkte ich. »Wenn wir unsere Bekannten besser kennengelernt haben, halten weder Männer noch Frauen, was wir uns von ihnen versprochen hatten; so setzen wir unsere Hoffnungen auf neue Männer und Frauen, die uns mit Sympathie begegnen – nur um sie wie ihre Vorgänger zu finden oder noch schlimmer.« Ich zitierte seine eigenen Verse, um meine Absicht zu verdeutlichen:

»Wo ist die Schönheit, Liebe, Wahrheit,
die wir suchen –
Wo anders als in unserm Sinn!«

Byron war halsstarrig, aber nur wenn ihm etwas gegen den Strich ging oder wenn man Gewalt anwendete; sein Körper war träge, er war unbedacht, sorglos und leicht zu beeinflussen. Ein frischer Geist, der jene Eigenschaften besaß, die ihm fehlten, konnte alles mit ihm machen, denn feste Überzeugungen hatte er nicht, während Shelley niemals schwankte und unbeirrbar war. Der frühe Tod der beiden Dichter wurde beschleunigt, wenn nicht gar herbeigeführt durch die Halsstarrigkeit des einen und die Trägheit des anderen.

Mit Shelley in der Bucht von La Spezia – der Tod Shelleys

Am folgenden Morgen erzählte ich Byron von unserem Plan, in die Bucht von La Spezia zu ziehen. Ohne erst aufgefordert werden zu müssen, erklärte er eifrig, sich uns anschließen zu wollen, und bat mich, ihm eine Yacht bauen zu lassen und ein möglichst nahe am Meer liegendes Haus für ihn zu suchen. Ehe ich in dieser Richtung Schritte unternahm, ließ ich einige Tage verstreichen, um zu sehen, ob sich sein wankelmütiger Sinn ändern würde. Da er aber immer dringlicher darum bat, schrieb ich an einen alten Freund aus der Marine, Kapitän Roberts, der sich damals in Genua aufhielt, einen Mann, der zur Ausführung dieses Auftrags bestens geeignet war, und ersuchte ihn, Pläne und Kostenvoranschläge für ein offenes Segelboot für Shelley und ein großes gedecktes für Byron zu schicken. Wenig später ritten Williams und ich die Küste der Bucht von La Spezia entlang. Obwohl Shelley keine von Stolz oder Eitelkeit diktierten Ansprüche stellte, hatten wir doch die größten Schwierigkeiten, ein Haus zu finden, das einer einigermaßen zivilisierten Familie genügen konnte.

An den Küsten dieser herrlichen Bucht, deren Schönheit nur durch die der Bucht von Neapel übertroffen wird, hatte die Tyrannei die Energie und den Unternehmungsgeist der Menschen so wirksam gelähmt, daß die einzigen Hinweise auf menschliche Besiedlung ein paar über die Bucht verstreute äußerst armselige Fischerdörfer waren. Ziemlich in der Mitte der Bucht, zwischen den Dörfern San Terenzo und Lerici, stießen wir auf ein einsames und verlassenes Gebäude, das man Villa Magni nannte, obwohl es mehr nach einem Boots- oder Badehaus aussah als nach einer Villa, in der man wohnen konnte. Das Haus hatte ein ungepflastertes Erdgeschoß, das zur Aufbewahrung von Bootszubehör und Angelgerät benutzt wurde, und darüber ein einziges Stockwerk, das in einen Saal oder Salon und vier kleine, einst weißgetünchte

Villa Magni, Shelleys Haus im Golf von La Spezia; im Vordergrund die »Don Juan«. Holzschnitt von 1822

Räume aufgeteilt war; auch gab es einen Kamin zum Kochen. Hier, so meinten wir, konnten die Shelleys sich für den Sommer einrichten. Das einzig Gute war eine Veranda zum Meer hin, die fast über das Wasser gebaut war. Wir machten den Eigentümer ausfindig und vereinbarten, vorausgesetzt, daß Shelley zustimmte, das Haus für sechs Monate zu mieten. Für den Milordo Inglese in der Nähe der Bucht einen angemessenen Palazzo zu finden, erwies sich jedoch als ein Ding der Unmöglichkeit.

Williams kehrte nach Pisa zurück; ich ritt weiter nach Genua und verabredete mit Kapitän Roberts alles Weitere wegen des Baus der beiden Boote. Tatkräftig wie immer, hatte er bereits die Erlaubnis eingeholt, sie auf der Staatswerft zu bauen, und Pläne und Voranschläge erstellt. Ich brauche wohl kaum zu sagen, daß die Schätzungen des Kapitäns, obwohl er ein guter Rechner war, wie alle derartigen Voranschläge hinsichtlich der tatsächlichen Bauzeit und der wirklich entstehenden Kosten sich als durchaus illusionär herausstellten, was Byron aufbrachte, aber Shelleys Seelenruhe nicht erschütterte.

Bei der Rückkehr nach Pisa fand ich die Gewohnheiten der beiden Dichter unverändert. Der eine erhob sich erst nach

Mittag aus dem Bett, trödelte bis zwei oder drei im Haus herum und ritt dann auf dem immer gleichen Wege aus, wobei er stets im gleichen Podere einkehrte, seine Knallbüchsen abfeuerte und im gleichen gemächlichen Tempo den gleichen Weg zurückritt; seinem frugalen Mahl folgte der übliche Besuch bei einer italienischen Familie und dann: die mitternächtliche Lampe und die unsterblichen Verse.

Der andere war bereits um sechs oder sieben auf den Beinen und las Platon, Sophokles oder Spinoza, wozu er sich ein Stück trockenes Brot schmecken ließ, begleitete dann Williams in einem flachen Boot bei einer Segelpartie auf dem Arno, ein Buch in der Hand, und ging dann in einen Pinienwald oder an irgendeinen abgelegenen Ort. Wenn die Vögel in ihre Nester zurückkehrten, ging er nach Hause und redete und las bis Mitternacht.

Die Eintönigkeit dieses Lebens wurde hin und wieder durch die Ankunft einiger alter Bekannter Byrons unterbrochen: Rogers, Hobhouse, Moore, Scott - nicht Sir Walter -, aber diese Besuche waren kurz. John Murray, der Verleger, schickte Byron neue Bücher und schrieb ihm unterhaltsame, geschwätzige Briefe, desgleichen Tom Moore und ein paar andere. Diese Briefe durften auch wir gewöhnlich lesen, oder Byron las sie uns vor, wobei er schalkhaft bemerkte: »Meine privaten und vertraulichen Briefe sind besser bekannt als irgendeines meiner veröffentlichten Werke.«

Shelleys knabenhafte Vorfreude auf das neue Spielzeug, von dem er sich, wenn er unter dem wolkenlosen Himmel eines italienischen Sommers über das blaue Meer gleiten würde, unfehlbares Vergnügen versprach, stimmte vergnüglich. Sein Kamerad Williams war vom gleichen Geiste beseelt. Wir zeichneten immer wieder Pläne des Bootes in den sandigen Strand des Arno und legten die einzelnen Abteilungen fest - das Vorderschiff sollte zum Schutz der Ladung überdeckt werden -; dann setzte ich mich in die gezeichneten Linien hinein und steckte noch eine imaginäre Kajüte ab. Eine Seekarte des Mittelmeeres vor sich ausgebreitet und mit Gesichtern so ernst und besorgt wie die des Columbus und seiner Gefährten, berieten sie sich dann über Inseln, die sie besuchen, Küsten, die sie erforschen, Kurse, die sie steuern wollten, und was sie an Ausrüstung, Wasser und Proviant benötigen würden. Dann pflegten wir einander von den wagemutigen Unternehmungen der alten Seefahrer zu erzählen, von Diaz, der 1446 mit zwei Schiffen von je fünfzig Tonnen das Kap der Guten Hoffnung entdeckte, von der Erdumsegelung Drakes, bei der eines seiner Schiffe nur dreißig Tonnen faßte, und von den abenteuerlichen Fahrten, die in offenen Booten von gleicher oder gar geringerer Tonnage als der unsrigen vollbracht worden waren, von der ältesten Zeit bis auf Kapitän Bligh. Byron, der mit mephistophelischem Lächeln dabeistand, fragte mich nach dem Betrag, der uns offiziell zustünde, wenn wir, was ja zu erwarten sei, Shelleys in Seenot geratenes Schiff retten und in den Hafen schleppen würden.

Da sich die Welt weiterdrehte, wurden die sandigen Ebenen von Pisa zu heiß, um noch angenehm zu sein, und die Shelleys, die es nach Seeluft verlangte, machten sich auf den Weg in ihre neue Wohnung. Byron brachte nicht genügend Energie auf, mit seinen bummeligen Gewohnheiten zu brechen, und so rührte er sich einstweilen nicht unter dem leidlich plausiblen Vorwand, abwarten zu wollen, bis die Hunts sich in dem für sie vorbereiteten Erdgeschoß seines Hauses eingerichtet hätten.

Ich ritt nach Genua, um die Fertigstellung und den Stapellauf der längst überfälligen Bootsflotille voranzutreiben. Kapitän Roberts war mit Shelleys Boot fast fertig. Williams hatte aus England das Querschnittsmodell eines Bootes mitgebracht – der Entwurf stammte von einem Marineoffizier –, und die beiden Freunde hatten dieses Spielzeug, das sie für ein Wunderwerk der Schiffsbaukunst hielten, schon so oft bestaunt, daß sie sich nur mit einem genau nach diesem Muster gebauten Schiff zufriedengeben wollten. Roberts und der Schiffbauer in Genua beurteilten den Entwurf allerdings nicht so günstig und erhoben Einwände. Aber ebensogut hätte man nach einer Segel- oder Jagdsaison einem jungen Mann deutlich machen können, daß er kein vollkommener Seemann oder Jäger, oder einem Jüngling, dem die an der Universität erlangten Ehren zu Kopfe gestiegen sind, daß er nicht der gelehrteste unter den Menschen sei. Williams war gewöhnlich ebenso bescheiden wie Shelley; da er aber zwei oder drei Jahre bei der Marine und anschließend bei der Kavallerie gewesen war, sah er keine Eitelkeit darin, zu glauben, er könne ein Boot oder ein Pferd so gut wie jeder andere beurteilen. In solchen

Die »Don Juan« und die »Bolivar«
Skizze von E.E. Williams

kleinen Eitelkeiten sind wir zu Beginn unseres Lebens alle Narren, bis die Zeit mit ihrem Vorschlaghammer das Tageslicht in unsere Hirnschalen gebracht hat; und so wurde denn das Boot nach dem so liebgewonnenen Muster gebaut.

Als es fertig war, zeigte es sich, daß zwei Tonnen Ballast erforderlich waren, um es auf die Ladelinie herunterzubringen, und selbst dann war es bei einer Brise noch sehr rank, obwohl es ihm an Breite nicht fehlte. Es war schnell, fest gefügt und besaß Torbay-Takelage. Ich ließ das Boot von zwei Vollmatrosen und einem tüchtigen achtzehnjährigen Schiffsjungen namens Charles Vivian überführen. Shelley schickte die beiden Matrosen zurück und behielt nur den Schiffsjungen. Bei ihrer Rückkehr erzählten mir die Matrosen, daß sie während der Reise nach Süden eine rauhe Nacht gehabt hätten und daß das Boot mit Vorsicht behandelt werden wolle; es sei jedoch gut zu bedienen gewesen, habe gute Fahrt gemacht und würde, mit zwei tüchtigen Seeleuten bemannt, keine

Schwierigkeiten bereiten, worauf sie die Herren auch hingewiesen hätten. Kurz danach erhielt ich den folgenden Brief von Shelley:

Mein lieber Trelawny,

Die ›Don Juan‹ ist eingetroffen, und unsere Begeisterung über sie ist grenzenlos; wir müssen annehmen, daß sie ihren Namen während der Geschlechtsverdrehung erhielt, die ihr Namenspatron im Harem erduldete. Williams erklärt sie für vollkommen, und ich teile seinen Enthusiasmus, insoweit eine Landratte wie ich das anständigerweise darf. Wir sind jetzt schon an mehreren Tagen mit ihr draußen gewesen, obgleich wir eine Gelegenheit, sie gegen die Feluken und andere größere Schiffe in der Bucht auszuprobieren, bislang vergeblich gesucht haben; an kleineren segelt sie so geschwind vorbei wie ein Komet am trägsten Planeten des Himmels. Wann denken Sie mit der ›Bolivar‹ hier zu sein? ...

Sie verkehren natürlich in der Gesellschaft von Livorno: Sollte Ihnen dort eine Person mit naturwissenschaftlichen Kenntnissen begegnen, die imstande ist, *Blausäure* oder *Bittermandelessenz* herzustellen, würde ich es als großen Freundschaftsdienst betrachten, wenn Sie mir eine kleine Menge davon beschaffen könnten. Bei der Herstellung bedarf es der größten Vorsicht, und die Essenz sollte stark konzentriert sein; ich würde für diese Arznei jeden Preis zahlen. Sie erinnern sich, daß wir neulich abends davon sprachen und uns beide wünschten, etwas davon zu besitzen; mein Wunsch war ernst gemeint und entspringt dem Verlangen, unnötiges Leiden zu vermeiden. Ich brauche Ihnen nicht zu sagen, daß ich gegenwärtig nicht an Selbstmord denke, aber ich gestehe, daß es mir ein Trost wäre, diesen goldenen Schlüssel zur Kammer der ewigen Ruhe zu besitzen. *Blausäure* wird in der Medizin in unendlich winzigen Dosen angewandt, aber diese Zubereitung ist schwach und hat nicht die Konzentration, deren es bedarf, alle Leiden unfehlbar zu kurieren. Ein einziger Tropfen, sogar noch weniger, genügt. Sie wirkt dann durch Lähmung ...

Wenig später folgte ich in Byrons Schiff, dem Schoner ›Bolivar‹. An der ›Bolivar‹ war nichts auszusetzen; Roberts und der

Schiffbauer hatten sie nach ihrem Gutdünken gestaltet, und sie war schnell und sicher. Ich bemannte sie mit fünf Vollmatrosen, vier Genuesen und einem Engländer. Als ich in die Bucht von La Spezia einlief, fand ich Shelley von seinem Boot begeistert und Williams, was den guten Ruf der ›Don Juan‹ betraf, so empfindlich, als wäre sie seine Frau. Sie gingen kaum noch von Bord; vom Mittelmeer redeten sie wie von einem kleinen, stillen Teich, auf dem das Boot seine hervorragende Seetüchtigkeit leider nicht beweisen könne. Sie sehnten sich danach, über den weiten Atlantik zu segeln und bei schwerem Südwest vor Topp und Takel dahinzujagen, die nächste Küste weit unter dem Horizont. Einmal fuhr ich mit Shelleys Boot hinaus, um zu sehen, wie sie es handhabten. Es war sehr lustig zu beobachten, wie Williams dem Dichter die Kunst des Steuerns und andere seemännische Fähigkeiten beibrachte. Wie gewöhnlich hatte Shelley ein Buch in der Hand; er behauptete, gleichzeitig lesen und steuern zu können, da das eine eine geistige, das andere eine mechanische Tätigkeit sei.

»Anluven!« sagte William. Shelley drehte das Steuer in die falsche Richtung. Williams korrigierte ihn. »Sehen Sie diese beiden weißen Gegenstände voraus? Halten Sie die auf einer Linie, wir haben den Wind von vorn.« Dann sagte er, zu mir gewandt: »Helfen Sie mir die Großschot einholen, dann werde ich Ihnen zeigen, wie dicht am Wind sie segeln kann, um von einer Leeküste wegzukommen.« »Nein«, erwiderte ich, »ich bin Passagier und werde kein Tau anfassen.«

»Anluven!« rief Williams, als das Boot gierte. »Shelley, Sie können nicht steuern, Sie haben das Boot direkt vor dem Wind; geben Sie mir die Ruderpinne und kümmern Sie sich um die Großschot. Fertig zum Wenden! Ruder in Lee – Fieren Sie die Fockschot – sehen Sie, wie sie sich um die Hieling dreht? Ist sie nicht eine Schönheit? Nun, Shelley fieren Sie die Großschot; Junge, zieh die Klüverschot nach achtern!«

Die Großschot saß fest, und das Boot war nicht zu steuern, es lag, wie die Seeleute das nennen, im Wind; als die beiden sie endlich losgemacht hatten, war Shelleys Hut über Bord gegangen, und Shelley wäre seiner Kopfbedeckung gewiß gefolgt, wenn ich ihn nicht festgehalten hätte. Er war so außergewöhnlich ungeschickt, daß Williams, den das dilettantisch ausgeführte Manöver einigermaßen entsetzt hatte, als die Ordnung an Bord wiederhergestellt war, den Dichter wegen seiner Unachtsamkeit und mangelnden Beachtung der seemännischen Anweisungen laut tadelte. Shelley aber war so glücklich und bei so ausgezeichneter Laune, seine Phantasie so angeregt durch die nautischen Fachausdrücke, daß er sogar seinen geliebten Platon in die Tasche steckte und nur noch an Spaß und Tollerei dachte.

»Mit Shelley werden Sie nichts ausrichten«, sagte ich, »ehe Sie nicht seine Bücher und Papiere über Bord werfen, ihm die Haartolle abschneiden, die ihm in die Augen hängt, und ihn die Arme bis an die Ellenbogen in einen Teereimer stecken lassen. Sie aber, Kapitän, werden keine Autorität genießen, bevor Sie nicht Ihren Uniformrock und Ihre Kavalleriestiefel ausziehen. Wie Sie sehen, bin ich schon entkleidet, um notfalls zu schwimmen; entfernen Sie sich also bitte, solange ich an Bord bin, nicht allzu weit vom Ufer.«

Der Junge war flink und geschickt und kannte sich auf Segelbooten aus. Williams war nicht der Stümper, für den ich ihn anfangs gehalten hatte, aber er war übereifrig und ihm fehlte die Übung, die einen im Notfall sofort das Richtige tun läßt. Shelley war einzig darauf bedacht, vom ewigen Wechselspiel des Meeres und des Himmels Bilder einzufangen; um das Boot kümmerte er sich nicht. Als ich vorschlug, sie sollten wie Byron einen mit dieser Küste vertrauten Genueser Matrosen hinzunehmen, war Williams, der wohl meinte, ich unterschätzte seine seemännische Tüchtigkeit, entrüstet: »Als ob wir drei erfahrenen Seeleute nicht Manns genug wären, ein offenes Boot zu segeln, wo doch tolpatschige Schaluppen und Kutter von fünfzig oder sechzig Tonnen oft von ebensowenig Leuten bedient werden, und zwar in der rauhen See vor der zerklüfteten Küste Schottlands!«

»Ja«, erwiderte ich, »aber was für ein Unterschied zwischen jenen Seebären und Ihnen und Ihrem Wasser-Dichter! Außerdem ist ein gedeckter Kutter und selbst eine Fregatte in einem Sturm oder einer Bö leichter zu manövrieren und ein in jeder Hinsicht sichrerer Aufenthalt als ein offenes Boot. Wenn wir heute nicht eine Bö gehabt hätten, als die Großschot blockierte und das Ruder nach Steuerbord statt nach Backbord gewendet wurde, hätten wir an Land schwimmen müssen.«

»Ich nicht«, sagte Shelley, »ich wäre mit den anderen Schweinen im Boot untergegangen« (er meinte das *Pig-iron,* das Schweine- oder Roheisen des Ballasts).

Das Boot des Dichters war knapp dreißig Fuß lang und entsprechend breit; aber es hatte zuviel Tiefgang, um nahe an die Küste herangebracht werden zu können, und so baute Kapitän Williams mit Hilfe eines Zimmermanns ein winziges Dingi oder Beiboot aus Flechtwerk und geteerter Leinwand, mit flachem Boden und sehr leicht, genau wie die Coracles der Waliser. Es trug gerade eine Person und konnte an Land von einer Person den Strand hinauf ins Haus getragen werden. Den Dichter entzückte das zerbrechliche Spielzeug, und wenn er auf dem Wasser damit spielte, kenterte es oft und ließ ihn manchen Kopfsprung machen: Man brauchte sich nur zu erheben oder im Sitzen sich ungeschickt zu bewegen, schon warf es einen um. Diese Streiche schrieb er der Bösartigkeit des Dingi zu, nicht seiner eigenen unglaublichen Ungeschicktheit. »Jetzt verstehe ich«, sagte er, »warum Schiffe und Boote weiblich sind: weil sie wie die Weiber querköpfig sind.«

Dabei war er stolz auf das Dingi wie ein kühner Junge mit einem ungebärdigen Pony. Allmählich lernte er, sich vor den bösen Neigungen des Dingis in acht zu nehmen, prahlte damit, daß er es gebändigt habe und nun mit ihm machen könne, was er wolle; selbst bei schlechtem Wetter wagte er sich unvorsichtigerweise hinaus aufs offene Meer. Dichter, die an Land nicht viel ihr eigen nennen, nehmen gern den grenzenlosen Ozean für sich in Anspruch:

> Die See, die See blaudunkel,
> Hell, rein und immer frei.

Sie schreiben ekstatisch wie an eine Geliebte, und immer lieben sie die See über alles, und in all ihren Stimmungen ist sie ihre ideale Liebe; doch entspringen Liebe und Haß ihrem Hirn, nicht ihrem Herzen. Bei näherem Umgang mit der See ist nämlich kein Vieh oder Vogel so bejammernswert hilflos wie sie: Schon beim Anblick des Meeres wird ihnen übel, auf hoher See werden sie seekrank.

Byron möchte uns in seinen Schriften glauben machen, daß »ein Zelt an Land, eine Galeere auf See« alles seien, was er brauche, und daß er darauf nicht verzichten könne. Das erste Mal, als ich mit ihm an Bord eines Schiffes ging, machte ich eine Bemerkung über dessen Eigenschaften. Er sagte: »Tre, tun Sie, was Sie für das Beste halten; es ist zwecklos, mich zu fragen. Meinen Sie, daß wir uns in all den Dingen auskennen, über die wir schreiben? Ich schreibe am besten über Dinge, die ich am wenigsten kenne, denn da habe ich keine Vorurteile.«

Shelley paddelte in seinem Dingi gern hinaus aufs offene Meer und ließ es dann dort treiben, bis eine Brise kam und ihn zur Küste zurückblies. Dabei fühlte er sich, wie er sagte, unabhängig und in Sicherheit vor den Langweilern an Land.

Eines schwülen Abends hörte ich von der Veranda aufgeregt meinen Namen rufen. Mary Shelley schrie: »Percy ertrinkt. Sein Boot ist gekentert; er kämpft mit den Wellen; er kann nicht stehen, die Wellen werfen ihn um!« Ich sah, wie der Dichter zappelte; er schien sich um das Boot mehr zu sorgen als um sich selbst; die Wellen schleuderten ihn hin und her, und er lag da, plantschend, strampelnd, zappelnd, und schluckte Salzwasser. Ich war die einzige Wasserratte in der Gesellschaft; weder Percy noch Kapitän Roberts noch der Maat konnten schwimmen, und auch Williams war kein besonders guter Schwimmer. Der Mensch und sein Bruder, der Affe, sind die einzigen Lebewesen, die nicht instinktiv schwimmen können: Wir sind zu klug dazu, wir müssen es lernen. Ich watete also ins Wasser und schleppte den Dichter und seine Barke zurück an Land. Er kreischte - nicht vor Angst, sondern vor Entzücken -, wenn die hohen Wellen sich hinter ihm auftürmten und sich schäumend brachen. Dies war das Vorspiel zu einer stürmischen, böigen Nacht mit Wind, Regen und Blitzen; die Gischt fegte über die Veranda und spritzte gegen das Fenster: eine lebhafte Illustration, wie es bei Sturm und Gewitter auf See zugeht.

An einem stillen schwülen Abend saß Jane mit ihren beiden kleinen Kindern vor der Villa am Strand und hielt Ausschau nach ihrem Mann, der draußen in einer Flaute lag und auf die Seebrise wartete. Shelley kam aus dem Haus und schleppte das Beiboot hinter sich her; nachdem er es ins Wasser gelassen hatte, sagte er zu Jane: »Der Sand und die Luft sind heiß, wir wollen uns auf der stillen kühlen See treiben lassen; wenn wir uns geschickt verteilen, hat meine Barke für alle Platz.«

Seine blitzenden Augen und sein stürmisches Gebaren bestimmten die augenblickliche Ausführung von allem, was seine Phantasie ausgeheckt hatte, wie gefährlich es auch sein mochte. Er überwand jeden Widerstand von Leuten, die nicht so eigensinnig waren wie er selbst, und Frauen sind ja von Natur aus gutgläubig und vertrauen sich gern einem ernsten Mann an. So kauerte sich Jane mit ihren kleinen Kindern ohne Widerrede auf den Boden der zerbrechlichen Barke. Der Dichter, stolz auf seine Fracht, stieß triumphierend vom Strand ab und ruderte, indem er seine seemännische Geschicklichkeit zur Schau stellte, um ein steiles Vorgebirge herum aufs tiefe blaue Wasser hinaus. Die Bucht ist noch in ziemlicher Entfernung vom Strand sehr flach, und Jane hatte angenommen, Percy wolle das Boot in der Nähe des Strandes treiben lassen, denn der Dollbord stand nur eine Handbreit über Wasser; ein Windstoß, ein leichter Wellengang oder eine unvorsichtige Bewegung, und das wannenartige Gebilde, das die Last kaum tragen konnte, würde umkippen, voll Wasser laufen und unter ihnen weggleiten. Niemand beobachtete sie, meilenweit war kein Boot zu sehen, die Küste fiel schnell zurück, das Wasser wurde tiefer, und der Dichter träumte. Als ihr diese bedrückenden Tatsachen mit einem Schlage bewußt wurden, war Jane entsetzt über ihre Torheit, sich einem Mann von Genie, aber ohne Urteil, Umsicht oder Geschick anvertraut zu haben.

Nachdem er weit hinausgerudert war, stützte sich der Dichter auf die Ruder; er ahnte nichts von Janes Ängsten, wußte anscheinend kaum, wo er war, und versank in tiefe Träumerei, in welcher er vermutlich alles, was er an Leid und Unrecht erlitten, an sich vorüberziehen ließ, ohne Gegenwart oder Zukunft.

Er war ein grüblerischer, stiller, sehr sensibler Mann, der aber nie klagte – die Wunden, die nach innen bluten, sind die gefährlichsten. Alltägliche Begebenheiten, die egoistischen Hoffnungen und Ängste der Menschen nahm er nicht zur Kenntnis; sein Geist war so eingerichtet, daß es schon genauer Beobachtung bedurfte, um zu wissen, wann und wie die Saite angeschlagen werden mußte, die seine Aufmerksamkeit erregte. Gelähmt vor Entsetzen betrachtete Jane ihren schrecklichen Fährmann: Traurig und niedergeschlagen saß er da; das Haupt war ihm auf die Brust gesunken, sein Geist schien zerschmettert. Jedermann hatte er die Hand geboten, und jedermanns Hand war gegen ihn.. Er war »das geschorene Lamm, aber der Wind war nicht günstig«.

Zu jeder anderen Zeit, an jedem anderen Ort hätte Jane den gedankenverlorenen und verzweifelten Barden zutiefst bedauert. Sie hatte verschiedene Bemerkungen gemacht, aber keine Antwort erhalten. Sie sah den Tod in seinen Augen. Plötzlich hob er den Kopf, die Stirn klärte sich, das Gesicht ward wie von einer Eingebung erhellt, und freudig rief er aus: »Nun wollen wir zusammen dem großen Geheimnis auf den Grund gehen.« Eine Dame hätte daraufhin geschrien oder wäre aufgesprungen, um zu flehen, zu betteln oder zu argumentieren, und hätte so nur selbst betrieben, wovor ihr graute, nämlich daß der Dichter sein Ansinnen in die Tat umsetzen könnte. Doch mit dem Instinkt der Frau - der in gefährlichen Situationen ein verläßlicherer Führer ist als ein ganzer Senat von Weisen - ahnte Jane mehr, als daß sie wußte, daß Shelley anders als andere Menschen war und daß sie ihn, falls sie schwiege oder einen mit seinen Gefühlen nicht übereinstimmenden Ton anschlüge, reizen würde, mit dem Fuß aufzustampfen: Dann würden die bleiernen Wasser über sie hinrollen und sich als Leichentuch um sie wickeln. Ihre einzige Hoffnung lag darin, seine Gedanken von der bedrückenden Vergangenheit auf die weniger trostlose Gegenwart zu lenken und so seine Hoffnung anzufachen. Daher begegnete sie seinem freundlichen und liebevollen Vorschlag, »das große Geheimnis zu ergründen«, indem sie ihren Schrecken unterdrückend in gewohnt fröhlichem Ton meinte: »Nein, schönen Dank, jetzt nicht. Ich hätte gern erst mein Abendessen und die Kinder desgleichen.«

Diese grob materielle Antwort auf seinen sublimen Vorschlag bestürzte den Dichter, zeigte sich darin doch, daß seine Gefährtin ihm auf seinem geistigen Höhenflug nicht folgen konnte. »Und sehen Sie mal«, fuhr sie fort, »die Seebrise weht, der Nebel lichtet sich, und Edward wird mit Trelawny bald an Land kommen; sie sind seit Tagesanbruch draußen und müssen ganz ausgehungert sein, denn sie haben nichts mitgenommen. Außerdem wollten Sie doch morgen mit der ›Bolivar‹ um die Wette segeln. Ich wünschte, wir wären schon an Land; sie werden sich wundern, daß wir um diese Zeit noch draußen sind, und Edward sagt immer, dieses Boot sei nicht seetüchtig.«

Jane Williams
Gemälde von George Clint

»Seetüchtig!« ereiferte sich der Dichter, »ich würde damit nach Livorno oder sonstwohin fahren.«

Der Dämon des Todes, der den Dichter zu Wasser stets begleitete, entfaltete jetzt seine Schwingen und entfloh. Jane spürte, daß Shelleys Gedanken eine andere Richtung eingeschlagen hatten, und fuhr fort: »Sie haben noch keinen Text zu der indischen Weise geschrieben.«

»Doch, habe ich«, antwortete er, »schon vor langer Zeit. Ich muß ihn aber noch einmal schreiben, denn was ich im Freien dichte und aufschreibe, kann ich zuletzt selbst nicht lesen. Sie müssen mir die Weise noch einmal vorspielen, und ich werde versuchen, meine Sache diesmal besser zu machen.«

Der unheimliche Bootsmann paddelte auf die Stelle zu, an der unser Boot gelandet war. Als Williams seine Frau daheim nicht angetroffen hatte, war er besorgt an den Strand zurückgekehrt; ich zeigte ihm die Vermißte in dem Dingi; das Fischerboot, das uns an Land gesetzt hatte, war schon wieder vom Ufer abgestoßen.

Der Dichter, durch die List eines Weibes dazu verleitet, seine Reise zur Ergründung des großen Geheimnisses aufzuschieben, paddelte seine Nußschale ins seichte Wasser.

Als Jane den sandigen Grund sah, griff sie nach ihren Kindern und kletterte so eilig über Bord, daß das Boot kenterte. Edward und ich zogen sie aus dem Wasser; der Barde, der unter das Boot geraten war, erhob sich, das Boot auf dem Rücken, so daß er einer Schildkröte oder einem Einsiedlerkrebs nicht unähnlich war, der in der leeren Muschel oder Schneckenschale, die er findet, sich einquartiert. Edward, der sich über die tolpatschige Art, in der seine Frau aus dem Boot gestiegen war, verwunderte, sagte: »Wir hätten das Boot an Land gezogen, wenn du noch einen Augenblick gewartet hättest.«

»Nein, danke. Welch schrecklichem Schicksal bin ich entronnen! Nie wieder setze ich den Fuß in diesen scheußlichen Sarg. Das große Geheimnis ergründen! Er selbst ist ja das größte Geheimnis. Wer kann vorhersagen, was er tun wird? Alles steht unter seinem Bann. Man kann sich von dem, was andere Leute tun werden, einen Begriff machen, weil sie die gleiche Natur haben wie wir, von dem, was er tun wird, nicht. Er sucht, was wir alle meiden: den Tod. Ich wünschte, wir wären fort, ich werde immer Angst haben.«

Ich überließ sie ihren Gedanken und machte meine Toilette, wobei mir das Meer als Waschschüssel diente, denn eine andere gab es nicht. Wie gewöhnlich hatten wir zum Essen Fisch. Jane aß nichts; der Anblick dieser Meeresbewohner reichte ihr. Verurteilte können essen, plötzlich Begnadigte nicht.

»Mich wird nie wieder jemand mit Shelley allein in einem Boot sehen«, sagte Jane. Als der Dichter seinen Namen hörte – alle seine Sinne waren auf wunderbare Weise verfeinert –, glitt er mit seinem knabenhaften Lächeln strahlend ins Zimmer. Er nahm etwas Brot und Trauben, seine gewöhnliche Nahrung. Er nährte dabei zugleich seinen Geist: Damals las er gerade spanische Dramen, und während sein Körper bei uns war, weilten seine Gedanken in Spanien. Sein junges Gesicht sah so unschuldig aus wie das eines Engels, und so war er auch. Einfach, offen und arglos, hätte ihm jeder sofort Vertrauen geschenkt. Seine sanften, ernsten Manieren gewannen ihm alle Herzen. Seine Großmut, seine Selbstverleugnung, wenn es galt, einem Freund einen Dienst zu erweisen, kannten keine Grenzen, und er betrachtete alle Armen und Unterdrückten als seine Freunde. Dann aber bekannte er, nicht an die Staatsreligion zu glauben, und wiederholte, was vor ihm schon viele gesagt und noch mehr gedacht haben, daß nämlich die Geistlichen aller Konfessionen die Religion einzig als ein Mittel betrachten, das zu erlangen, wonach alle streben: Macht. Als Lord Eldon Kanzler war, exkommunizierte die anglikanische Kirche Ungläubige wirksamer als die römische Kirche.

In einer mondlosen, düsteren Nacht tobten Wind, Meer und Regen so laut, daß Mrs. Williams schlaflos dalag, grübelte und den Morgen herbeisehnte; plötzlich wurde sie aufgeschreckt von einem Stöhnen und Poltern, wie wenn ein schweres Gewicht gegen ihre Tür gefallen sei. Sie weckte ihren Mann und sprang aus dem Bett. Als sie die Tür öffnete, taumelte Mrs. Shelley im Nachthemd hilflos und stumm vor Schrecken ins Zimmer. Der Dichter, ohne von seiner Umgebung etwas wahrzunehmen, stand da mit weit aufgerissenen, irren Augen, aufrecht und starr, und hielt eine brennende Kerze in der vorgestreckten Hand. Als Mrs. Shelley wieder zur Besinnung kam, erzählte sie Mrs. Williams, daß sie von einem schwachen Lichtschein geweckt worden sei. Als sie die Augen öffnete, sah sie Shelley, der eine brennende Kerze über sie hielt. Sie sprach ihn an, aber er antwortete nicht. Seine Augen waren weit offen, aber getrübt; er glich einem Standbild. Sie sprang aus dem Bett und lief hinüber in den Salon, er folgte ihr, und ohnmächtig stürzte sie gegen die Tür der Williamsens. Williams beobachtete den Schlafwandler; er schlich zu der Tür, die auf die Veranda hinausführte, und schien dort dem Tosen der Wellen zu lauschen, ging dann zurück in sein Zimmer, stellte dort die Kerze auf den Tisch und streckte sich auf seinem Bett aus. Der Dichter stand nachts oft auf, um zu schreiben oder zu lesen, und redete auch im Schlaf, aber er war kein Schlafwandler.

Man erwartete Besuch aus Genua. Shelley, eifrig darauf bedacht, den Gast zu ehren, und wohl wissend, daß seine einsiedlerische Lebensweise nicht nach dem Geschmack gewöhnlicher Sterblicher war, sorgte in der Villa für beträchtliche Aufregung. Nachdem man die Proviantvorräte gemustert hatte, wurde beschlossen, daß Williams zum Fischfang aufs offene Meer fahren, ein anderer ausreiten sollte, um Furage zu beschaffen. Die Frauen sollten sich unterdessen an die Arbeit machen. Wie bei allen derartigen Gelegenheiten verschwand der Dichter, nicht ohne daß ihm Mrs. Shelley das Versprechen abgerungen hatte, zur verabredeten Stunde daheim zu sein und einen Rock anzuziehen – gewöhnlich trug er nur eine schwarze Jacke –, und sie fügte schelmisch hinzu: »Ich werde ihm die Haare kämmen und ihn ein bißchen zurechtmachen.«

Der Besucher kam und legte den größten Wert darauf, die Bekanntschaft des Dichters zu machen; die Damen indessen wußten, wie unzuverlässig der Dichter war, und warteten nicht auf ihn. Das Essen wurde pünktlicher als gewöhnlich aufgetragen, und, wie die Seeleute sagen, »wenn Herrschaften zusammensitzen, gehen die Komplimente hin und her«.

Der Fremde brachte Nachrichten von der Außenwelt, von der sie abgeschnitten waren, denn zu jener Zeit waren die Zeitungen ein bloßer Mischmasch österreichischer Lügen. Vom deutschen Schwindel kamen sie auf Literatur. Der Besucher sagte, die deutschen Kenner der englischen Literatur betrachteten Shelley als einen metaphysischen Poeten und Moralphilosophen, als einen Schriftsteller transzendenter Imagination, der alle schlummernden Fähigkeiten seiner Leser wecke; er sei der Dichter des inneren Geistes und übertreffe unsere volkstümlichen Dichter an Gedankentiefe und Kultiviertheit. Irgend jemand in der Tafelrunde bemerkte, daß Genialität läutere: Die nackten Statuen der Griechen seien keusch, die drapierten der Modernen nicht.

Hier wurde die Unterhaltung unterbrochen durch das Klirren von Glas und Geschirr, und der heftige Aufschrei ›Ach, du lieber Himmel!‹, den eine der drei anwesenden Damen ausgestoßen hatte, lenkte die Blicke aller in eine Richtung. Entsetzt über den Anblick, der sich ihnen bot, wandten die Damen sich sofort ab und hoben in Ermangelung von Fächern verzweifelt die Hände vors Gesicht. Hätte es sich um einen Ghul gehandelt, man hätte ihn verlacht, da diese Dämonen bekanntlich nur auf Leichen Jagd machen; ein Gespenst oder Phantom wäre in Laken gehüllt erschienen und daher willkommen gewesen, denn Phantome sind schemenhafte, zarte Geister. Statt dessen sah sich die Gesellschaft einer Erscheinung gegenüber, wie man sie in unserem keuschen und verfeinerten Zeitalter nicht einmal in Marmor duldet - nämlich unserem Dichter, der ohne Zweifel frisch gewaschen war, da er gerade aus dem Wasser kam, aber nicht im Abendanzug und auch nicht gekämmt, wie es dem Versprechen seiner Frau gemäß hätte sein sollen, sondern - wie Adam vor dem Sündenfall -

und wie noch jüngst
die Amerikaner Columbus fand; umgürtet
mit fedrigem Gürtel; nackt sonst und wild.

Aus dem Haarschopf rann das Meerwasser seine unschuldige Nase hinab; falls er mit einem Federgürtel oder mit sonst irgend etwas umgürtet war, so war das zumindest nicht sichtbar; kleine Stücke von Seetang hingen ihm im Haar, und er roch nach der Salzflut; Kämme oder Handtücher verschmähte er. Geräuschlos glitt er an den Wänden des Salons auf sein Zimmer zu und wäre vielleicht auch unbemerkt dorthin gelangt - oder doch unbehelligt, da die italienische Magd taktvoll an seiner Seite ging und ihn sorgfältig gegen die Gesellschaft abschirmte -, hätte nicht eine feinfühlige und leicht erregbare Dame die Aufmerksamkeit der Gesellschaft auf diese selbst für einen Dichter beispiellose Freiheit gelenkt.

Der anspruchslose und unschuldige Barde, betrübt, durch seinen offensichtlichen Verstoß gegen die guten Sitten eine peinliche Situation verursacht zu haben, fühlte sich verpflichtet, eine Erklärung abzugeben; so nahm er neben der Beschwerdeführerin Aufstellung, richtete sich - wie es in Romanen heißt - zu voller Größe empor und sagte mit der Miene und im Ton eines zu Unrecht beschuldigten Knaben: »Was kann ich dafür? Ich muß in mein Zimmer, meine Kleider holen; es gibt keinen anderen Weg dahin als durch den Salon. Um diese Zeit ist er gewöhnlich leer. Nicht ich habe meine Badezeit, sondern ihr habt eure Essenszeit geändert. Das bokkige Dingi hat mir einen seiner üblichen Streiche gespielt und alle meine Sachen ins Wasser gekippt; die Brise von Land kommt schon auf, und sie werden aufs Meer hinaustreiben, wenn ich mich nicht beeile, sie zurückzuholen.«

Seine schamrote Frau fühlte sich zu einem Wortwechsel mit einem Meeresungeheuer nicht imstande. Und nachdem er so die unausgesprochene Mißbilligung seines Betragens zu seiner Zufriedenheit zurückgewiesen hatte, glitt er aus der Pfütze, die sich auf dem Fußboden bildete, in sein Schlafgemach. Die Tafelrunde war der sensiblen Dame nicht nur für die Totalansicht unseres Dichters in Gestalt eines Wassermanns, sondern überdies auch für eine Ansprache desselben verpflichtet.

Wenige Minuten später erschien er wieder, lief nach unten, die verlorenen Sachen den Wellen zu entreißen, und als er gleich darauf zurückkam, hielt er ein Buch (einen Band Aischylos) in die Höhe und sagte: »Dieses kostbare Juwel habe ich aus dem Schiffbruch gerettet.« Dann setzte er sich an seinen Platz, und nichts lag ihm ferner als der Gedanke, irgend etwas getan zu haben, was irgend jemand als beleidigend hätte empfinden können.

Als ich an Bord der ›Bolivar‹ nach Livorno abreiste, begleiteten mich Shelley und Williams aus der Bucht ins offene Meer, und dort verabschiedeten wir uns. Noch am gleichen Abend kam ich in Livorno an. Mein Lord Inglese hatte endlich genügend Entschlußkraft aufgebracht, aus Pisa nach Monte Nero bei Livorno umzuziehen; ich kondolierte ihm zu dem Wohnungswechsel, denn seine neue, nicht eben solide, weil billig gebaute Villa – den mit einer Veranda ausgestatteten, popeligen Vorortkästen an der Themse nicht unähnlich – war zehnmal heißer als sein solider, alter Palast mit den kühlen Marmorhallen und den hochragenden, überwölbten Geschossen, die der Sonne trotzten. Mit seinem Schiff war er zufrieden, keineswegs aber mit dessen Kosten; im übrigen zeigte er wenig Interesse an der ›Bolivar‹, und ich konnte ihn nicht dazu bringen, eine Kreuzfahrt zu unternehmen; er hatte immer irgendeine Ausrede. Als er das erste Mal an Bord kam und ich ihn auf irgend etwas an der Takelage aufmerksam machte, sagte er:

»Die Leute glauben auf Grund meiner Schriften, daß ich

von der Seefahrt einiges verstehen müßte. All die nautischen Fachausdrücke, die ich verwende, sind angelesen, und es hat mich Zeit, Mühe und Ärger gekostet, sie nachzuschlagen. Sie werden sehen, daß ich durch und durch eine Landratte bin. Ich kann kaum den Bug vom Heck unterscheiden und kenne weder die Bezeichnung noch den Zweck irgendeines Taus oder Segels. Ich weiß, daß das tiefe Meer blau ist und nicht grün, wie Shakespeare, dieses Grünhorn, immer sagt.« Das traf im buchstäblichen Sinne zu, jedenfalls was Byron anging, der von Seemannsausdrücken und vom Seemannsleben nichts wußte und auch nichts wissen wollte, außer wenn er schrieb.

Gegen Ende Juni 1822 kam mit dem Schiff aus England die lang erwartete Familie der Hunts an. Byron bemerkte: »Sie werden sehen, daß Leigh Hunt in Aussehen und Betragen ein Gentleman ist; jedenfalls war er das, als ich ihn zuletzt in England sah – obwohl ihm auch ein Hauch des Cockneys anhaftet.«

Ich sah, daß er ein Gentleman war und noch etwas mehr: ein Mann von reger Einbildungskraft und kultiviertem Geist. Er war in bester Laune und dazu aufgelegt, an anderen Freude zu finden. Die literarischen Unternehmungen, die er mit Byron und Shelley plante und die ihn hergeführt hatten, waren ihm ebenso ein Quell lebhaften Vergnügens wie das Land der Schönheit und des Gesanges. Er war nach Italien wie in eine neue Heimat gereist, wo, wie der unsterbliche Auktionator Robins gesagt hätte, »nichts stört als der Kehricht von Rosenblättern und der Lärm der Nachtigallen«. Das Vergnügen jedoch, das alle anderen übertraf, war die Erwartung, in Kürze seinen Freund Shelley zu sehen. Doch leider! – obgleich alle diese Dinge so gewiß schienen –

> Das Gaukelspiel der Hölle,
> Die uns mit doppelsinn'ger Rede äfft,
> Dem Ohr Versprechen hält,
> Die sie der Hoffnung bricht

sollte auch den armen Leigh Hunt täuschen.

Bald darauf segelten Shelley und sein Freund Williams mit ihrem Boot in den Hafen von Livorno. Sie gingen mit den Hunts nach Pisa und quartierten diese in Lord Byrons Palast

Leigh Hunt
Lithographie von James Fraser

ein, wo Shelley eine Etage für sie eingerichtet hatte. Ein paar Tage später kehrte Shelley nach Livorno zurück; Williams brannte darauf, von neuem in See zu stechen. Wir machten mit beiden Booten außerhalb des Hafens eine Regatta. Shelley war in düsterer Stimmung; eine Auseinandersetzung, die er kurz zuvor mit Byron gehabt, hatte seine Lebensgeister gedämpft.

Byron hatte die Ankunft Leigh Hunts, der an der geplanten Zeitschrift mitarbeiten und diese herausgeben sollte, zunächst ungeduldiger als Shelley erwartet – bis ihm seine englischen Korrespondenten vor dem Projekt Angst machten. Sie hatten sich zwar nicht offen gegen seine Pläne ausgesprochen – dafür kannten sie sein Temperament zu gut –, wußten aber geschickt anzudeuten, daß er damit Ruhm und Reichtum aufs Spiel setzen würde, und so weiter. Als Shelley ihn an die Leigh Hunt gemachten Versprechungen erinnerte, reagierte Byron gereizt und übellaunig. Es sollte dies die letzte Unterredung der beiden Dichter gewesen sein.

Am Montag, den 8. Juli 1822, ging ich mit Shelley zu seiner Bank und dann in einen Laden. Es war nach ein Uhr nachmittags, als wir uns auf unsere Boote begaben – Shelley und Williams, um zu ihrem Heim in der Bucht von La Spezia zurückzukehren, ich, um sie mit der ›Bolivar‹ auf das offene Meer hinauszubegleiten. Als wir bereits unter Segel waren, enterte uns die Hafenwache, um unsere Papiere zu kontrollieren. Ich hatte keine Auslaufgenehmigung; der Hafenkapitän hatte sie dem Maat verweigert, da ich schon häufig ohne sie ausgelaufen war. Jetzt drohte mir der Beamte der Gesundheitsbehörde mit einer zweiwöchigen Quarantäne. Es war nicht daran zu denken, meine Freunde noch länger aufzuhalten; Williams hatte schon seit Tagen ungeduldig zur Abreise gedrängt. Sie durften keine Zeit verlieren; es war nach zwei Uhr, und es gab sehr wenig Wind.

Verdrossen und widerwillig warf ich wieder Anker, reffte meine Segel und beobachtete durch ein Fernglas, wie das Boot meiner Freunde langsam entschwand. Mein Genueser Maat bemerkte: »Sie hätten heute morgen, um drei oder vier Uhr früh, auslaufen sollen anstatt um drei Uhr nachmittags. Sie stehen zu dicht an der Küste, die Strömung wird sie da festhalten.«

Ich sagte: »Bald werden sie ablandigen Wind haben.«

»Vieleicht«, fuhr der Maat fort, »werden sie bald zuviel Wind haben; dieses Gaffeltoppsegel ist Unfug bei einem Boot ohne Deck und ohne einen Seemann an Bord.« Dann deutete er nach Südwest: »Sehen Sie sich diese schwarzen Striche an und die schmutzigen Lumpen, die da aus dem Himmel heraushängen – das ist ein Warnsignal. Sehen Sie den Rauch auf dem Wasser? Der Teufel braut Unheil.« Der Nebel über der See hüllte Shelleys Boot bald darauf ein, und wir sahen nichts mehr von ihm.

Obwohl Schleier vor der Sonne lagen, war es drückend schwül. Im Hafen regte sich kein Lüftchen. Die schwere Luft und die ungewohnte Stille lähmten meine Sinne. Ich stieg in die Kajüte hinab und schlief sofort ein. Lärm an Deck weckte mich. Als ich nach oben kam, waren die Männer dabei, die Ankerkette freizumachen, um einen zweiten Anker zu werfen. Alle Schiffe im Hafen waren in Bewegung; man tauschte die Liegeplätze, Rahen und Masten wurden niedergelegt, Ketten gefiert, Trossen geholt, Anker geworfen; kleine Boote wurden eifrig hin und her gerudert, und alle schrien durcheinander. Es herrschte fast völlige Dunkelheit, obgleich es erst halb sieben war. Das Meer hatte die Farbe von Blei und schien auch dessen Festigkeit und Glätte zu besitzen; darüber lag ein öliger Schaum. Windstöße fegten über das Wasser, ohne es zu kräuseln, und dicke Regentropfen schienen von seiner Oberfläche abzuprallen, als könnten sie nicht in sie eindringen. Der Lärm in der Luft setzte sich aus vielen drohenden Lauten zusammen, die vom Meer herüberdrangen. Fischerboote und Küstenfahrer mit gerefften Segeln jagten in großer Zahl an uns vorüber und kollidierten mit Schiffen, die im Hafen lagen. Noch waren es Menschen, die lärmten und rumorten, doch wurden ihre schrillen Pfiffe mit einem Mal zum Schweigen gebracht durch die donnernde Stimme eines Gewitters, das genau über unseren Köpfen losbrach. Zwanzig Minuten lang war nichts als Donner, Wind und Regen zu hören. Als die Wut des Sturmes nachließ und der Horizont sich einigermaßen aufklärte, sah ich besorgt aufs Meer hinaus in der Hoffnung, unter den vielen dort verstreuten kleinen Fahrzeugen Shelleys Boot zu erkennen. Ich beobachtete jeden Punkt, der am Horizont auftauchte, in der Überzeugung, daß sie, bevor der Sturm losgebrochen war, gewendet und das Unwetter im Hafen überstanden hatten – wie alle anderen Schiffe, die in der gleichen Richtung ausgelaufen waren.

Ich schickte unseren Genueser Maat an Bord mehrerer einlaufender Schiffe, um Erkundigungen einzuholen, doch beteuerten alle, das englische Boot nicht gesehen zu haben. Die Quarantänebestimmungen werden in Italien so streng gehandhabt, daß jeder, der einem Schiff in Seenot hilft oder einen Fremden vor dem Ertrinken rettet, nach der Rückkehr in den Hafen zu einer langen und strengen Quarantäne von vierzehn Tagen und mehr verurteilt wird. Die Folge davon ist, daß, wenn ein Schiff ein anderes in Gefahr sieht oder dieses sogar selbst versehentlich in den Grund gebohrt hat, dasselbe nur eilig seine Fahrt fortsetzt und nach allgemeinem Einverständnis kein Wort über die Sache verloren wird.

Doch um meine Erzählung fortzusetzen: Ich verließ die ›Bolivar‹ erst nach Einbruch der Dunkelheit. Während der Nacht war es stürmisch und regnerisch, an der Küste entlang gingen unaufhörlich Blitze nieder. Bei Tagesanbruch war ich wieder an Bord und nahm meine Befragung der Besatzungen der verschiedenen Boote, die im Laufe der Nacht in den Hafen zurückgekehrt waren, wieder auf. Sie wußten nichts oder wollten nichts sagen. Mein Genuese entdeckte mit scharfem Seemannsauge auf einem Fischerboot ein Ruder englischer Machart, das er in Shelleys Boot gesehen zu haben meinte, doch die gesamte Mannschaft schwor bei allen Heiligen des Kalenders, daß dies nicht der Wahrheit entspräche. Ein weiterer Tag verging in schrecklicher Ungewißheit.

Am Morgen des dritten Tages ritt ich nach Pisa. Byron war in den Lanfranchi-Palast zurückgekehrt. Ich hatte gehofft, einen Brief aus der Villa Magni vorzufinden – vergeblich. Ich erzählte Hunt von meinen Befürchtungen und ging dann nach oben zu Byron. Als ich ihm mitteilte, was ich wußte, zitterten seine Lippen, und seine Stimme versagte bei den Fragen, die er mir stellte. Ich schickte einen Boten nach Livorno mit der Weisung, daß die ›Bolivar‹ vor der Küste kreuzen sollte, schwang mich selbst in den Sattel und ritt in die gleiche Richtung. Einen weiteren Boten schickte ich die Küste entlang bis nach Nizza.

Als ich in Via Reggio ankam, hörte ich, daß man dort einen

Stakkahn, ein Wasserfaß und etliche Flaschen am Strand gefunden habe. Ich erkannte die Sachen wieder: Sie hatten sich in Shelleys Boot befunden, als er aus Livorno auslief. Während der sieben oder acht folgenden Tage ging ich mit den Leuten der Küstenwache auf Patrouille, denen ich, damit sie gründlich Ausschau hielten, eine Belohnung versprochen hatte. Doch erst viele Tage später wurden meine schlimmsten Befürchtungen bestätigt: Man fand zwei Leichen am Strand – eine in der Nähe von Via Reggio. Diese sah ich mir gleich an. Das Gesicht, die Hände und andere ungeschützte Körperteile waren ohne Fleisch. Die hochgewachsene schmächtige Figur, die Jacke, der Band Aischylos in der einen, die Gedichte von Keats in der anderen Tasche, über den Rücken aufgeschlagen, so als hätte der Leser, plötzlich unterbrochen, das Buch hastig weggesteckt – all das war mir zu vertraut, als daß ich hätte zweifeln können, die verstümmelte Leiche Shelleys vor mir zu haben.

Die andere Leiche war etwa drei Meilen weiter, in der Nähe des Turms von Migliarino, an der Bocca Lericcio, an den Strand gespült worden. An dieser Leiche, die viel stärker verstümmelt war, hingen die Fetzen eines Hemdes, das noch dazu halb über den Kopf gezogen war, so als hätte der Träger es eben ausziehen wollen; auch der eine Stiefel deutete darauf hin, daß der Mann noch versucht hatte, alles abzulegen. Das schwarze Seidentuch war nach Matrosenart um den Hals gebunden. Fleisch, Sehnen und Muskeln hingen wie das Hemd in Fetzen und ließen Rippen und Knochen sehen. Ich hatte aus Shelleys Haus einen von Williams' Stiefeln mitgebracht, und der paßte genau zu dem, den der Tote anhatte. Dies und das schwarze Halstuch überzeugten mich, daß vor mir die Leiche von Shelleys Gefährten lag. Williams war der einzige von den dreien, der schwimmen konnte und hat deshalb wahrscheinlich am längsten gelebt. Da er eine Uhr und Geld bei sich hatte und besser angezogen war als die anderen, ist die Leiche nach ihrer Entdeckung möglicherweise ausgeplündert worden. Shelley hatte immer erklärt, daß er im Falle eines Schiffbruchs sofort verschwinden würde; die anderen sollten erst gar nicht versuchen, ihm zu helfen und sein Leben – das er als wertlos ansah – zu retten, sondern nur sich selbst in Sicherheit bringen. Erst drei Wochen nach dem Schiffbruch

Villa Magni
Stich von A. Evershed nach H.R. Newman

wurde eine dritte Leiche gefunden - vier Meilen entfernt von den beiden anderen. Ich hielt sie für die des Schiffsjungen Charles Vivian, obwohl sie ein bloßes Skelett und nicht identifizierbar war. Sie wurde oberhalb der Wasserlinie am Strand begraben.

Ich stieg aufs Pferd und ritt in die Bucht von La Spezia, stellte das Pferd in den Stall und lief, bis ich das einsame Haus am Strand erblickte, in dem Shelley und Williams gewohnt hatten und wo die beiden Frauen noch immer wohnten. Bei zahlreichen früheren Besuchen hatte ich, da ja unumstößliche Beweise des Gegenteils noch nicht vorlagen, den Frauen mit der Behauptung, es sei ja durchaus möglich, daß die Freunde noch lebten, Mut zu machen gesucht; jetzt mußte ich ihnen die letzte Hoffnung nehmen. Ich war schnell geritten, um zu verhindern, daß ein unsanfterer Bote mit der Schreckensnachricht bei ihnen hereinplatzte. Als ich nun auf der Schwelle ihres Hauses stand, Überbringer - oder besser Bestätiger - einer Nachricht, die sie aufs äußerste martern mußte, hielt ich inne und blickte aufs Meer hinaus. Meine Erinnerung kehrte zurück zu dem fröhlichen Abschied, den wir hier wenige Tage zuvor voneinander genommen hatten.

Die beiden Familien hatten sich damals vollzählig auf der Veranda versammelt, die See war so klar und still gewesen, daß sich jeder Stern im Wasser wie in einem Spiegel spiegelte: Die jungen Mütter hatten, von einer Gitarre begleitet, ein fröhliches Lied gesungen. Shelleys schrilles Gelächter - ich höre es noch - hatte mir in den Ohren geklungen, ebenso Williams' freundliches Hallo, das gemeinsame *buona notte* der ganzen Gesellschaft und die ernstliche Mahnung, ich möge ja bald wiederkommen und die aufgetragenen Besorgungen nicht vergessen. Langsam war ich in einem kleinen Boot zu der in der Bucht ankernden ›Bolivar‹ hinausgerudert; ungern schied ich von den Freunden, die in jenem Augenblick, soweit ich sehen konnte, die unzertrennlichste Gemeinschaft glücklicher Menschen auf der ganzen Welt bildeten. Und nun hatte ein launischer Windstoß die Szene völlig verwandelt. So ist Menschenglück beschaffen.

Meine Träumerei wurde durch einen Schrei des Kindermädchens Caterina unterbrochen, die mich in der Tür stehen sah. Nachdem ich ihr einige Fragen gestellt hatte, ging ich ins Obergeschoß und betrat unangemeldet das Zimmer. Ich sagte kein Wort, und die Frauen hatten keine Fragen. Mrs. Shelleys große graue Augen waren auf mein Gesicht geheftet. Ich wandte mich ab. Unfähig, dieses grauenhafte Schweigen zu ertragen, rief sie mit krampfhafter Anstrengung: »Gibt es keine Hoffnung mehr?« Anstatt zu antworten, verließ ich das Zimmer und schickte das Dienstmädchen mit den Kindern hinein.

Am nächsten Tag bewog ich Mrs. Shelley, mit mir nach Pisa zurückzukehren. Das Elend jener Nacht, das Elend der nächsten Tage und Nächte kann ich nicht beschreiben; ich werde es jedoch nie vergessen. Die Hauptbetroffenen bestimmten schließlich, daß Shelleys sterbliche Überreste nach Rom überführt und unter einem würdigen Denkmal an der Seite seines Kindes und seines Freundes Keats bestattet werden sollten. Williams wollte man in England beisetzen. Um die Überführung von Leichen, deren Verwesung weit fortgeschritten war, überhaupt zu ermöglichen und die aus den Quarantänebestimmungen erwachsenden Hindernisse zu umgehen, wurde empfohlen, auf die alte Sitte der Leichenverbrennung zurückzugreifen. Ich schrieb deshalb in dieser Angelegenheit an unseren Gesandten in Florenz, Dawkins, und bat ihn, sich bei den Regierungen von Florenz und Lucca dafür zu verwenden, daß mir die erforderliche Genehmigung erteilt würde. Ich erhielt folgende Antwort:

Sehr geehrter Herr,

gestern ist von hier aus eine Weisung an den Gouverneur von Via Reggio ergangen, Mr. Shelleys sterbliche Überreste Ihnen oder einer von Ihnen hierzu bevollmächtigten Person zu übergeben.

Ich habe veranlaßt, daß dieselben zur Beisetzung nach Livorno überführt werden sollen, aber diese Maßgabe bindet Sie nicht. Wenn die Leiche auf dem Seewege transportiert werden soll, wird Ihnen der Gouverneur die für die Einreise erforderlichen Papiere ausstellen; wenn sie über Land befördert werden soll, muß sie bis zur Grenze von einer Wache begleitet werden - eine Vorsichtsmaßregel zur Verhütung möglicher Infektionen, die stets ergriffen wird. Übrigens hat man, wie in derartigen Fällen üblich, Ätzkalk in die Gräber geworfen.

Hinsichtlich der Exhumierung und Überführung der anderen Leiche kann ich Ihnen nichts sagen, ehe ich nicht Nachricht aus Florenz habe. Ich beantragte die Genehmigung gleich nach Erhalt Ihres Briefes und hoffe, bei der morgigen Post eine Antwort auf mein Schreiben zu finden.

Ich weiß Lord Byrons Freundlichkeit sehr zu schätzen und hätte ihn, als ich in Pisa war, besucht, wenn er nicht eben Lord Byron wäre. Die Mühe ist nicht der Rede wert: es ist ja meines Amtes, keine Mühe zu scheuen, die mir von meinen Landsleuten zugemutet wird ... Womit ich, sehr geehrter Herr, verbleibe als Ihr sehr ergebener W. Dawkins

In der Folge bot er so viel Einfluß und Tatkraft auf, daß er schließlich alle Hindernisse und den Widerwillen der Italiener, ein derart unerhörtes Vorgehen auf ihrem Territorium zu dulden, überwand.

Was aber war der wirkliche Grund der Katastrophe, bei der Shelley und Williams den Tod fanden? Ich werde hier ohne weiteren Kommentar einen Briefwechsel einrücken, der sich mit dieser Frage befaßt.

Er beginnt mit einem Brief meiner Tochter vom 22. November 1875 aus Rom. Die verschiedenen Mitteilungen sind nicht lange nach dem Datum ihrer Abfassung von der *Times* veröffentlicht worden.

Mein lieber Vater,

ich habe soeben etwas gehört, was Dich interessieren wird. Vor einiger Zeit starb in La Spezia ein alter Seemann, der auf dem Sterbebett dem Priester beichtete - und denselben bat, die Beichte zu veröffentlichen -, daß er zu jenen Leuten gehört habe, die das Boot, in dem sich Shelley und Williams befanden, in den Grund gebohrt hätten, weil sie der Meinung gewesen seien, der reiche ›Milord Byron‹ befände sich mit einer Menge Geld an Bord. Sie hätten nicht vorgehabt, das Boot zu versenken, sondern es nur zu entern und Byron zu ermorden. Es sei aber gesunken, sagte er, kaum daß es gerammt worden war. Dieser Bericht wurde meinen Freunden, den K.s., von einer Person, mit der sie sehr gut bekannt sind, zugeschickt; diese Person wohnt in La Spezia und kennt, glaube ich, den Priester.

Am 27. Dezember des gleichen Jahres schrieb ich selber an den Herausgeber der *Times*:

Sir,

als ich aus Rom von dem alten Seemann hörte, der gebeichtet habe, daß er einer von der Mannschaft der Feluke gewesen sei, die Shelleys Boot in den Grund gebohrt habe, glaubte ich der Geschichte sofort, und ich glaube ihr noch, weil sie genau zu dem Vorfall paßt. Die italienischen Fischerfeluken an jenem Teil der Küste sind lange, niedrige Fahrzeuge mit schwerem Deck; sie haben sieben bis zehn Mann Besatzung, Lateinsegel, einen scharfen Bug und sind geschwinde Segler. Shelleys Boot war offen, ohne Deck und wie ein Schoner getakelt. Es war so leicht, daß es dreieinhalb Tonnen Eisenballast laden mußte, damit es bis zur Ladelinie im Wasser lag.

Am 8. Juli 1822 kam Shelley von seiner Bank in Livorno mit

einem Leinenbeutel voller toskanischer Kronenstücke. Byron, Shelley, Williams und ich waren für die Seeleute im Hafen nicht zu unterscheiden, und sowohl Byrons wie Shelleys Boot hatten die Segel gesetzt, bereit, in See zu stechen. Es wehte ein leichter Landwind, als wir um zwei Uhr nachmittags die Anker lichteten. Ich war an Bord von Byrons Boot; an der Hafeneinfahrt rief der Hafenmeister mich an, ob ich Auslaufgenehmigung und Gesundheitsattest vorweisen könne. Als ich erwiderte, ich hätte nichts dergleichen, da ich schon am Abend zurückkehren wolle, drohte er mir, mich ohne diese Papiere bei meiner Rückkehr in Quarantäne zu legen. Ich war daher genötigt, wieder vor Anker zu gehen, und Shelleys Boot fuhr allein weiter. Zur gleichen Zeit verließen zwei Feluken den Hafen, und zwar in der nämlichen Richtung wie Shelleys Boot. Ich blieb an Bord.

Etwa eine Stunde später kam ein Gewitter auf; Wind und Nebel hüllten alles in einen undurchsichtigen Schleier, bis endlich einige Feluken auftauchten, die in den Schutz des Hafens zurückkehrten. Als das erste dieser Fahrzeuge Anker warf, schickte ich einen Maat an Bord desselben, einen Genuesen, der sich nach dem Schicksal von Shelleys Boot erkundigen sollte. Die Mannschaft erklärte, das Boot sei ihnen nicht begegnet. »Aber«, warf der Genuese ein, »ihr habt doch ein paar von seinen Spieren an Bord«, und dabei wies er auf ein englisches Ruder. »Das gehört zu jenem Boot.« Dies wurde aber von allen bestritten. Als er mir von dem Umstand Mitteilung machte, äußerte er den Verdacht, daß die Leute mehr wüßten, als sie zugaben. Ich meinte, daß wir am nächsten Tage mehr erfahren würden.

Wenn ich die Aussage des Genuesen an den Hafenmeister weitergegeben hätte, wäre das fragliche Schiff für vierzehn Tage in Quarantäne gelegt worden. Das hielt mich zurück, ahnte ich doch zu der Zeit noch nichts von dem Unglück, das sich ereignet hatte; auch hätte man die Spieren von Shelleys Boot leicht über Bord werfen können. Da ich mehrere Tage nichts hörte, fürchtete ich das Schlimmste, aber zunächst war alles nur Spekulation und Mutmaßung. Ich ritt dann die Küste entlang nach Via Reggio und fand Beweise, daß Shelleys Boot Schiffbruch erlitten hatte. Schließlich wurden die Leichen der Mannschaft entdeckt, und man begann nach dem Ort zu suchen, an dem das Boot gesunken war.

Endlich fand man das Wrack in zehn Faden Wassertiefe, etwa zwei Meilen vor der Küste von Via Reggio. Die Ursache des Schiffbruchs war ziemlich klar. Die Steuerbordseite war eingedrückt - offensichtlich war sie von dem scharfen Bug einer Feluke gerammt worden -, und da das Boot, wie gesagt, kein Deck besaß, aber dreieinhalb Tonnen Eisenballast geladen hatte, muß es innerhalb von zwei Minuten gesunken sein. So hat, was der Mann in seiner Beichte sagte - nämlich, daß das Boot, kaum gerammt, auch schon gesunken sei -, mich sogleich von der Wahrheit seiner Offenbarung überzeugt. Daß dies das Schicksal der ›Don Juan‹ gewesen sei, war auch die einhellige Meinung der Werftbehörden in La Spezia und aller, die das Wrack in Augenschein nahmen. Die Bemühungen eines italienischen Professors, seine Landsleute von dieser Schuld zu entlasten, sind patriotisch. Wir Engländer sind nicht so leichtgläubig; wir sind mit Italien und den Italienern besser bekannt als sie mit uns. Und wen sollte man mit dieser Geschichte, wenn sie denn erfunden wäre, täuschen wollen, da das Ereignis, das niemals Gegenstand von Kontroversen war, zwei Generationen zurückliegt und nur wenige Leute interessiert? Ihr ergebener E. J. Trelawny.

Ich ließ in Livorno aus Eisenstäben und starkem Eisenblech einen auf einem Gestell ruhenden Ofen machen und besorgte einen Vorrat Holz und anderes Brennmaterial, von dem es heißt, daß die von Shelley so geliebten Hellenen es bei der Verbrennung ihrer Toten verwendeten.

Am 13. August 1822 ging ich mit einem englischen Bekannten an Bord der ›Bolivar‹, nachdem ich an Byron und Hunt geschrieben hatte, daß ich sie benachrichtigen würde, wenn alles fertig wäre, denn sie wollten zugegen sein. Ich hatte schon vorher zwei große Feluken mit Winden und Schlepptauen vorausgeschickt, den Ort zu suchen, an dem Shelleys Boot gesunken war. Der Kapitän eines dieser Boote behauptete, er sei während des verhängnisvollen Gewitters draußen gewesen und habe Shelleys Boot mit gesetzten Segeln vor Via Reggio untergehen sehen. Bei einer leichten und unbeständigen Brise brauchten wir elf Stunden, bis wir unser Ziel erreichten: den Turm von Migliarino an der Bocca Lericcio in den toskanischen Staaten. Dort lag ein Dorf, und etwa zwei Meilen weiter war Williams beerdigt.

Ich ankerte, ging an Land, suchte den befehlshabenden Offizier auf, einen Major, und erläuterte ihm mein Anliegen, über das ihn seine Regierung bereits verständigt hatte. Er versicherte mir, daß ich alle erforderliche Unterstützung haben sollte. Da es schon zu spät am Tage war, als daß ich noch mit der Arbeit hätte anfangen können, gingen wir in das einzige Wirtshaus am Ort, und ich schrieb Byron, daß er am folgenden Tage mittags bei uns sein solle. Der Major ließ den Brief durch einen Dragoner nach Pisa bringen und traf Vorbereitungen für den nächsten Tag. Am frühen Morgen kam er zu uns und überreichte mir ein Billett von Byron mit der Nachricht, er, Byron, werde so pünktlich wie möglich mittags zu uns stoßen.

Um zehn gingen wir zum Boot des Kommandanten. Eine Korporalschaft Soldaten in Arbeitskleidung, ausgerüstet mit Hacken und Schaufeln, war angetreten, dazu ein Offizier des Quarantänedienstes mit einigen Leuten. Diese hatten merkwürdige Werkzeuge bei sich, die so gestaltet waren, daß man damit arbeiten konnte, ohne mit möglicherweise ansteckenden Dingen in Berührung zu kommen - große Schmiedezangen mit langen Hebelgriffen, kleinere Kneif- oder Beißzangen, Stangen mit eisernen Haken und Dornen und andere Geräte, die einem eine lebhafte Vorstellung von den Folterinstrumenten der heiligen Inquisition vermittelten.

So beladen legten wir ab. Mein eigenes Boot folgte mit dem Ofen und den Dingen, die ich aus Livorno mitgebracht hatte. Wir fuhren eine Strecke an der Küste entlang und landeten dann an einem in die See hinaus errichteten Zaun aus starken Pfählen und Latten, der die Grenze zwischen Toskana und Lucca bezeichnete. Wir gingen am Strand entlang zu dem Grab, wo Byron und Hunt sich bald zu uns gesellten. Auch sie waren in Begleitung eines Offiziers nebst Soldaten vom Turm von Migliarino, eines Beamten der Gesundheitsbehörde und einiger Dragoner zu Fuß, so daß wir von Soldaten umgeben waren. Sie standen uns aber nicht im Wege und halfen uns bereitwillig. Aus der Umgebung hatten sich zahlreiche Zuschauer eingefunden, unter ihnen viele prächtig gekleidete Damen. Der Ort, wo die Leiche begraben lag, war mit einer knorrigen Pinienwurzel bezeichnet.

Am Strand stand eine aus jungen Pinienstämmen errichtete und mit Schilf gedeckte Hütte, die dem Wachtposten, der hier

Dienst tat, notdürftig Schutz bot. Ein paar Meter weiter befand sich das Grab, das wir nun zu öffnen begannen. Ich hätte mir die Mühe, Brennmaterial mitzubringen, sparen können, denn davon war reichlich vorhanden; abgesehen von den zerbrochenen Spieren und Planken gesunkener Schiffe, die hier an den Strand geworfen worden waren, gab es in einem nahegelegenen Pinienhain viel faules und dürres Holz. Die Soldaten sammelten Brennmaterial, während ich den Ofen aufstellte, und die Leute von der Gesundheitsbehörde machten sich an die Arbeit, die Leiche freizuschaufeln. Wir sahen ihnen ängstlich zu. Das erste Anzeichen, daß sie die Leiche gefunden hatten, war der Zipfel eines schwarzseidenen Halstuches. Ich holte es mit einem Stock heraus, denn es war uns verboten worden, irgend etwas anzufassen. Dann kamen ein paar Wäschefetzen und ein Stiefel samt Fußknochen zum Vorschein. Nachdem man zuletzt noch eine Lage Reisig entfernt hatte, lag alles, was von unserem dahingegangenen Freund noch übrig war, offen zutage: eine formlose Masse aus Knochen und Fleisch. Die Glieder trennten sich, als man sie berührte, vom Rumpf.

»Ist das ein menschlicher Körper?« rief Byron, »das sieht ja mehr nach dem Kadaver eines Schafes oder sonst eines Tieres aus als nach dem Leichnam eines Menschen: Welch eine Satire auf unseren Stolz und unsere Torheit!«

Ich zeigte ihm die Initialen »E. E. W.« auf dem schwarzen Seidentuch. Byron warf einen Blick darauf und murmelte: »Die Eingeweide eines Wurms halten länger zusammen als der Töpferton, aus dem der Mensch gemacht ist. Halt! Zeigen Sie mal die Kinnlade«, setzte er hinzu, da man eben den Schädel exhumierte. »Ich kann jeden, mit dem ich geredet habe, an den Zähnen erkennen. Ich sehe immer auf Lippen und Mund; die sagen mir, was Zunge und Augen zu verbergen suchen.«

Williams' Überreste wurden Stück für Stück, wie man sie fand, in den Ofen gelegt. »Machen Sie bloß meinetwegen nicht auch solche Umstände«, sagte Byron, »lassen Sie meinen Kadaver verfaulen, wo er eben hinfällt.«

Der Scheiterhaufen war nun fertig. Ich legte Feuer, und da das Pinienholz trocken und harzig war, brannte es so heftig, daß uns Hitze und Rauch zurücktrieben. Es war schon heiß genug an diesem Tag, kein Lüftchen regte sich, und der lockere

Die Überreste Shelleys werden verbrannt
Holzschnitt von 1822

Sand versengte uns die Füße. Sobald die Rauchentwicklung nachließ und wir näher treten konnten, warfen wir Weihrauch und Salz in den Ofen und gossen je eine Flasche Wein und Öl über die Leiche. Auf die griechische Ansprache wurde verzichtet, da wir unseren hellenischen Barden verloren hatten.

Es war jetzt so unerträglich heiß, daß die Offiziere und Soldaten alle den Schatten suchten. »Versuchen wir die Kraft dieser Fluten, in denen unsere Freunde ertranken«, sagte Byron, unverfroren wie gewöhnlich. »Was meinen Sie, wie weit draußen mögen sie gewesen sein, als das Boot sank?«

»Wenn Sie nicht auch in den Ofen gesteckt werden wollen, sollten Sie das lieber bleibenlassen; Sie sind nicht in Form.«

Byron zog sich aus und ging ins Wasser, ich und mein Gefährte taten das gleiche. Noch ehe wir eine Meile geschwommen waren, wurde es Byron übel, und er ließ sich überreden, an den Strand zurückzukehren. Auch meinen Gefährten befiel ein Krampf, und nur mit meiner Hilfe erreichte er das Land.

Um vier Uhr war der Scheiterhaufen heruntergebrannt, und als wir den Deckel vom Ofen nahmen, war nichts zurückgeblieben als dunkle Asche und einige Knochenstücke. Nun wurden Stangen unter den rotglühenden Ofen geschoben und dieser allmählich im Meer abgekühlt. Ich sammelte die Asche und verwahrte sie in einer kleinen Eichenholzkiste, die mit einer beschrifteten Messingplatte versehen war, schraubte den Deckel zu und legte die Kiste in Byrons Wagen. Er kehrte mit Hunt nach Pisa zurück und versprach, am folgenden Tage in Via Reggio wieder bei uns zu sein. Ich kehrte mit meiner Gesellschaft auf demselben Wege, den wir gekommen waren, zurück und speiste und übernachtete wieder in dem Wirtshaus. Am folgenden Morgen gingen wir mit den gleichen Leuten und den gleichen Gerätschaften an Bord der gleichen Boote, ruderten einen kleinen Fluß bei Via Reggio zum Meer hinab, dann die Küste entlang bis nach Massa. Dort landeten wir und trafen die gleichen Anstalten wie am Vortag.

Drei weiße Stäbe waren zur Bezeichnung von des Dichters Grab in den Sand gesteckt worden. Da sie aber einigen Abstand voneinander hatten, mußten wir in der Linie dieser Pfähle erst einen dreißig Yards langen Graben ausheben, um die genaue Stelle zu finden, und es dauerte fast eine Stunde, bis wir auf das Grab stießen.

Inzwischen waren Byron und Leigh Hunt mit dem Wagen eingetroffen, begleitet - wie am Vortag - von Soldaten und dem Beamten der Gesundheitsbehörde. Die einsame und großartige Landschaft, die uns umgab, harmonierte aufs schönste mit Shelleys Genius, so daß ich mir vorstellte, sein Geist schwebe über uns. Das Meer mit den Inseln Gorgona, Caprana und Elba lag vor uns; alte zinnengeschmückte Wachttürme standen entlang der Küste, dahinter schimmerten die Marmorgipfel der Apenninen mit ihren höchst malerischen Umrissen in der Sonne, und weit und breit war keine menschliche Behausung zu sehen.

Ich erinnerte mich, welches Entzücken solche heroischen Landschaften Shelley zu Lebzeiten bereitet hatten, und mir schien, als wären wir ein Rudel Wölfe oder wilde Hunde, die seinen zerschlagenen und nackten Leib aus dem reinen gelben Sand, der ihn so leicht zudeckte, herauszureißen und zurück ans Tageslicht zu zerren gedachten. Aber die Toten haben keine Stimme, und ich hatte keine Macht, dem Frevel Einhalt zu gebieten: Still ging im weichen nachgiebigen Sand die Arbeit vonstatten, niemand sagte ein Wort, denn die Italiener

Byron wohnt der Verbrennung Shelleys bei
Gemälde von L. Sabatier

sind empfindsam und ihr Mitgefühl ist leicht zu erregen. Byron war schweigsam und nachdenklich.

Ein dumpfer hohler Laut, der dem Schlag einer Hacke folgte, schreckte uns auf: Das Eisen hatte einen Schädel getroffen, und bald war die Leiche freigelegt. Man hatte Kalk darüber gestreut, und dieser Umstand oder die Verwesung hatte bewirkt, daß der Tote eine dunkle und unheimliche Indigofärbung angenommen hatte. Byron bat mich, den Schädel für ihn aufzuheben; da ich mich aber erinnerte, daß er einmal einen Schädel als Trinkgefäß verwendet hatte, war ich entschlossen, denjenigen Shelleys nicht derart entweihen zu lassen.

Die Glieder trennten sich nicht wie bei Williams' Leiche vom Rumpf, so daß der Körper noch vollständig in den Ofen gelegt werden konnte. Ich hatte vorsichtshalber für mehr und größere Holzscheite gesorgt, da ich am Vortag beobachtet hatte, daß es schwierig war, eine Leiche an der Luft zu verbrennen. Als das Feuer hell loderte, wiederholten wir die Zeremonie vom vergangenen Tag; dabei wurde mehr Wein über Shelleys Leiche ausgegossen, als er zu Lebzeiten je getrunken hatte. Dies bewirkte, zusammen mit dem Öl und dem Salz, daß die gelben Flammen zu knistern und Funken zu sprühen begannen. Die Hitze der Sonne und des Feuers war so groß, daß die Luft zu vibrieren schien. Die Leiche öffnete sich und legte das Herz bloß. Das Stirnbein des Schädels, dort, wo die Hacke getroffen hatte, fiel ab, und da der Hinterkopf auf dem rotglühenden Rost des Ofens lag, kochte das Hirn buchstäblich und warf Blasen wie in einem Kessel.

Byron konnte den Anblick nicht ertragen, zog sich an den Strand zurück und schwamm zur ›Bolivar‹ zurück. Leigh Hunt blieb im Wagen. Das Feuer war so wild, daß das Eisen weißglühend wurde und der Inhalt des Ofens zu grauer Asche verbrannte. Nur einige Knochenreste, die Kinnlade und der Schädel wurden von den Flammen nicht verzehrt. Was uns aber alle überraschte, war, daß das Herz erhalten blieb. Als ich diese Reliquie aus dem Feuerofen holte, zog ich mir eine schwere Verbrennung an der Hand zu; und wenn mich jemand dabei gesehen hätte, wäre ich wohl in Quarantäne gesteckt worden.

Nachdem ich den eisernen Apparat im Meer abgekühlt hatte, sammelte ich die Asche und verwahrte sie in einem Kasten, den ich mit an Bord der ›Bolivar‹ nahm. Byron und Hunt kehrten in ihre Wohnung zurück, die Offiziere und Soldaten in ihre Unterkünfte. Ich belohnte die Männer großzügig für ihr bewundernswertes Verhalten während der beiden Tage, die sie bei uns gewesen waren.

Wenn der Tod durch Ersticken eintritt, füllt sich das Herz mit Blut und ist desto schwieriger zu verbrennen, insbesondere an der Luft. Byrons müßiges Geschwätz während der Exhumierung der sterblichen Überreste von Williams zeugte nicht von einem Mangel an Gefühl, sondern von dem Wunsch, seine Gefühle vor anderen zu verbergen. Als er selbst auf dem Krankenbett lag und von Krämpfen, die sein Leben bedrohten, geschüttelt wurde, habe ich ihn, kaum daß er den Atem dazu hatte, in noch viel unorthodoxerer Weise scherzen hören. Man hatte ihn während seines Lebens in der Londoner

Gesellschaft gelehrt, daß jede Äußerung von Gefühl oder Mitgefühl wehleidig und unmännlich sei und daß der Anschein von Draufgängertum und Indifferenz das Vollblut und den guten Stall verrate.

Da ich von Livorno aus nicht so schnell nach Rom weiterreisen konnte, schickte ich Shelleys Asche an unseren dortigen Konsul, Mr. Freeborn, mit der Bitte, sie bis zu meiner Ankunft für mich zu verwahren. Als ich in Rom eintraf, erzählte mir Freeborn, daß er, um die Behörden zu beschwichtigen, genötigt gewesen sei, die Asche mit den üblichen Zeremonien auf dem protestantischen Friedhof beizusetzen.

Im Beisein des Friedhofswärters suchte ich Shelleys Grab und fand es in einem Haufen anderer. Die alte römische Stadtmauer, die den Friedhof teilweise einschließt, bildete unmittelbar unter der alten Pyramide, die als Grab des Caius Cestius gilt, zwischen zwei vorspringenden Strebepfeilern eine Nische. Damals befanden sich dort noch keine Gräber. Die Stelle gefiel mir, und so erwarb ich sie, dazu genügend Boden, um eine Reihe italienischer Zypressen zu pflanzen. Da die römischen Priester die Seelen von Ketzern ohnehin als zur ewigen Verdammnis bestimmt betrachten, kümmern sie sich nicht groß um deren sterbliche Überreste. Es war also nicht erforderlich, wegen der Exhumierung die Genehmigung einer Fakultät oder die Erlaubnis eines Bischofs einzuholen. Der Friedhofswärter, der auf dem eingezäunten Friedhofsgelände wohnte und den Schlüssel zum Tor hatte, schien innerhalb seines Bereichs nach Belieben schalten und walten zu können; und Scudi, denen das Bild Sankt Peters mit den beiden Schlüsseln eingeprägt war, taten ein übriges. Ohne weitere Umstände wurden Maurer beauftragt, zwei Gräber in die Nische zu bauen. In dem einen deponierte ich die Kiste mit Shelleys Asche. Dann deckte ich es mit einer Steinplatte zu, die mit einer von Leigh Hunt verfaßten lateinischen Grabschrift versehen war. Schon vor der Einäscherung der Leiche hatte ich in Livorno das folgende Billett erhalten:

Pisa, den 1. August 1822

Lieber Trelawny,

Sie werden uns auf dem Wege zur Erledigung Ihrer melancholischen Aufgabe natürlich besuchen! Ich schreibe dies, um sie darauf vorzubereiten, daß Sie durch Pisa nicht sehr eilig werden durchreisen können, da die Damen besonderen Wert darauf legen, während Ihres hiesigen Aufenthalts einen Abend zu ferneren Beratungen mit uns zu verbringen. Ich für meinen Teil habe vor, Sie auf Ihrer weiteren Reise zu begleiten, falls Sie nichts dagegen haben.

Ich lege die Inschriften bei; sie sind schlicht und einfach und geben bloß die Fakten wieder, entsprechend dem Wunsch der Damen. Andere Inschriften werden dann mehr sagen.
Aufrichtig Ihr Leigh Hunt

P. S. Mrs. Shelley wünscht sehr, daß Kapitän Roberts die Freundlichkeit hätte, seinem Onkel wegen ihres Pults zu schreiben und ihn zu bitten, ihr dasselbe so bald wie möglich nachzusenden. Wenn es nötig sein sollte, es zu öffnen, wird es das beste sein, einen Schlüssel zu kaufen, und wenn ein solcher nicht aufzutreiben ist, muß es natürlich aufgebrochen werden. Da in den Geheimfächern manches liegt, wird es äußerst wünschenswert sein, daß sich sowenig Personen wie möglich daran zu schaffen machen.

PERCY BYSSHE SHELLEY, ANGLUS,
ORAM ETRUSCAM LEGENS
IN NAVIGIOLO INTER LIGURNUM PORTUM
ET VIAM REGIAM,
PROCELLĀ PERIIT VIII. NON. IUL. MDCCCXXII.
AETAT. SUAE XXX.

EDVARDUS ELLIKER WILLIAMS,
ANGLICA STIRPE ORTUS,
INDIA ORIENTALI NATUS, A LIGURNO PORTU
IN VIAM REGIAM
NAVIGIOLO PROFICISCENS,
TEMPESTATE PERIIT VIII. NON. IUL. MDCCCXXII.
AETAT. SUAE XXX.

Der ersten Inschrift, die schließlich noch etwas abgeändert wurde, setzte ich drei Verse aus Shelleys Lieblingsstück, dem ›Sturm‹, hinzu:

Nichts an ihm, das soll verfallen,
Das nicht wandelt Meereshut
In ein reich und seltnes Gut.

Das andere Grab, das nur gebaut worden war, die Nische auszufüllen, wurde auf die gleiche Weise mit einer Steinplatte verschlossen, die, weil sie nichts einschloß, auch außen ohne Inschrift blieb. Ich pflanzte acht Zypressensetzlinge. Als ich sie 1844 zuletzt sah, waren die sieben, die noch da waren, fünfunddreißig Fuß hoch gewachsen. Ich pflanzte auch Blumen. Den von mir erworbenen Boden ließ ich einzäunen, und damit war meine Aufgabe erfüllt.

Shelley, 1792 geboren, stammte aus einem langlebigen Geschlecht und hätte, wäre ihm kein Unfall zugestoßen, seinen Vorfahren gewiß auch in dieser Beziehung nachgeeifert. Sein Vater wurde über neunzig Jahre alt. Der Dichter hatte keinerlei Beschwerden, von gelegentlichen Krämpfen abgesehen; diese wurden vermutlich durch die maßlose und fast unablässige Anstrengung seiner geistigen Kräfte, die Einsamkeit seines Lebens und seine langen Fastenzeiten verursacht, die übrigens nicht beabsichtigt, sondern auf die Geistesabwesenheit und Vergeßlichkeit des Dichters wie auch seiner Frau zurückzuführen waren. Wenn Essen zur Hand war, aß er, wenn nicht, fastete er, und an Krämpfen litt er immer, wenn er längere Zeit hindurch gefastet hatte. Nach den flüchtigen Skizzen, die ich gesehen habe, kann man sich einen gewissen Begriff von dem Menschen Shelley und seiner Lebensweise machen. Sein Leben illustrierte seine Schriften; sein Hirn nahm ihn vollständig in Anspruch.

Da ich der letzte bin, der mit ihm zu tun hatte, zeichne ich meine letzten Eindrücke auf. Er war hochgewachsen, 5 Fuß 11 Zoll, schlank und hielt sich krumm, da er ständig über Büchern saß. Diese Gewohnheit hatte seinen Brustkorb zusammengedrückt. Wie alle enthusiastischen Forscher hatte er seine ganze Kraft an seinen Geist gewandt. Den Körper sah er als eine Art automatischen Mechanismus an. Er hatte sich nie an den Spielen anderer Knaben beteiligt und auch als erwachsener Mann nie Sport getrieben, sondern war und blieb ein Bücherwurm von Kindesbeinen an. Seine Gliedmaßen waren wohlproportioniert, stark und lang; der Kopf war auffallend klein, seine Züge drückten große Empfindsamkeit aus und waren entschieden weiblich. Doch sein sanfter Ausdruck und seine zarte Erscheinung täuschten, denn man merkte bald, daß man es mit einem entschlossenen, eigenwilligen und unabhängigen Menschen zu tun hatte.

Äußerlich war eigentlich nichts Bemerkenswertes an ihm, von seiner ungewöhnlich jugendlichen Erscheinung abgesehen. Sah man ihn aus einiger Entfernung in einer Gruppe mit anderen, erkannte man ihn sofort an den Augen: Sie waren wie die eines Hirsches in einem Rudel Rehe. Sein treuherziger, furchtloser Ausdruck wie auch seine Kleidung und sein Auftreten waren so knabenhaft, daß man schwerlich glauben konnte, er habe sich schwerer wiegende Vergehen zuschulden kommen lassen, als in Oxford den Kirchgang zu versäumen, zu meinen, daß er mehr wüßte als sein Vater, und zu erklären, daß er sich von dessen Rat nicht leiten lassen und auch nicht in seine Fußstapfen treten, sondern seinen eigenen Weg gehen wolle.

Mit neunundzwanzig zeigten seine sonnengebräunten und sommersprossigen Wangen noch immer das frische Aussehen eines Knaben, obwohl seine langen, widerspenstigen Locken schon ins Kraut zu schießen begannen, wie ein höflicher Friseur einmal bemerkte, während er mir die Haare stutzte. Erst wenn er redete, war das Ungewöhnliche an Shelley wahrzunehmen: Wenn ihn ein Gegenstand erregte, fesselte er mit dem ersten Satz, den er äußerte, die Aufmerksamkeit, und man sah den Knaben in einen Mann verwandelt. Er war durch und durch männlich in seinem Handeln, schlagfertig in seinen Antworten und gewagt in seinen Ansichten. Das Licht seiner innersten Seele entströmte seinem Blick, und jede kleinste Regung seines Geistes, die überhaupt wahrnehmbar war, malte sich in seinem beweglichen, stets wechselnden Mienenspiel. Er hinterließ bei seinen Zuhörern die Überzeugung, daß er, wie groß er auch als Dichter sein mochte, ein noch größerer Redner war.

Shelley besaß noch eine andere, höchst seltene Eigentümlichkeit: Seine geistigen Kräfte hatten seine Physis so vollkommen in ihrer Gewalt, daß er stets, ohne zu zögern, seinen eigenen Theorien entsprechend handelte, vorausgesetzt, daß Opfer nur von ihm selbst gefordert wurden. Waren andere betroffen, legte er sich Zurückhaltung auf. Mrs. Shelley hat einmal geäußert: »Viele haben weitaus größere Neuerungen innerhalb unseres politischen und sozialen Systems vorgeschlagen und befürwortet als Shelley; aber er allein hat diejenigen, die er für gerecht hielt, selbst praktiziert.«

Die Stimme dieses jungen Mannes wurde übertönt durch das Geheul der Priester. Und doch hätten die Stifter aller Religionen von Buddha bis Christus ihn angesichts seiner Taten gewiß in ihren Paradiesen willkommen geheißen und mit einem Glorienschein bekrönt, seine unnachsichtigen Verfolger jedoch in die tiefsten Tiefen des Höllenpfuhls verbannt. Er war anders als jene Poetaster, die ich, in Schlafrock und Pantoffeln, auf weichen Sesseln den ganzen Vormittag über Milchsüppchen habe vertrödeln sehen, umgeben von einem Heiligenschein blöder Gesichter, die sie mit Schmeicheleien salbten. Shelleys Arbeitszimmer war in den Wäldern, unter Felsen oder in seinem Boot; er schlenderte oder bummelte nie – alle seine Bewegungen waren kraftvoll und schnell. Er saß sehr gut zu Pferde, war aber noch besser zu Fuß: Ein berühmter Wanderer, war er, wenn es rauhe Pfade oder steile Hänge hinaufging, schon oben, während wir starken Männer noch nicht die Hälfte des Aufstiegs hinter uns hatten.

Ich habe viel vom Maulesel in meinem Charakter, auch von dessen erfreulichen Eigenschaften, der Schwindelfreiheit, Ausdauer, Zähigkeit und Langlebigkeit. Aber Mrs. Shelley und andere, die uns beide kannten, entschieden, daß Shelleys Wille der unbeugsamere war. Man betrachte nur seine Taten. Schon in seiner frühesten Schulzeit begehrte er auf; von der Universität wurde er relegiert; er trotzte jeder Autorität und verließ sein Vaterhaus, um fortan eigene Wege zu gehen. Dann trotzte er den Meinungen der Welt in seinen Schriften, von der ersten bis zur letzten. Er sagte: »Nicht jeder, der etwas sagt, macht die Sache auch gut.« In seinem äußeren Leben ließ er sich durch die irreführenden Eingebungen seines impulsiven und heftigen Naturells leiten. Seine Einbildungskraft färbte alles und täuschte ihn, wenn er erregt war. Sinnlichkeit und grobe Gefühle, die Menschen miteinander verbinden, berührten ihn nicht, in Güte und Freundschaft dagegen übertraf ihn niemand.

Meine flüchtige Skizze schildert das Ende eines kurzen Lebens; Anfang und Mitte werden dem Kritiker zweifellos reichlich Stoff bieten, das Bild, wenn es zu hell ist, zu verdunkeln. Übermäßiges Lob ist widerlich. Ich sehe mich nur deshalb veranlaßt, die hier berichteten Tatsachen zu veröffentlichen, weil ich überzeugt bin, daß alle ›anständigen‹ Menschen darin abscheuliche Sünden Shelleys erkennen werden, die auf Wahnsinn oder Schlimmeres schließen lassen.

Godwin wies mich darauf hin, »daß Byron gelegentlich gute Sachen gesagt haben muß, auch wenn er nicht die Fähigkeit besaß, eine lange Unterhaltung oder Auseinandersetzung zu bestreiten; und daß Shelley Byron wohl sehr nützlich gewesen war, da sich von dem Augenblick, da die beiden in Genf miteinander vertraut geworden, sich eine von Shelley ausgehende neue Richtung verfolgen läßt, die alle späteren Werke Byrons auszeichnet und so eigentümlich ist, daß sie aus keiner anderen Quelle stammen kann.« Das entsprach der Wahrheit. Aber Byron blieb oberflächlich, wo Shelley Tiefe erreichte. Und des letzteren Begabung für wissenschaftliche Forschungen, seine Gründlichkeit ebenso wie die Kühnheit seiner Gedanken und seine überlegene Bildung boten dem ersteren genau, was er brauchte, und so ging ein Teil von Shelleys Bestrebungen auf Byrons Geist über.

So bereitwillig Shelley anderen jederzeit mit seiner Börse zu Hilfe kam, so war diese doch nicht unerschöpflich; sein geistiger Reichtum dagegen scheint grenzenlos gewesen zu sein. Denn nicht nur Byron, sondern jeden, der sich in der Literatur versuchen wollte, war er jederzeit zu unterstützen bereit. Jede Einzelheit im Leben eines genialen Menschen ist interessant, was im Falle Shelleys um so mehr gilt, als sein Leben durchaus mit seinen Theorien übereinstimmte.

Furchtlos offenbarte er jene geheimnisvollen Gefühle und Impulse, von denen wenige zu reden wagen, doch geschah dies in einer von allem Irdischen geläuterten Form, so daß auch der empfindsamste Leser nie verletzt wird. In seinem Vorwort zu den ›Cenci‹ sagte Shelley von seinen Schriften: »Sie sind wenig mehr als Visionen, die meine Begriffe vom Schönen und Gerechten verkörpern, Träume von dem, was sein sollte oder sein könnte.« Zu seinen Lebzeiten kamen seine Werke als Totgeburten aus den Druckerpressen, aber nie beklagte er sich über die Vernachlässigung seitens der Öffentlichkeit; auch äußerte er nie etwas anderes als Verwunderung angesichts der Schmähungen, die man an einen Autor zu verschwenden beliebte, der keine Leser hatte.

»Gäbe es die Kritiker nicht«, sagte er lachend, »wäre ich vollkommen unbekannt.« »Gäbe es die Kritiker nicht«, bemerkte ich, »hätten Williams und ich nie die Alpen überquert, um auf Sie Jagd zu machen. Als Jäger konnten wir der Lust nicht widerstehen, das seltsame Ungeheuer, als das man Sie schilderte, aufzuspüren und vielleicht zu erlegen.« Man darf nicht vergessen, daß Shelley in der guten alten Zeit lebte, unter dem väterlichen Regiment der Tories, da liberale Überzeugungen verboten und als feindliche Konterbande geächtet waren. England war damals nicht viel anders als Neapel zu König Bombas Zeiten.

Sydney Smith sagt: »Die Zeit vom Anfang des Jahrhunderts bis zum Tode von Lord Liverpool war schlimm für jeden, der sich erkühnte, liberale Anschauungen zu vertreten. Er konnte damit rechnen, mit dem ganzen Unflat der Französischen Revolution beworfen zu werden. ›Jakobiner‹, ›Gleichmacher‹, ›Atheist‹, ›Brandstifter‹, ›Königsmörder‹ waren noch die mildesten Bezeichnungen, auf die er gefaßt sein mußte, und jeder, der auch nur mit einer Silbe die unverständige Bigotterie der beiden Georgs beklagte, wurde wie ein Aussätziger gemieden. Jedes Wort gegen irgendein Unrecht, das ein reicher Mann beging und ein armer Mann erlitt, wurde einem bitter übelgenommen.« Sydney Smith fügt hinzu, daß »in einem einzigen Jahr nicht weniger als 12 000 Menschen wegen Verstoß gegen die Jagdgesetze verurteilt wurden«.

Shelleys Leben war ein Beweis, daß die Zeiten, in denen er lebte, schrecklich waren für alle, die sich zu liberalen Überzeugungen zu bekennen wagten. Diese Überzeugungen nämlich brachten ihm ein, daß er von der Universität Oxford relegiert, von seinen Eltern verstoßen und von jedem Mitglied seiner Familie verleugnet wurde; überdies nahm ihm der brutale Lordkanzler Eldon seine Kinder. Sidney Smith sagt von diesem Kanzler, er sei »der herzloseste, bigotteste und boshafteste Mensch gewesen, der ein langes Leben damit zubrachte, Missetaten aller Art zu begehen und damit noch Geld zu verdienen«.

Wie ich schon oben erwähnte, beauftragte ich, als ich Livorno verließ, um die Leichen zu verbrennen, die Kapitäne zweier großer Feluken mit Ankern und Tauen, an der Stelle, an der man es zuletzt gesehen hatte, nach Shelleys gesunkenem Boot zu suchen. Fünf oder sechs Tage später wurde das Wrack gefunden, konnte aber nicht gehoben werden. Ich schrieb die näheren Umstände meinem Freunde, Kapitän Roberts, der noch immer in Genua war, und bat ihn, die Angelegenheit in Ordnung zu bringen. Er tat dies, während ich nach Rom fuhr, und wie die folgenden Briefe zeigen, gelang es ihm, das Wrack zu bergen und in den Hafen von Livorno zu schaffen.

Pisa, September 1822

Lieber T.,

Wir haben Shelleys Boot gefunden. Es liegt nun bei Via Reggio sicher vor Anker. Das ganze Zubehör ist noch da, was deutlich beweist, daß das Boot nicht gekentert ist. Ich glaube vielmehr, daß eine schwere See es vollgeschlagen hat. Wir fanden zwei Koffer, einen von Williams, der Geld und Kleider enthält, und einen von Shelley mit Büchern und Kleidern.
Aufrichtig Ihr Dan Roberts

18. September 1822

Lieber T.,

Ich beriet mich mit Lord B. über die Frage der Bezahlung der Mannschaften, die zur Hebung des Bootes eingesetzt waren. Er empfahl mir, das Boot zu versteigern und ihnen die Hälfte des Erlöses auszuzahlen. Ich ritt Ihr Pferd nach Via Reggio. Am Montag hatten wir die Versteigerung, erlösten aber nur etwas mehr als zweihundert Taler.

Die beiden Masten sind kurz über dem Deck abgebrochen, der Bugspriet knapp am Bug; der Schandeckel ist eingedrückt und der Rumpf halb voll mit blauem Ton, aus dem wir Kleider, Bücher, ein Fernrohr und andere Gegenstände fischten. Ein Korb Wein, den Shelley in Livorno kaufte, ein Geschenk für den Hafenmeister von Lerici, ist verdorben, denn die Korken wurden halb aus den Flaschen gedrückt und der Wein hat sich mit Salzwasser vermischt. Dies bewirkt, wie Sie wissen, der Druck des kalten Meerwassers.

Wir fanden in dem Boot zwei Notizbücher Shelleys, die vollkommen erhalten sind, und ein weiteres, das stark beschädigt wurde; des weiteren ein Tagebuch von Williams, tadellos erhalten, geführt bis zum 4. Juli. Ich habe die gedruckten Bücher gewaschen; einige klebten durch den glitschigen Schlick so zusammen, daß die Seiten nicht mehr voneinander zu trennen waren. Die meisten Sachen sind jetzt in der Obhut von Lord B. Die Briefe, persönliche Papiere und Williams' Tagebuch habe ich Hunt zur Aufbewahrung übergeben. Lord B. hat erfahren, daß Sie einen Teil des Ballasts der ›Bolivar‹ in Genua gelassen haben, und mich gebeten, denselben für ihn zu verkaufen.

P.S. Bei näherer Untersuchung von Shelleys Boot entdeckten wir, daß auf der Steuerbordseite ein Großteil des Spantenwerks zerbrochen ist, weshalb ich es nun für ziemlich sicher halte, daß die ›Don Juan‹ während des Unwetters von irgendeiner Feluke in den Grund gebohrt wurde. Dan Roberts

Mit Byron nach Griechenland – der Tod Byrons

Byrons Geist brannte immer auf irgendwelche Taten, doch sein Körper war ein Schleppanker, der ihn zurückhielt. Einer der Gründe, die ihn bestimmten, sein Geld zusammenzuhalten, war seine Absicht, eine Provinz in Chile oder Peru zu erwerben. Einmal setzt er noch scherzhaft hinzu: »Natürlich mit einer Gold- oder Silbermine, die mir Zinsen auf mein Kapital bringt.« Ein andermal war es Mexiko und Kupfer. Wann immer er besonders zornig auf die Briten war, pflegte er zu drohen, in die Vereinigten Staaten auszuwandern und sich dort naturalisieren zu lassen; einmal beauftragte er mich, deswegen mit dem amerikanischen Konsul in Livorno zu sprechen, und Commodore Jones von der amerikanischen Marine, der eben im Hafen lag, bot ihm eine Überfahrt an. Byron besuchte das Schiff, und der Empfang, den man ihm dort bereitete, war sehr nach seinem Geschmack. Alle seine Unternehmungen hatten zwar einen Anfang, aber weder Mitte noch Ende. Sein Geist trieb ihn immer wieder nach Osten; er beneidete Lady Hester Stanhope und das freie, unabhängige Leben, das sie in Syrien führte, und kam oft darauf zu sprechen. Er sagte, wäre sie ihm nicht zuvorgekommen, wäre er dorthin gegangen.

Dann flogen seine Gedanken zu seiner Jugendliebe, den griechischen Inseln. Er befaßte sich mit der in Griechenland jüngst ausgebrochenen Revolution. Bis dahin hatte er nie daran gedacht, sich mit dem Helmbusch des Kriegers zu schmücken, obwohl der friedliebende Shelley es ihm nahegelegt und auch ich ihm dringend dazu geraten hatte. Er ersuchte mich, bei meinen Freunden in Livorno über die Lage in Griechenland soviel wie möglich in Erfahrung zu bringen; da er aber derartige Nachforschungen gewöhnlich ohne ernsthafte Absicht anstellte, schenkte ich seiner Bitte nur geringe Beachtung.

Wir wohnten zu der Zeit noch in Pisa in dem alten Palast, aus dem er in Kürze ausziehen wollte. Mrs. Shelley war nach

Genua gegangen und hatte die Casa Saluzzi in Albaro in der Nähe von Genua für ihn gemietet; die Hunts standen ebenfalls im Begriff, dorthin umzuziehen. Ich hatte beschlossen, nach Rom zurückzukehren, blieb aber, um sie mit der ›Bolivar‹ an ihren neuen Wohnsitz zu bringen.

Wenn ein träger und untätiger Herr, der nie gelernt oder, wenn er es gelernt, vergessen hat, wie man sich die Hosen anzieht, sich rasiert oder die Haare kämmt, aus einer plötzlich aufwallenden Laune oder Begeisterung heraus beschließt, nunmehr alles auf einmal zu tun - so wie Byron jetzt -, dann ist der Aufruhr, Lärm und Wirrwarr wahrlich schrecklich. Wäre um Mitternacht in der Casa Lanfranchi Feuer ausgebrochen, es hätte nicht schlimmer sein können - und ich nicht zufriedener, dem Hause zu entrinnen. Unter dem Vorwand, ich müsse mich in Livorno um unsere Flotille kümmern, gelang es mir glücklicherweise.

Im September verließen wir alle die Toskana, Byron auf dem Landweg, die Hunts in einer Feluke; Byrons Bediente führten in einer anderen Feluke mit, was ein Yankee »eine Ladung Kinkerlitzchen« genannt hätte. Da Byron nichts von dem, was er einmal angeschafft hatte, verkaufte oder verschenkte, mußte all das während der vielen Jahre seines Aufenthalts in Italien angehäufte Gerümpel verladen werden, dazu seine Männer, Frauen, Hunde, Affen mit allem Drum und Dran. Auf der ›Bolivar‹ hatte ich nur ein paar Sachen wie Silbergeschirr, Bücher und Papiere. Wir liefen Lerici an und trafen uns dort alle wieder. Ich nahm Hunt mit in die Villa Magni, wo Shelley gewohnt hatte. Byron kam an Bord der ›Bolivar‹, wir segelten und schwammen; beim Schwimmen wurde er von Krämpfen befallen und mußte zwei Tage das Bett hüten. Als ich ihn besuchte und mich nach seinen Leiden erkundigte, sagte er, er sei »nach jedem Umzug eine Woche lang wie verhext«.

»Kein Wunder«, antwortete ich, »wenn Sie vorher immer einen solchen Aufstand machen.«

»Sehen Sie mal in diesem Buch nach« - auf dem Tisch lag Thomas' ›Hausmedizin‹ -, »suchen Sie mir ein Rezept.«

»Wofür? Was haben Sie für Beschwerden?« sagte ich. »Wie fühlen Sie sich?«

»Fühlen? Nun, genau wie der verdammt widerspenstige

Bursche, der an einen Felsen gekettet war. Die Geier nagen auch an meiner Seite, und da ich keine Leber habe, sogar an den edlen Teilen.« Als seine Krämpfe ihm von neuem zusetzten, brüllte er: »Der Tod ist mir egal, aber das kann ich nicht ertragen! Das ist wirklich kein Spaß mehr. Rufen Sie Fletcher; geben Sie mir irgendwas, das Schluß damit macht - oder mit mir! Ich kann das nicht mehr lange aushalten.«

Sein Kammerdiener kam mit etwas Äther und Laudanum; wir mischten eine Arznei nach dem Rezept von Thomas, machten heiße Umschläge und verabreichten noch andere Medizin. Glücklicherweise war der *medico* von Lerici eben nicht am Ort, und so war der Patient nach zwei oder drei Tagen wieder so weit hergestellt, daß er die Reise fortsetzen konnte. Ohne weitere Zwischenfälle kamen wir in Genua an.

Alle, die von unserem Pisaner Kreis übriggeblieben waren, richteten sich in Albaro ein - Byron, Leigh Hunt und Mrs. Shelley. Ich nahm in der Stadt der Paläste Quartier. Der Geist, der uns belebt und zusammengehalten hatte, war verschwunden. Uns selbst überlassen, kamen wir bald ziemlich herunter.

Byron hielt es zur Aufrechterhaltung seines öffentlichen Ansehens für unerläßlich, stets im Rampenlicht der Öffentlichkeit zu stehen, und meinte, daß ein Bündnis mit einer ihm wohlgesinnten, tüchtigen Zeitung ein gutes Mittel zu diesem Zweck wäre. Nicht daß er daran gedacht hätte oder dazu imstande gewesen wäre, sich der Fron zu unterwerfen, regelmäßig für eine Zeitung zu schreiben, aber um gelegentlich diejenigen, die ihn beleidigten, abhalftern zu können, brauchte er eine Zeitung als Ventil seiner galligen Launen. Shelley war gegen diesen Plan gewesen, doch Byron hatte Lust, seine Kräfte bei jenen publizistischen Duellen zu erproben, wie sie damals in den großen Zeitschriften ausgetragen wurden.

Der Appetit von Schauspielern, Schriftstellern und bildenden Künstlern auf öffentliches Ansehen ist unersättlich. Die Begierde, Aufmerksamkeit zu erregen, ist allgemein; sie beginnt mit der Geburt und endet erst im Tod. Das, was sie nährt, läßt sie nur noch größer werden. Diese krankhafte Sucht, zur Kenntnis genommen zu werden und Aufsehen zu erregen, ist bei manchen so groß, daß sie, um nur ja nicht unbeachtet zu bleiben, sogar Verbrechen erfinden und die Taten anderer für sich in Anspruch nehmen.

Der ehrsücht'ge Narr, der den Ephesischen Tempel
niedergebrannt,
Überlebt in seinem Ruhm den frommen Narren,
der ihn erbaute

heißt es bei Shakespeare.

Als Byron einwilligte, mit Leigh Hunt und anderen für den ›Liberal‹ zu schreiben, bewegte ihn, wie mir scheint, hauptsächlich die Annahme, daß John und Leigh Hunt Besitzer des ›Examiner‹ seien. Als Leigh ihm in Pisa erzählte, daß er mit dieser Zeitung nichts mehr zu tun habe, war er deshalb über die Maßen erschrocken, war doch Hunt gänzlich auf den Erfolg ihres riskanten gemeinsamen Unternehmens angewiesen und er selbst der Möglichkeit beraubt, von der er sich so viel versprach – einer ihm zur Verfügung stehenden Wochenschrift mit großer Auflage.

Der Tod Shelleys und das Scheitern des ›Liberal‹ ärgerten Byron; der Unkenruf ›Ich hab's ja gleich gesagt‹, der sich bei seinen Freunden, und das schadenfrohe Geschrei, das sich bei seinen Feinden erhob, waren nicht geeignet, seine schlechte Laune zu verbessern. In dieser Gemütsverfassung richtete sich sein ganzes Denken und Trachten darauf, sich frei zu machen. Er rechtfertigte seine Knausrigkeit damit, daß er eine hübsche runde Summe Bargeld als Notgroschen zurücklegen wollte, da Geld, wie er bemerkte, der einzig wahre und beständige Freund sei, dem ein weiser Mann vertrauen könne. »Früher nannte man mich einen Verschwender, jetzt gelte ich als Geizhals. Mit dem Geldausgeben bin ich nicht auf meine Rechnung gekommen, also will ich sehen, was die Sparsamkeit zu bieten hat. Ich brauche etwas Bargeld neben meinem Einkommen; 30 000 Pfund wären genug – ich habe aber nur 10 000 –, mir ein Fürstentum in einem der südamerikanischen Staaten zu kaufen, in Chile oder Peru. Lady Hester Stanhopes Leben in Syrien wäre genau das Richtige für mich.«

»Diese Länder sind für Fremde noch nicht bewohnbar«, erwiderte ich. »Kaufen Sie lieber eine von den griechischen Inseln; die Türken werden sie jetzt billig abgeben.«

»Wir werden sehen. Vorsichtige Leute raten immer zum Mittelweg, ich bin immer für die Extreme, für den kürzesten Weg – alles oder nichts.«

Er erschöpfte sich in Plänen, Projekten, Wünschen, beabsichtigte, fing an, stellte zurück, bedauerte, mit einem Wort: er erging sich im Nichtstun. Unentschlossene bringen stets eine Menge Entschuldigungen vor, und die seinen waren nicht mehr zu zählen. Ich beschloß abzureisen.

Um diese Zeit wurde in London ein Komitee gegründet zu dem Zweck, die Griechen in ihrem Unabhängigkeitskampf zu unterstützen. Ich schrieb einem der tätigsten Mitglieder desselben, Leutnant Blaquiere, und bat ihn um Auskunft über die Ziele und Absichten des Komitees, erwähnte auch, daß sich Byron für die griechischen Angelegenheiten sehr lebhaft interessiere. Der Leutnant schrieb namens des Komitees direkt an Byron, und zwar in jenem großsprecherischen Stil, in dem sich alle Autoritäten, insbesondere selbsternannte, gefallen.

Im Frühjahr 1823 besuchte Blaquiere auf seiner Reise zu den Ionischen Inseln den Pilger in Genua; er wollte Griechenland besuchen, um mit eigenen Augen zu sehen, wie die griechische Sache vorangehe. Seine Lordschaft sei einstimmig als Mitglied in das griechische Komitee gewählt worden, teilte Blaquiere mit, und sein Name sei eine von dessen stärksten Stützen; er überreichte Byrons Beglaubigungsschreiben und eine Menge Papiere. Die Vorschläge des Komitees kamen im richtigen Augenblick. Der Pilger war unzufrieden mit sich und seiner Umgebung; Griechenland und seine diesbezüglichen Erinnerungen erwärmten ihn, und eine neue Laufbahn tat sich vor ihm auf. Byrons erste Impulse waren stets feurig; ließ er sich aber nicht augenblicklich davon hinreißen, erkalteten sie. Er war ein prompter Korrespondent, beantwortete Briefe, die seine Gefühle erregten, oft überschwenglich, ließ diesen ersten Erwiderungen dann aber andere folgen, die seinen Eifer zurücknehmen – oder wie die Perser sagen – »seine Worte essen« mußten. Das griechische Komitee ließ sich so nicht abspeisen; man wollte ihn unbedingt haben, und so willigte man in alle Bedingungen ein, die er stellte. Der offizielle Stil der ihm von dem Komitee übermittelten Dokumente, das große Siegel, der verschwenderische Gebrauch von Wachs und diplomatischen Phrasen sowie die seinem Namen beigelegte große Bedeutung und die Erwartungen, die man in ihn setzte, dies alles kitzelte ohne Zweifel die Eitelkeit des Dichters.

Die Verhandlungen mit dem Komitee zogen sich einige

Monate hin, bis Byron, der nicht mehr ein noch aus wußte, endlich einwilligte. Grund zu zögern hatte er wahrlich genug. Es wäre schwierig gewesen, einen für ein derartiges Unternehmen ungeeigneteren Mann aufzutreiben, aber er hatte einen großen Namen, und das war alles, was das Komitee verlangte. Daß er ihn zur Verfügung stellte, war allerdings ein Wunder. Moore, Byrons Biograph, deutet an, sein Held habe sich diesem Kreuzzug angeschlossen, um sowohl seine Inspiration als auch seinen schwindenden Ruhm zu erneuern. Indessen beweist die Chronologie der Werke Byrons, daß seine geistigen Kräfte mit zunehmendem Alter stärker wurden und seine letzten Gedichte seine besten waren. Es stimmt, daß Neid, Bosheit und Haß ihm knurrend und schnappend allenthalben auflauerten, aber – wie übrigens auch er selbst meinte – weder seine Kraft noch sein Ruhm hatten darunter gelitten.

Jahre später besuchte ich einmal Mr. Murray, seinen einstigen Verleger. In Begleitung eines bleichgesichtigen jungen Mannes trat er gerade aus seinem Allerheiligsten. Kaum hatte der junge Mann den Laden verlassen, sagte Murray: »Er bat mich, ein Gedicht zu lesen, das er bei sich hatte, und dasselbe, wenn es mir gefiele, zu veröffentlichen; sagte, es sei wärmstens empfohlen und so weiter. Ich lehnte ab, sagte, ich hätte da kein Urteil; ich hätte verschiedene bekannte Autoren abgelehnt und nach dem Tod des großen Dichters beschlossen, nie wieder eine Zeile Poesie zu veröffentlichen.«

»War denn«, fragte ich, »die Poesie nicht gewinnbringend für Sie?«

»Heute morgen sah ich mir mein Hauptbuch an und entdeckte, daß 75 000 Pfund allein aus Lord Byrons Feder über diesen Ladentisch geflossen sind. Kann irgend jemand anders in diesem Geschäft solche Zahlen vorweisen? Und bedenken Sie die Zeit, in der das verdient wurde – zehn Jahre. Das beweist, glaube ich, daß er ein großer Dichter war.«

»Und doch lehnten Sie es ab, zu veröffentlichen, was er im letzten Jahr seines Lebens schrieb, deuteten an, daß seine Beliebtheit beim Publikum im Schwinden begriffen sei und daß seine Schriften unmoralisch würden, was ihn beleidigte. Shelley sagte, seine ›Vision des Gerichts‹ und die letzten Gesänge des ›Don Juan‹ seien hervorragend.«

Murray antwortete: »Seine Freunde setzten mir von früh

John Murray, Byrons Verleger
Gemälde von H. W. Pickersgill

bis spät zu. Sie sagten, die Leute der besseren Kreise seien bestürzt über den niedrigen Ton, in den er verfallen sei. Dies schrieben sie der lasterhaften Gesellschaft zu, mit der er sich in Pisa eingelassen habe« – wobei er mir, der ich zu dieser Gesellschaft gehört hatte, einen wissenden Blick zuwarf –, »und sie drängten mich, ihm deswegen Vorwürfe zu machen. Ich war dumm genug, mich darauf einzulassen, und habe seitdem Muße genug gehabt, meine Narrheit zu bereuen. Mr. Gifford, der tüchtigste Gelehrte und einer, der nichts Unüberlegtes sagte, sowie einige andere Leute ähnlichen Formats machten gelegentlich Bemerkungen, die mich davon überzeugten, daß ich falsch gehandelt hatte. Es waren die letzten Gesänge des ›Don Juan‹, die Mr. Gifford zu dem Urteil brachten: ›Bei meiner Seele, ich weiß nicht, wo ich Byron einordnen soll. Ich glaube, wir können keine Nische für ihn finden, wenn wir nicht zurückgehen und ihn neben Shakespeare und Milton stellen‹ – hier machte er eine Pause –, ›es gibt keinen anderen Platz für ihn.‹

Wenn ich ein neues Gedicht aus seiner Feder ankündigte, drängten sich in dieser stillen Straße Wagen und Menschen wie in der Regent Street. Der Laden war voller Lords und Ladies und Kammerdiener, so daß die Buchhändler Mühe hatten, zum Ladentisch vorzudringen und bedient zu werden. Das war noch ein Geschäft! Dieser große Mann hätte mit seiner Feder einen ganzen Verlag am Leben halten können, und ich war von Sinnen, diese Feder fortzuwerfen. Da redete man von seinen unmoralischen Schriften; ich habe hier reihenweise die größten Schriftsteller, sogar Predigten sind dabei, warum kauft die niemand? Der Anblick dieser Bücher macht mich krank, sie stehen schon so lange im Regal, daß sie dort festgeklebt zu sein scheinen.« Ich sagte: »Das ist, was Byron die Heuchelei des Zeitalters nennt.«

Eines Tages fand ich Byron in Albaro, wie er eben sein Geld zählte. Als irgendeine Bemerkung fiel, daß er und Scott die Preise für Literatur in die Höhe getrieben hätten und wieviel Moore angeblich für ›Lalla Rookh‹ erhalten hatte, sagte er: »Ich habe gerade gerechnet und finde, daß ich 24 000 Pfund erhalten habe. Das ist ganz hübsch.«

Im Dezember 1822 dockte ich des Dichters Segelyacht, entließ die Mannschaft und behielt nur den Obermaat als Reitknecht in meinen Diensten. Zu Beginn des folgenden Jahres machte ich mich zu Pferde – von dem erwähnten Seemann begleitet – zu einem Streifzug über Land auf. Deshalb war ich während der Unterhandlungen Byrons mit dem griechischen Komitee und Blaquieres Besuch nicht in Albaro. Da ich aber wußte, was vorging, war ich nicht überrascht, als ich in Rom das folgende Billet erhielt:

15. Juni 1823

Mein lieber T.,

Sie müssen gehört haben, daß ich nach Griechenland gehe. Warum kommen Sie nicht mit? Ich brauche Ihre Hilfe und muß Sie dringend sehen. Bitte kommen Sie, denn ich habe mich endlich entschlossen, nach Griechenland zu gehen; da ist der einzige Ort, an dem ich je zufrieden war. Es ist mir jetzt ernst, und ich habe Ihnen nicht eher geschrieben, um Sie nicht vielleicht zu einer nutzlosen Reise zu veranlassen; alle sagen, daß ich in Griechenland von Nutzen sein könnte. Wie, weiß ich nicht, sie auch nicht; auf jeden Fall lassen Sie uns hingehen. Herzlich, Ihr N. Byron

Um Byrons Unentschlossenheit vorzuführen, zitiere ich einige Stellen aus Briefen, die ich damals erhielt. Da schrieb mir etwa am 26. Mai 1823 aus Genua Kapitän Roberts: »Unter uns gesagt, ich halte es für nicht sehr wahrscheinlich, daß Byron nach Griechenland geht; ich schließe das aus der schwankenden Art, in der er davon spricht. Neulich sagte er: ›Na, Kapitän, wenn wir nicht nach Griechenland fahren, bin ich jedenfalls entschlossen, irgendwohin zu fahren, und hoffe, daß wir spätestens im nächsten Monat auf See sind, denn ich bin diesen Ort, die Küste und alle Leute hier leid.‹«

Zehn Tage später, am 5. Juni, schrieb mir Roberts: »Byron hat die ›Bolivar‹ für vierhundert Guineen an Lord Blessington verkauft und ist entschlossen, nach Griechenland zu gehen. Er sagt, solange er sich deswegen noch im Zweifel war und gefürchtet habe, daß vielleicht nichts daraus werden würde, habe er Sie nicht herkommen lassen wollen; jetzt wünscht er aber sehr, Sie zu sehen, um Ihre Meinung über die notwendigsten Schritte zu hören. Ich bin mit ihm an Bord verschiedener Schiffe gewesen. Bis jetzt hat er sich noch zu keinem entschlossen. Ich glaube, es wäre das Beste, wenn er jetzt, da er den Schoner verkauft hat, den dreimastigen Klipper kaufte, den wir in Livorno sahen, diesen neu ausrüstet und – da bin ich ganz Ihrer Meinung – mit ein oder zwei schweren Geschützen bestücken ließe, ihm also Beine zum Laufen und Flügel zum Verfolgen gäbe, was sich als notwendig erweisen könnte, denn in den griechischen Gewässern wimmelt es von Piraten. Auf

Byron. Gemälde von R. Westall

seinen Wunsch habe ich wegen dieses Klippers an Dunn geschrieben; wenn Sie auf dem Wege hierher durch Livorno kommen, sehen Sie sich das Schiff doch mal an, dann können Sie ihm hierüber Ihre Meinung sagen. Ich halte es für bestens geeignet - abgesehen davon, daß die Kabine sehr klein ist. Er hat mich eingeladen mitzufahren.«

Vier Tage, nachdem ich diesen Brief erhalten hatte, schrieb mir Mrs. Shelley, die eben bei Byron gewesen war, aus Genua: »Lord Byron sagt, da er aus Griechenland nichts gehört habe, sei es keineswegs sicher, daß er hingehe. Sollte er aber gehen, lege er den größten Wert darauf, daß Sie mitkämen. Wenn Sie ihn weiterhin wissen lassen, wo Sie zu erreichen sind, wird er Sie verständigen, sobald er zu einer Entscheidung gelangt ist.«

Dies war nicht die letzte widersprüchliche Nachricht, die mich von Byron erreichte; hinzu kamen noch Aufträge, um deren schleunige Erledigung er mich dringend bat. Da ich ihn kannte, kümmerte ich mich darum aber nicht und traf auch keine Vorbereitungen, bis er mir schrieb, daß er ein Schiff gechartert habe. Am 22. erhielt ich die folgende Mitteilung von ihm:

Lieber T.,

Ich habe ein Schiff gemietet (es ist gegenwärtig unterwegs nach Livorno zum Entladen), und sobald es nach Genua zurückkehrt, gehen wir an Bord. Sie heißt die ›Herkules‹; Sie können auf ihr mit zurückfahren, wenn Sie wollen, Sie sparen damit eine Überlandreise. Ich brauche nicht zu sagen, daß ich auf Ihre Gesellschaft den größten Wert lege. Ich brauche einen Arzt, einen einheimischen oder einen von außerhalb, der sich um die Apotheke kümmern und mir persönlich zur Verfügung stehen soll. Gehalt: hundert Pfund im Jahr und freie Kost an unserem Tisch, als Gefährte und Gentleman. Er muß natürlich Empfehlungen haben. Könnten Sie sich für mich nach einem umsehen? Vielleicht können Sie Vaccà um Rat bitten, dem ich in dieser Angelegenheit schon geschrieben habe; allerdings ist die Sache etwas eilig. Ich erwarte Sie ungeduldig und bin stets Ihr N. B.

Byrons Briefe an seine literarischen Verbündeten waren sorgfältig geschrieben, ausdrücklich zum Herumzeigen. Als er einmal das Wort »Persönlich« auf einem Brief sah, sagte er: »Das garantiert, daß er öffentlich wird. Wenn ich wirklich will, daß das, was ich schreibe, nur von dem Adressaten gelesen wird, schreibe ich Sachen, von denen meine Korrespondenten nicht gern sähen, daß sie bekannt würden.« Wenn er aus der Eingebung des Augenblicks schrieb, waren seine Briefe oft mißverständlich und übellaunig; gab er sie mir zu lesen und sagte ich ihm, daß der Empfänger daran Anstoß nehmen würde, schrieb er sie in noch beleidigenderem Ton noch einmal.

Ich schickte meinen Kram nach Livorno und war bald auf dem Weg nach Genua. Mein seemännischer Reitknecht war zu seiner Familie zurückgekehrt, und ich hatte statt seiner einen in Amerika geborenen Neger angeheuert. Die Entfernungen von einer Stadt zur anderen sind kurz, die Szenerie ist abwechslungsreich, das Klima schön; Italien bietet sich geradezu an, auf diese langsame, doch einzig richtige Weise erforscht zu werden. Die meisten Reisenden fliegen, wie ein Zug Wildgänse, in einem Zuge durch das Land und landen nur in den großen Städten. Da das Wetter heiß und die Tage lang waren, brachen wir jeden Morgen um vier oder fünf Uhr früh auf und

Byron in albanischer Tracht
Gemälde von Thomas Phillips

trotteten dahin bis gegen zehn oder elf, machten dann Halt in einer Stadt, einem Dorf oder bei einer einsamen Locanda oder suchten uns, wenn wir nichts derartiges fanden, einen Wald, ein Tal, eine Ruine oder sonst einen Ort, der Schatten und Wasser bot. Dann stiegen wir aus dem Sattel, banden unseren Pferden die Futtersäcke vor, machten Feuer, kochten Kaffee, verzehrten das mitgebrachte Frühstück, rauchten unsere Pfeifen und legten uns schlafen. Unsere Verpflegung transportierte der Schwarze in altertümlichen Satteltaschen, und da wir bei dem schönen Wetter wenig mitführen mußten, war für alles Nötige reichlich Platz. Von einem österreichischen Oberst hatte ich zwei ausgezeichnete ungarische Kavalleriepferde gekauft. Täglich legten wir zwischen fünfunddreißig und fünfundvierzig Meilen zurück; den größeren Teil hatten wir beim Frühstück gewöhnlich schon hinter uns, so daß wir um vier oder fünf Uhr abends unser jeweiliges Tagesziel erreicht hatten. Pferd und Reiter wurden von Tag zu Tag kräftiger. Wenn man anders ein gesünderes oder angenehmeres Leben führen kann, muß ich gestehen, daß ich damit nie das Vergnügen hatte.

Wie lang auch immer die Reise wurde, langweilig wurde sie nie, und es tat mir jedesmal leid, wenn wir haltmachten. Ich blieb zwei Tage in Florenz und nahm dann Kurs auf die Küste, ritt durch Massa und Rapallo, Sarzana, Lerici und La Spezia, wo mir alles vertraut und mit Erinnerungen an meine verlorenen Freunde Shelley und Williams verbunden war. Meine Pferde hielten vor den altvertrauten Locandas, und viele Bekannte kamen vor die Tür, mich willkommen zu heißen.

Als ich in Lerici ankam, beschloß ich, dort zu übernachten und am nächsten Tag nach Genua weiterzureisen. Am Abend ging ich zur Villa Magni, wo die Shelleys zuletzt gewohnt hatten, und da im Erdgeschoß weder Türen noch Fenster verschlossen waren, betrat ich das Haus. Shelleys zerbrochenes Beiboot, in dem er auf Flüssen und Kanälen »herumgeabenteuert« war, stand noch da. In diesem kleinen flachbodigen Boot hatte er viele schöne Sachen geschrieben:

> Unser Boot schläft auf Serchios Strom,
> Die Segel gefaltet wie Gedanken im Traum,
> Das Ruder schlägt müßig hin und her;
> Domenico, der Schiffer, hat den Mast gebracht
> Und Ruder und Segel: aber es schläft,
> gibt nicht acht!

Hier war es und schlief noch immer auf dem Lehmboden, Masten und Ruder zerbrochen. Ich stieg die Treppe oder besser Leiter in das Eßzimmer hinauf, in dem sie gewohnt hatten; außer diesem gab es oben nur vier kleine Schlafzimmer. Als ich die fleckigen Wände, den zerbrochenen Fußboden, die rissige Decke, kurz: die ganze Armseligkeit betrachtete, der einsamen Lage des Hauses und der Wut der Wellen gedachte, die bei stürmischem Wetter die Wände peitschten, wunderten mich die Seufzer von Mrs. Shelley und Mrs. Williams bei ihrer ersten Besichtigung nicht mehr; ich verstand, daß Ned Williams seine ganze Überredungskunst hatte aufbieten müssen, sie zum Bleiben zu bewegen. Wir Männer hatten uns nur das Meer und die Umgebung angesehen und wären mit einem Zelt zufrieden gewesen. Aber Frauen betrachten ein Haus als ihr Reich. Damen ohne Salon sind wie Bilder ohne Rahmen oder Vögel ohne Federn; in diesem Bewußtsein waren sie mit Macht an die Arbeit gegangen und hatten das Haus bald in einen sehr angenehmen Wohnsitz verwandelt.

Einer der Bräuche der Einheimischen erinnerte mich an die Südseeinsulaner. Bei Sonnenuntergang begab sich die ganze Bevölkerung, Männer, Weiber und Kinder, ins Wasser und tollte stundenlang wie eine Schar Wildenten darin herum; wir taten gelegentlich dasselbe, namentlich Shelley, den der Spaß entzückte. Seine Frau sah ernst drein und sagte, das sei »ungehörig«. Shelley ereiferte sich gegen die Willkür dieses Wortes: »Still, Mary, unbekannt ist diesen Wäldern und Felsen der Klang dieses hinterhältigen Worts. Lehre es sie nicht. Es war eines von den Wörtern, die meine Mitschlange in Evas Ohr flüsterte, und wenn ich es höre, wünschte ich, ich wäre weit weg auf irgendeiner einsamen Insel ohne andere Bewohner als Seehunde, Meeresvögel und Wasserratten.« Dann fuhr er, zu seinem Freund gewendet, fort: »In Pisa sagte Mary, eine Jacke sei ungehörig, weil andere keine trügen; und hier ist es ungehörig, zu baden, weil es alle tun. Was sollen wir machen?«

Am nächsten Morgen bei Tagesanbruch machte ich mich auf den Weg nach Genua; als ich in der Nähe von Albaro angekommen war, schickte ich meine Pferde in die Stadt und ging zu Fuß zur Casa Saluzzi, wo alle Türen und Fenster offenstanden, wie das an Sommerabenden bei italienischen Landhäusern üblich ist. Ich ging hinein, und da ich keinen von Byrons Leuten sah, schaute ich in fünf oder sechs der fünfzig oder sechzig Räume des Palastes, ehe ich des Pilgers Allerheiligstes fand: Er war so vertieft, daß er meine Schritte nicht hörte. Da saß er, die Feder in der Hand und Papiere vor sich, mit so schmerzhaft verstörtem Ausdruck und so heißer Stirn, wie sie etwa eine inspirierte Pythia auf ihrem Dreifuß gehabt haben mochte. Ich hielt es für ein Sakrileg, sein Heiligtum zu entweihen, und zögerte, ob ich weitergehen oder den Rückzug antreten sollte, als seine Bulldogge Moretto aus der Eingangshalle hereinkam: Also redete ich den Hund an.

Als Byron meine Stimme hörte, sprang er mit der üblichen

Heftigkeit auf und schüttelte mir mit ungewöhnlicher Wärme die Hand. Nach einer hastigen Unterhaltung schrie er kräftig nach seinen Dienern, denn es gab keine Klingeln. Dabei ging er aus dem Zimmer und sagte: »Sie müssen hungrig sein, wollen mal sehen, was im Hause ist.«

Ich versicherte ihm, ich sei nicht hungrig, könne auch nicht bleiben, da ich noch Mrs. Shelley und die Hunts besuchen wolle. »Ja, ja«, bemerkte er, »das sind Fleischesser – Sie verschmähen meine Fastenkost. Aber kommen Sie bald zurück, ich werde meinen Salat und meine Sardinen verspeisen, und dann werden wir uns eine Flasche Rheinwein teilen und alles bereden. Ich habe Ihnen eine Menge zu erzählen, aber erst muß ich diese verfluchten Rechnungen begleichen; über einer brüte ich schon seit einer Stunde und kriege partout nicht denselben Betrag heraus wie Lega. In der Zeit, die ich damit verloren habe, hätte ich einen halben Gesang des »Don Juan« geschrieben haben können, und dabei geht es nur um einen Betrag von einhundertdreiundvierzig Lire, nicht einmal sechs Pfund. In Fällen von Irrsinn entschied der alte Teufel Eldon über die Geistesverfassung der Beklagten mit Zahlen; wenn ich ihm vorgeführt worden wäre – und das wäre mir beinahe passiert – und er hätte mir die einfachste Addition aufgetragen, ich wäre im Narrenhaus verschwunden –

Da beim Dreisatz
mir der Kopf platzt.«

Etwa eine Stunde später kehrte ich in die Casa Saluzzi zurück und fand den Dichter noch immer bei der Arbeit an seinen wöchentlichen Abrechnungen. Er bemerkte schelmisch: »Ich habe bei einer anderen Abrechnung meines Verwalters entdeckt, daß er sich selbst betrogen hat; das ist seine Sache, nicht meine.« Dies versetzte ihn in gute Laune. Er suchte die verstreuten Rechnungen zusammen und legte sie weg. Dann las er mir seine Korrespondenz mit dem griechischen Komitee vor oder besser deren letzten Teil, des weiteren einen Brief von Blaquiere aus Griechenland und erklärte mir, was er zu tun gedenke. Nachdem ich versprochen hatte, am nächsten Tag wieder vorbeizuschauen, verließ ich Byron und ging nach Genua in meine Locanda.

Er hielt es nun für seine Ehrenpflicht, nach Zante zu gehen und Blaquiere dort zu treffen. Alles weitere schien dem blinden Zufall überlassen. Das Komitee brachte keinen bestimmten Plan in Vorschlag, und er schien unfähig, einen zu entwerfen.

Geisteskrankheiten sind wie körperliche erblich. Byron hatte sein arrogantes Wesen geerbt, den Geiz hatte ihn seine Mutter gelehrt. Er war in Armut und unbeachtet aufgewachsen und dann unversehens ein Lord mit einem guten Besitz geworden; das genügte, den Gleichmut eines Temperaments wie des seinen zu erschüttern. Aber Glück wie Unglück kommt selten allein, und als er, wie er selbst sagte, eines Morgens erwachte und entdeckte, daß er berühmt war, packte ihn der Schwindel und er stürzte sich wie närrisch in das große Eselsrennen. Er scheute, stürmte aus der Bahn und geriet in den Kreis jener großen Sekte, die goldene Götzen anbetet. Wenn man Unvorsichtigen und Verwegenen zu nahe kommt, läuft man Gefahr, in den Wirbel, den sie machen, mit hineingerissen zu werden; mit sparsamen Leuten dagegen kann man wohl zurechtkommen. Unter solchen Gedanken erreichte ich mein Gasthaus, das Croce di Malta.

Am nächsten Tag sprach Byron vor; ich sollte an Bord der von ihm gecharterten Brigg gehen – es war die »Hercules« unter Kapitän Scott – und mir die Ausrüstung und die Kabinen des Schiffs ansehen, um ihm darüber zu berichten. Dies tat ich und war mit dem, was ich fand, äußerst unzufrieden. Das Schiff war ein als Kohlenfrachter gebauter Kasten von 120 Tonnen mit rundem Boden und stumpfem Bug und natürlich eine lahme Ente; die Schotten, Pferdeboxen und anderen zusätzlichen Einrichtungen waren schlecht geplant und von der ausführenden Firma schludrig eingebaut worden. Der Kapitän, einer vom rauhen alten Typ John Bulls, war nicht übel, der Maat besser, und an der Mannschaft war nur auszusetzen, daß sie nicht zahlreich genug war. Für eine derartige Expedition brauchten wir ein gut bemanntes, schnell segelndes Klipperschiff, eingerichtet auf die leichten Winde und die sommerliche See, mit denen man im Archipel rechnen kann; nachdem wir die Ionischen Inseln angelaufen, hätten wir es als Yacht benützen, nach Morea hinüberfahren und dort die nicht von den Türken blockierten Häfen besuchen können, um uns genau über den Stand des Krieges, die Bedürfnisse, Fähigkeiten und Charaktere der Kriegführenden zu unterrichten. Wir hätten dann Bedingungen stellen können, ehe wir uns auf irgendeinen Aktionsplan einließen. Unter englischer Flagge wäre dies – und noch vieles mehr – möglich gewesen. Als ich Byron das sagte, erwiderte er: »Außer der ›Hercules‹ war in Genua kein Schiff zu haben.«

»Livorno ist der Platz, wo man sich nach einem Schiff hätte umsehen sollen«, sagte ich.

»Warum sind Sie dann nicht eher gekommen? Ich hatte niemanden, der mir helfen konnte.«

»Sie hatten Kapitän Rogers, genau den richtigen Mann; wir hätten ebensowohl ein Floß bauen und uns auf unser Glück verlassen können.«

Da antwortete er lächelnd: »Es heißt, ich hätte die ›Hercules‹ zu sehr günstigen Bedingungen gekriegt.«

»Mag sein, aber die Zeit, die wir für die Reise brauchen, wird zeigen, daß Sie trotzdem ein schlechtes Geschäft gemacht haben; wir werden eine Woche brauchen bis Livorno, und die Entfernung sollte man in zwanzig Stunden schaffen.«

»Wir müssen das Beste daraus machen. Ich werde den Kapitän auf den Ionischen Inseln auszahlen und dann dort bleiben, bis ich klarer sehe. Hier erfahren wir überhaupt nichts.«

Am 13. Juli 1823 verluden wir die Pferde, vier davon gehörten Byron, eins mir, und am Abend gingen Byron, Gamba und ein Student der Medizin mit fünf oder sechs Bedienten an Bord. Ich und mein Neger vervollständigten die Passagierliste. Als ich zu Byron bemerkte, daß uns der Doktor nichts nützen werde, da er keine Erfahrung habe, antwortete Byron: »Wenn er wenig weiß, bezahle ich wenig, und wir werden eine Menge Arbeit für ihn finden.«

Am nächsten Tag war völlige Flaute, also gingen wir wieder an Land. Am 15. holten wir bei Tagesanbruch den Anker ein; verschiedene amerikanische Schiffe schickten Byron zu Ehren Boote, uns aus dem Hafen zu schleppen, wir kamen aber nicht weit. Den ganzen Tag über lagen wir wie ein Baumstamm auf hoher See in der glühenden Sonne, während die Italiener gestikulierend und schreiend herumflitzten wie wilde Affen. Der Pilger saß abseits, feierlich und traurig, nahm nichts zur Kenntnis und sprach kein Wort. Um Mitternacht kam eine Brise auf und wurde bald so frisch, daß wir die Segel refften und an den Wind gingen.

Byron mit dem homerischen Helm, den er sich für seine Reise nach Griechenland anfertigen ließ

Kaum begann der alte Kasten zu schaukeln und zu schwanken, verkrochen sich die geräuschvollen Italiener mit Ausnahme des venezianischen Gondoliere Battista in Ecken und Löcher. Die Pferde traten die dünnen Trennwände ihrer Boxen um, und mein schwarzer Reitknecht und ich mußten sie wieder festmachen, indessen die See höher ging und der Wind zunahm. Ich sagte Byron, daß wir schleunigst einen Hafen anlaufen müßten, wenn wir unser Vieh nicht verlieren wollten.

»Machen Sie, was Sie wollen«, sagte er. Wir steuerten also den Hafen wieder an und warfen nach einer rauhen Nacht auf unserem vorigen Liegeplatz Anker; als die Sonne aufging, legte sich der Wind, und nacheinander krochen die Landratten an Deck. Byron, der die ganze Nacht an Deck geblieben war, lachte über die jämmerliche Figur, die sie abgaben; sie gingen alle an Land, und ich machte mich mit zwei oder drei englischen Zimmerleuten an die Arbeit, den Schaden zu beheben.

Am Abend stachen wir wieder in See, und da diesmal das Wetter schön blieb, behinderten uns nur die schlechten Eigenschaften unseres Schiffes. Bis nach Livorno brauchten wir fünf Tage, legten also am Tag durchschnittlich nicht mehr als zwanzig Meilen zurück. Wir aßen an Deck, und die meisten von uns schliefen auch dort. Byron, der ungewöhnlich still und ernsthaft war, las tagsüber gewöhnlich das »Leben Swifts« von Scott, Oberst Hippesleys »Expedition nach Südamerika«, Grimms Korrespondenz oder La Rochefoucauld. Das war auch an Land seine gewöhnliche Lektüre. Zwei Tage lagen wir in Livorno, um unsere Ausrüstung zu vervollständigen. Ein Mr. Hamilton Browne und zwei Griechen, die Byron schon früher um eine Passage gebeten hatten, kamen an Bord. Einer der Griechen nannte sich Fürst Shilizzi, der andere, Vitaili, beanspruchte nur Hauptmannsrang. Die Freunde, die die beiden an Bord begleiteten, warnten mich, indem sie mich wissen ließen, daß der Fürst ein russischer Spion sei und der Hauptmann in türkischem Dienst stehe. Dies war das erste Beispiel für die Moral der modernen Griechen. Als ich Byron davon berichtete, meinte er nur: »Wenn man Mitford glauben darf, waren die alten Griechen nicht besser.«

Unser schottischer Passagier mit dem schlichten Namen Hamilton Browne war ein Gewinn; er war auf den Ionischen Inseln im Amt gewesen, sprach Italienisch und Neugriechisch und wußte eine Menge von den Griechen, wie er auch den Charakter der Engländer, die auf den Inseln befehligten, bestens kannte. Was wir von ihm erfuhren, bewog uns, unseren Plan zu ändern und, anstatt nach Zante zu fahren, Kephalonia anzulaufen, da Sir. J. C. Napier, der dort das Kommando hatte, der einzige Mann im Amt zu sein schien, der mit den Griechen und ihrer Sache sympathisierte.

Ich kann mich nicht erinnern, daß Byron in Livorno von

Bord gegangen wäre, außer bei einer einzigen Gelegenheit, um nämlich mit seinem Agenten Webb abzurechnen. Als wir eben wieder in See stachen, kam mein Freund Grant an Bord und gab Byron die neuesten englischen Zeitungen, Zeitschriften und den ersten Band von Las Cases' »Mémorial de Sainte-Hélène«, der soeben erschienen war. Am 23. Juli 1823 liefen wir aus, bei denkbar schönstem Wetter. Gemächlich an der italienischen Küste entlangtreibend, sichteten wir Piombino, eine Stadt inmitten der pestilenzianischen Lagunen der Maremma, die für ihre Wildenten und ihr Fieber berühmt ist; kilometerlang war die Küste von einem dunklen Strich Dschungel gesäumt. Wir durchfuhren die Mündung des schlammigen Tiber, sahen die Albaner Berge und den Soracte, die Landmarken, welche die Lage Roms bezeichnen. Als wir uns Ponza näherten, einem kleinen Inselchen, das die neapolitanische Regierung in einen ihrer vielen Kerker verwandelt hatte, sagte ich zu Byron: »Dies ist ein Anblick, der das milchige Blut eines Hofdichters gerinnen lassen sollte.«

»Wenn Southey hier wäre«, antwortete er, »würde er den Bourbonen Hosiannah singen. Hier sind Könige und Gouverneure nur die Kerkermeister und Henker der verabscheuenswürdigen österreichischen Barbaren. Was für Dummköpfe und Schwätzer doch die Leute sind, sich einer derart allgemeinen Despotie zu unterwerfen! Ich sähe gern von dieser Arche aus die ganze Welt überflutet und alle ihre Schurken ersäuft wie Ratten.«

Ich gab ihm Papier und Bleistift in die Hand und sagte: »Verewigen Sie Ihre Flüche gegen die Tyrannei, denn die Dichter ergreifen wie die Damen gewöhnlich die Partei der Despoten.«

Er nahm bereitwillig das Papier und machte sich an die Arbeit. Ich ging an Deck auf und ab und paßte auf, daß man ihn nicht störte. Er sah so entmutigt aus wie ein wilder Knabe, dem der Lehrer plötzlich eine unlösbare Aufgabe gestellt hatte, kritzelte und strich aus, augenscheinlich ganz ratlos. Nach einer Weile sagte er: »Sie glauben, Poesie zu schreiben wäre so einfach wie eine Zigarre rauchen; sehen Sie, das sind nur Knittelverse. Verse kann man nicht so improvisieren. Das Dichten ist eine besondere Begabung, sie kommt nicht, wenn man sie ruft; man könnte ebensogut nach dem Wind pfeifen. Die

Pythia mußte sich auf ihren dreibeinigen Schemel setzen, um sich in prophetische Stimmung zu bringen. Ich muß wiederkäuen, ehe ich schreibe. Ich habe über die Mehrzahl meiner Themen jahrelang nachgedacht, ehe ich die erste Zeile darüber schrieb.«

Er gab indessen den Versuch nicht auf und saß fast eine Stunde lang grübelnd über dem Papier; dann zerriß er zähneknirschend das Geschriebene und warf die Schnipsel über Bord. Als er sah, wie enttäuscht ich war, meinte er: »Sie könnten mich ebensogut bitten, ein Erdbeben zu beschreiben, während noch der Boden unter meinen Füßen schwankt. Geben Sie mir Zeit – ich werde das Thema nicht vergessen. Wenn diese griechische Sache nicht dazwischen gekommen wäre, säße ich jetzt in Neapel und schriebe einen fünften Gesang des ›Childe Harold‹, um meinem Abscheu vor der österreichischen Tyrannei in Italien Luft zu machen.«

Einige Zeit später schlug ich ihm vor, einen Kriegsgesang für die Griechen zu schreiben; dies tat er später. Ich sah das Original unter seinen Papieren in Missolunghi und machte eine Abschrift davon, die ich allerdings verloren habe. Erst nachdem wir schon ein paar Tage lang auf hoher See und außer Sicht des Landes waren, gewann der Pilger etwas von seiner Selbstgewißheit zurück. Er mag die Wahrheit des alten Liedes gefühlt haben, das da sagt:

Da's denn sowieso sein muß,
Laß den Kopf nicht hängen, Huss!

Eine balsamische Nacht auf See, fast so hell wie der Tag, ohne dessen Grelle. Byron, der auf seinem Stammplatz an der Heckreling saß, brütete seit Stunden über bitteren und süßen Einbildungen. Wenn eine tropische Nacht wie diese den Schmerz eines verwundeten Gemüts nicht lindern kann, vermag dies nichts außer dem Tod; alles schlief, nur der Rudergänger und der Maat wachten.

Byron: »Wenn der Tod in Gestalt einer Kanonenkugel kommt und mir den Kopf abschlägt, ist er mir willkommen. Ich habe keine Lust zu leben, aber Schmerzen kann ich nicht ertragen. Wiederholen Sie nur nicht die Zeremonie, die Sie mit Shelley anstellten – niemand will meine Asche.«

Tre.: »Westminster Abbey wird sie haben wollen.«

Byron: »Nein, die wollen mich da bestimmt nicht, und ich

möchte meine Knochen auch nicht in dieser gemischten Gesellschaft haben.«

Tre.: »Wenn ich an die unsinnigen Bestattungszeremonien denke, die an Land üblich sind, würde ich lieber ins Meer versenkt werden.«

Byron: »Vor der Küste von Maina liegt ein felsiges Riff, jene Pirateninsel, die mir den ›Korsaren‹ eingab. Niemand kennt sie; ich werde sie Ihnen auf der Fahrt nach Morea zeigen. Da ist der Fleck, an dem ich meine Knochen liegen haben möchte.«

Tre.: »Man wird mir das nicht gestatten, wenn Sie's nicht testamentarisch verfügen.«

Byron: »Das werde ich aber tun, wenn Sie bei meinem Tod bei mir sind; erinnern Sie mich daran und erlauben Sie den tölpelhaften ungeschickten Ärzten nicht, mich zur Ader zu lassen und, wenn ich tot bin, meinen Kadaver zu zerreißen. Ich hab' was gegen Aderlässe. – Meine Italiener sind noch nie aus ihrer Heimat herausgekommen, sehen wie richtige Männer aus, sind aber im Ernstfall vollkommen unbrauchbar. Ihr Neger ist mehr wert als alle diese Leute zusammen.«

Tre.: »Aber Sie haben Ihren alten Knappen, Fletcher.«

Byron lächelnd: »Der ist der Schlimmste, brummt und meckert den ganzen Morgen, abends betrunken. Es heißt, daß sich die Knochen im Alter verhärten – ich bin gewiß, das trifft auf meine Gefühle zu; ich kann mich über nichts mehr länger als vierundzwanzig Stunden aufregen.«

Bei einer ähnlichen Gelegenheit war es den ganzen Tag lang vollkommen windstill gewesen, und die Flaute dauerte die ganze Nacht hindurch an. Um Mitternacht schien alles tot oder in tiefem Schlaf; das Meer schlief, die Segel schliefen, alles an Bord schlief außer dem Dichter und mir, selbst der Rudergänger döste. Ich hatte seit Mittag nichts gegessen, sah mich nach jemandem um, der mir was bringen könnte, und stolperte über meinen schwarzen Burschen. Es ist nicht leicht, einen Neger zu wecken, er schläft wie ein Toter. Ich hob ihn auf, setzte ihn hin, schüttelte ihn und befahl ihm, mir was zu essen zu bringen. Um ein Uhr morgens begann ich meine Abendmahlzeit. Der Pilger trat zu mir: »Ihr Dämon hat diese Sachen gebracht, um mich in Versuchung zu führen. Irgendwelchen anderen Nahrungsmitteln hätte ich widerstehen können, aber Zwieback, Käse und Flaschenbier, da kann ich nicht widerstehen. Ich werde davon bestimmt Alpdrücken kriegen.«

Tre.: »Die Stoiker sagen, daß jede Lust Schmerz ist.«

Byron: »Für mich schon, denn die Byrons haben keine Leber; Krämpfe, Spasmen, Konvulsionen sind mein Erbteil.«

Nach dem Essen kehrten wir an unsere Plätze zurück. »Ich habe keine Lieben, ich habe nur einen einzigen Freund, meine Schwester Augusta, und ich hasse nur noch zwei Menschen – das giftige Reptil Brougham und Southey, den Abtrünnigen. Als ich fünfundzwanzig war, wuchs mir das Haar zu tief in die Stirn, ich rasierte es aus, und jetzt, mit fünfunddreißig, werde ich kahl und grau.«

Unbeständig war selbst seine Traurigkeit, und Kälte wich mitunter hitziger Erregung. Bisher hatte er sich kaum um etwas gekümmert und mit Mühe geredet. Die einsam und düster daliegende Insel Stromboli war der erste Gegenstand, der seine Aufmerksamkeit fesselte; sie war in den Rauch ihrer ewigen vulkanischen Feuer gehüllt, und in den tiefen Schluchten zu ihren Füßen rollten die Wellen. Ein Dichter hätte das Donnern mit dem Brüllen eingekerkerter Dämonen vergleichen können.

Abends erzählte uns unser Kapitän eine Geschichte. Es war eine alte Geschichte, die von allen Seeleuten der Levante erzählt wird, und die nehmen es mit Namen und Daten nicht sonderlich genau. »Ein Schiff aus London lag vor dieser Insel und lud Schwefel, als der Kapitän, der an Land die Leute beaufsichtigte, den Bürgermeister Curtis erblickte.« »Nicht den Bürgermeister Curtis«, rief Byron, »sondern den Halsabschneider Castlereagh.« »Wer immer es war, Mylord«, fuhr der Kapitän fort, »er lief den Rand des brennenden Kraters entlang – Maat und Mannschaft waren Zeugen –, und als das Schiff nach England zurückkehrte, hörten sie, daß die fragliche Person gestorben war. Die Todesstunde stimmte, wie die Eintragung im Logbuch bewies, mit dem Zeitpunkt jener Beobachtung genau überein.«

Nun nahm Byron das Garnspinnen auf: »Matthew Lewis erzählte mir, daß er in Weimar in Deutschland in einem Quartier wohnte, wo ihn jeden Morgen ein Rascheln weckte, als würden große Mengen Zeitungen aufgerissen und eifrig umgeblättert. Das Geräusch kam aus einer Kammer neben seinem Zimmer; mehrmals stand er auf und sah dort nach, fand aber nie jemanden vor. Schließlich erzählte er dem Hausdiener davon. Der Mann sagte: ›Wissen Sie denn nicht, daß es in dem Haus hier spukt? Es gehörte früher einer Dame, deren einziger Sohn sie verließ und zur See ging. Von seinem Schiff ward nie wieder etwas gehört, doch die Mutter glaubte fest daran, daß er eines Tages zurückkehren würde, und verbrachte ihre Tage mit der Lektüre ausländischer Zeitungen; die Kammer war voll davon und seit ihrem Tod hört man dort jeden Morgen zur gleichen Stunde ihren Geist in rasendem Eifer die Zeitungen aufreißen.‹« Byron setzte hinzu: »Lewis war bei all seiner Vorliebe für Geistergeschichten nicht abergläubisch, er glaubte an nichts.« Und zu mir gewandt, sagte er dann: »Jetzt müssen Sie ein Garn spinnen, Tre.«

»Ich werde Ihnen von einer Vorahnung erzählen«, sagte ich, »denn daran glauben Sie ja.«

»Ganz bestimmt«, fiel er ein.

»Als Lord Keiths Schiff in Livorno lag, machte der Kapitän einen Besuch bei Signor Felleichi in Pisa. Der Kapitän war ein sehr fröhlicher, gesprächiger Geselle, aber plötzlich wurde er still und traurig; sein Gastgeber fragte ihn, ob er krank sei. ›Nein‹, sagte der Kapitän, ›ich wünschte nur, ich wäre an Bord meines Schiffes; mir ist zumute, als sollte ich gehängt werden.‹ Endlich ließ er sich überreden, zu Bett zu gehen; ehe er aber noch auf sein Zimmer gegangen war, kam ein Bote mit der Nachricht, daß sein Schiff in Flammen stehe. Er fuhr sofort nach Livorno, ging an Bord und brachte sein Schiff aus dem Hafen, um nicht die anderen dort liegenden Schiffe zu gefährden; allen Anstrengungen zum Trotz erreichte das Feuer das Pulvermagazin, und niemand überlebte. Ein kleiner Seekadett, der auf Landurlaub in Livorno war und nicht weniger großherzig als sein Kapitän, gab einem Bootsführer einen Wechsel über sechzig Pfund auf Signor Felleichi, daß er ihn an Bord des brennenden Schiffs bringe.«

Der Dichter hatte einen Widerwillen gegen alles Wissenschaftliche. Land- und Seekarten beleidigten ihn; er weigerte sich, durch ein Fernglas zu sehen, und kannte nur eben die vier Himmelsrichtungen. Gegen Bauten, ob antik oder modern, war er so gleichgültig wie gegen Malerei, Skulptur und Musik.

Merkwürdigkeiten der Natur und den Wechsel in den Elementen dagegen bemerkte er meist als erster, und er war der letzte, der sich von ihnen abwandte. Wir lagen die ganze Nacht vor Stromboli, und Byron hielt die ganze Nacht die Augen offen. Als er bei Tagesanbruch in seine Kabine hinabstieg, sagte er: »Wenn ich noch ein Jahr lebe, werden Sie diese Szene in einem fünften Gesang von ›Childe Harold‹ sehen.«

Am Morgen fuhren wir in die Meerenge von Messina, passierten sie dicht unter dem steilen Vorgebirge der Scylla und schauten auf Charybdis an der gegenüberliegenden Küste; die See kochte, Gegenströmungen schäumten und strudelten. Bei schlechtem Wetter ist es für ein kleines Schiff gefährlich, den beiden zu nahe zu kommen. Der Dichter war auf seinen Stammplatz an der Heckreling zurückgekehrt. Bald darauf lag Messina mit seinem großartigen Hafen, seinen Kais und Palästen vor uns ausgebreitet; es war ein herrlicher Anblick und die Landschaft so abwechslungsreich und wundervoll, daß ich ausrief: »Hier muß die Natur ein Paradies im Sinn gehabt haben.«

»Aber der Teufel«, bemerkte der Dichter, »hat es in eine Hölle verwandelt.«

Nach einiger Überlegung segelten wir, da ein frischer Wind wehte, an der Stadt vorbei und glitten an den abweisend rauhen Küsten Kalabriens hin. Um zwei Uhr nachmittags gerieten wir abermals in einen Strudel, und die um Vorherrschaft streitenden Winde, Strömungen und Wellen hielten uns auf der Stelle fest. Unser Schiff war nicht zu steuern, und so lagen wir, hin und her bewegt wie ein Pendel, zwei Stunden dicht vor den Felsen, während nur eine halbe Meile vor uns Schiffe unter doppelt gerefften Toppsegeln vor dem Winde liefen. Endlich war der Bann gebrochen, und auch wir kamen weiter.

Als wir die an der engsten Stelle der Straße erbaute Festung Faro passierten, hatten wir einen schönen Blick auf den Ätna, dessen Fuß in Nebel gehüllt war, indessen der Gipfel sich kühn vom blauen Himmel abhob. Im Osten hatten wir die wilden Küsten Kalabriens mit ihren grauen und schartigen Felsen; im Westen die sonnige und fruchtbare Küste Siziliens. Während wir an deren sanften Hügeln und geschützten Buchten vorüberglitten, deutete Byron mitunter auf irgendeinen heiteren Winkel und rief aus: »Da könnte ich glücklich sein.«

Es war jetzt der 30. Juli. Zwölf Tage zuvor waren wir aus Genua ausgelaufen, aber unser Schiff wollte nicht vorwärtskommen; es war gebaut wie eine Kinderwiege, und die leiseste Berührung durch Neptuns Fuß setzte es in schaukelnde Bewegung. Mir war das eben recht, denn dadurch blieben die Landratten an Bord in ihren Löchern. Byron nahm keinen Anstoß an dem Schaukeln, und seine Gesundheit und seine Laune besserten sich erstaunlich. »An Land bin ich morgens immer geneigt, mich aufzuhängen, im weiteren Verlauf des Tages geht's mir dann zunehmend besser, und um Mitternacht bin ich ausgesprochen fidel. Jetzt fühle ich mich so gut wie schon seit Jahren nicht mehr.« Man kennt das Temperament eines Mannes nicht, ehe man nicht auf einem Schiff mit ihm eingesperrt gewesen ist, das einer Frau nicht, ehe man sie nicht geheiratet hat. Wenige Freundschaften halten die »Wasserprobe« aus: Wenn eine Yacht aus England mit ein paar derart auf die Probe gestellten Freunden etwa Malta oder Gibraltar anläuft, kann man sicher sein, daß beim Auslaufen nur noch einer von ihnen an Bord ist.

Ich hatte niemals einen besseren Schiffskameraden als Byron. Er war meist fröhlich, machte keine Umstände, maßte sich keine Autorität an, beklagte sich nicht und mischte sich in seemännische Belange nicht ein. Wenn man ihn fragte, antwortete er stets: »Machen Sie's, wie sie wollen.« Jeden Mittag sprangen Byron und ich, den Haien wie dem Wetter trotzend, über Bord. Dies war die einzige Leibesübung, zu der er Gelegenheit hatte, denn an Deck auf und ab gehen konnte er nicht. Sein Lieblingsspielzeug, die Pistolen, geriet nicht in Vergessenheit, wobei leere Flaschen und lebendes Geflügel als Zielscheibe dienten; eine Ente oder eine Gans wurde in einen Korb gesetzt, so daß nur Hals und Kopf hinausschauten, und zur Großrahnock hinaufgezogen, und selten schossen wir zweimal auf denselben Vogel. Kein junger Fähnrich hatte mehr Spaß an dummen Streichen als Byron. Bei besonderen Anlässen, wenn unser Kapitän bedeutend erscheinen wollte, legte er eine leuchtend scharlachrote Weste an; da er sehr korpulent war, wollte Byron sehen, ob wir nicht beide zugleich in diese Weste paßten. Eines Tages, als der Kapitän seine Siesta hielt, überredete Byron den Schiffsjungen, die Weste an Deck zu bringen. Unterdessen öffnete ich, da es fast ganz windstill und sehr heiß war, die Gänse- und Entenställe, und sofort stürzten sich die Vögel ins Wasser. Neptun, der Neufundländer, sprang hinterdrein, und die Bulldogge Moretto folgte ihm auf dem Fuß.

Auf dem Fallreep stehend, mit einem Arm in der roten Weste, sagte Byron: »Stecken Sie Ihren Arm rein, wir werden über Bord springen und dafür sorgen, daß sie nicht mehr so glänzt.« Gesagt, getan.

Als der Kapitän den Lärm an Deck hörte, kam er nach oben, und als er sah, daß das prachtvolle Kleidungsstück, auf das er so stolz war, mit Seewasser besudelt wurde, brüllte er: »Mylord, Sie sollten vernünftiger sein und keine solche Meuterei anzetteln.« Die Mannschaft lachte über den Spaß. »Ich werde nicht beilegen und auch kein Boot zu Wasser lassen, ich hoffe, Sie ertrinken alle beide.«

»Dann sind Sie Ihre Ladung los«, schrie Byron.

Da ich sah, daß die Hunde die Enten und Gänse hetzten, kehrte ich an Bord zurück mit der Weste, besänftigte den Kapitän, ließ ein Boot zu Wasser und sammelte mit Hilfe eines Schiffsjungen unser Federvieh wieder ein. Der Neufundländer apportierte es unverletzt, aber Moretto, die Bulldogge, ging weniger schonend mit ihm um.

Nach der grellen und niederdrückenden Hitze des Tages waren die Abende und Nächte köstlich: balsamische Luft, kein Tau und Licht genug, alles zu unterscheiden. Eines Abends saß ich mit Byron am Heck – Byrons Diener Fletcher und der Kapitän des Schiffes zechten am Fallreep –, als der Kapitän, ein echter John Bull von ungeschliffenen Manieren und stämmiger Gestalt, bemerkte: »Warum will bloß Ihr Herr zu diesen Wilden! Mein Maat war in Korfu und sagt, ein Offizier der Garnison sei nach Albanien übergesetzt, um dort auf die Jagd zu gehen, da hätten ihn die Eingeborenen niedergeschossen, weil sie die Messingknöpfe an seinem Rock für Gold hielten.«

»Als ich da war«, sagte Fletcher, »waren die Türken die Herren und sorgten dafür, daß sie kuschten.«

Kapitän: »Wie mag das Land wohl sein?«

Fletcher: »Land! Da ist sehr wenig Land; alles Felsen und Räuber. Sie leben in Löchern im Felsen und kommen heraus wie die Füchse; sie haben lange Büchsen, Pistolen und Messer. Wir brauchten militärische Begleitung, um von einem Ort zum anderen zu gehen.«

Byron in Missolunghi mit seinem Neufundländer »Lion«. Zeichnung von R. Seymour

Kapitän: »Und wie leben sie?«

Fletcher: »Wie die Hunde, von Ziegenfleisch und Reis, in einer elenden Hütte auf dem Boden sitzend, alle essen aus ein und demselben schmutzigen Teller und reißen das Fleisch mit den Fingern in Stücke; keine Messer, keine Gabeln, nur zwei oder drei Hornlöffel. Sie trinken ein Zeug, das sie Wein nennen, es schmeckt aber mehr nach Terpentin als nach Trauben, wird in stinkigen Ziegenhäuten herumgeschleppt, und jeder trinkt aus der gleichen Schale. Ihr Kaffee wird zerstoßen, und sie trinken ihn mitsamt dem Satz, ohne Zucker. Solange sie nicht schlafen, rauchen sie, und sie schlafen in ihren Kleidern und Stiefeln auf dem Boden. Niemals ziehen sie sich aus, sie waschen sich auch nicht – von den Fingerspitzen abgesehen – und sind mit Läusen und Flöhen bedeckt. Die Türken sind die einzig respektablen Leute im Lande. Wenn sie gehen, wird Griechenland wie ein geöffnetes Narrenhaus sein. Ein Land voll von Lügen, Läusen, Flöhen und Dieben! Weshalb mein Herr dahin will, weiß nur Gott, ich jedenfalls nicht.« Und als er bemerkte, daß sein Herr ihn beobachtete, sagte er: »Und mein Herr kann nicht leugnen, daß ich wahr gesprochen habe.«

»Nein«, sagte Byron, »nur für Leute, die alles mit den Augen eines Schweins betrachten und nichts anderes sehen können. Was Fletcher sagt, mag stimmen, aber mir ist's nicht aufgefallen. Die Griechen sind in Barbarei zurückgefallen; Mitford sagt, die Leute waren niemals besser. Ich weiß selber nicht, weshalb ich hinfahre. Ich hatte Italien satt, Griechenland hat mir gefallen, und das Londoner Komitee hat mir versichert, ich könnte da von Nutzen sein, ohne mir allerdings zu sagen, von welchem; ich kann mir keinen vorstellen.«

Tre.: »Es wird Aufregung und Unterhaltung geben und das Größte von allem: Kämpfe.«

Byron: »Soweit man hört, haben die Griechen keine Feldartillerie, keine Kavallerie, keine Bajonette, keine Disziplin; angeführt werden sie von alten Briganten und Schafhirten, die das Land durch und durch kennen. Die Türken haben Kavallerie, aber ohne Ordnung; sie sind tüchtige Reiter, nur ist ihnen die Kriegskunst verlorengegangen. Kavallerie ist in einem rauhen, straßenlosen Land wie Griechenland nutzlos, wenn sie nicht von Infanterie flankiert wird. Die türkische Reiterei stürmt blindlings wie eine Büffelherde durch die Schluchten, und die zwischen den felsigen Höhen versteckten Griechen fallen über sie her wie die Wölfe und füsilieren sie aus der Deckung. Es ist ihnen einzig um die Beute zu tun. Dies ist nicht Krieg, sondern Metzelei. Wordsworth nennt Metzelei Gottes Tochter.«

Ich folgte hinsichtlich des Abendessens Fletchers Beispiel; auch der Dichter erklärte, er könne der Versuchung nicht widerstehen, und schloß sich mir an. Wir erörterten die Freuden und die Unabhängigkeit des Lebens auf See im Gegensatz zu den ewigen Zwängen und Beschränkungen an Land. »Hier«, bemerkte ich, »haben wir nur mit den Elementen zu kämpfen und einen sicheren Hafen in Lee, während wir an Land nie wissen, welches Unheil sich gerade zusammenbraut. Schon ein Brief oder das müßige Geschwätz eines wohlmeinenden Freundes kann die Verdauung stören. Wie sanft gleitet indessen hier die Zeit vorbei, wo wir außer Reichweite von Ehrenmännern und Unheilstiftern sind.«

»Sie sollten lieber Frauen sagen«, rief Byron aus. »Wenn wir nur ein weibliches Wesen an Bord hätten, würde sie uns alle gegeneinander aufhetzen und eine Meuterei anzetteln, nicht wahr, Kapitän?«

»Ich wünschte, meine Alte wäre hier«, erwiderte der Kapitän, »sie würde es Ihnen in meiner Kabine so behaglich machen, wie es Ihre eigene Frau in Ihrem Salon an Land nicht könnte.«

Byron zuckte zusammen und blickte finster drein. Der Kapitän aber war sich, wie ein Karrengaul, der einem soeben die Zehen zerquetscht hat, nicht im mindesten bewußt, irgendwie Anstoß erregt zu haben, und fuhr fort: »Auf meiner letzten Reise aus Rio hat meine Frau mein Schiff gerettet; wir hatten dort für die Heimreise Wasser an Bord genommen. Sie weckte mich mitten in der Nacht – ihr Wetterauge war immer offen: Die Männer desertierten im Landeboot eines Seelenverkäufers. Am nächsten Morgen stürmte es, als sei die Hölle los.«

»Wenn wir ein Garn haben sollen, Kapitän, muß auch Feuerwasser her.«

»Ich habe nichts gegen ein Glas Grog«, sagte der Kapitän. »Ich bin kein Abstinenzler, aber was ich nicht ausstehen kann, ist Trunkenheit auf See. Ich halte mich immer an mein Maß.«

»Und wieviel ist das?« fragte Byron.

»Nicht mehr, als mir gut tut.«

»Wieviel also?«

»Na, eine Flasche guter alter Jamaika-Rum reicht mir von elf Uhr vormittags bis zehn Uhr abends, und daß diese Menge niemandem weh tut, weiß ich.«

Byron hatte im »Quarterly« eine Kritik von O'Mearas »Napoleon auf St. Helena« gelesen. Er bemerkte: »Wenn alles, was da behauptet wird, wahr ist, trifft es doch nur den Charakter des Autors. Die Kritik widerlegt nicht eine einzige Feststellung des Buches. Aber so machen sie's nun einmal. Wenn sie einen Autor vernichten wollen, müssen sie ihn persönlich angreifen, wie sie's bei mir versucht haben. Wenn ein Buch Leben genug hat, ein Jahr zu überdauern, kann es ihrer Bosheit trotzen, denn wer liest Rezensionen vom vergangenen Jahr?

Solange unsere Literatur von giftigen Frömmlern und boshaften Parteigängern bestimmter Richtungen beherrscht wird, werden wir keine großen originellen Werke haben. Wann haben Pfarrer jemals das Genie protegiert? Wenn einer von dieser schwarzen Bande es wagt, für sich selbst zu denken, wird er ausgestoßen oder links liegengelassen wie Sterne oder Swift. Wo sind die großen Dichter und Schriftsteller, von denen uns die Rezensenten prophezeit haben, daß sie eines Tages die Leviathane unserer Literatur sein werden? Ausgestorben! Einst wird man ihre fossilierten Knochen ausbuddeln können zusammen mit denen von Reptilien, die sie ins Leben gelogen haben. Wenn dieses Zeitalter irgend etwas Großes hervorgebracht hat, dann jedenfalls gegen allen möglichen Widerstand.

Die Leute sagen, ich hätte in meinen Schriften meine eigene Geschichte erzählt: Ich fordere sie heraus, mir eine einzige meiner Taten in meinen Gedichten nachzuweisen oder einen einzigen meiner Gedanken, denn ich schreibe selten, was ich denke. Alles was über mich veröffentlicht worden ist, ist der reine Unsinn – wie sich bei meinem Tode zeigen wird, wenn meine Autobiographie erscheint: was darin steht, ist wahr. Als ich aus England fortging, war ich anfänglich düsterer Stimmung. Ich habe das im ersten Gesang meines ›Childe Harold‹ gesagt. Ich war damals wirklich in eine Cousine verliebt [Thirza, er hielt mit ihrem Namen hinter dem Berge], und sie war schwindsüchtig. Als ich aus England fortging, war ich zornig; Gründe dafür hatte ich genug. Verschiedene Einzelheiten im ›Traum‹ und in einigen meiner kürzeren Gedichte entsprechen der Wahrheit. Meine Ehe, von der die Leute so lächerliche Geschichten erzählen, wurde von Lady Jersey und anderen gestiftet. Mir war die ganze Angelegenheit gleichgültig; ich dachte, daß ich nichts Besseres zuwege brächte, und sie waren der gleichen Meinung. Es war ein Experiment, das scheiterte. Alles ist in meinen Memoiren beschrieben, genau wie es passiert ist. Ich habe Murray gesagt, Lady Byron solle, wenn sie es wünsche, das Manuskript lesen und jetzt oder vor der Drucklegung streichen, hinzusetzen und kommentieren, wie es ihr beliebe.«

Es ist seltsam, daß Byron, der behauptete, jedem zu mißtrauen, sich, was das Schicksal seiner Memoiren anlangte, keinerlei Sorgen gemacht zu haben scheint. Er war froh, daß

Moore sie an Murray verkauft hatte, denn er meinte, damit sei ihre Veröffentlichung gewährleistet. Er glaubte es seiner Ehre schuldig zu sein, die Wahrheiten, die er zu seinen Lebzeiten nicht offenbaren konnte, nach seinem Tode veröffentlichen zu lassen. Er wußte, daß Moore sich auf seinen vertrauten Umgang mit Lords und Ladies viel zugute hielt, denn er redete dauernd von ihnen, und daß das wichtigste Lebensziel dieses Dichters das Vergnügen um jeden Preis war. Hätte Moore das in ihn gesetzte Vertrauen gerechtfertigt und Byrons Memoiren herausgebracht, hätte er es mit der Gesellschaft verdorben, denn die Erinnerungen enthielten vieles, was einen Schatten auf die feinen Kreise geworfen hätte, die zu ehren Tom Moore sich ein Vergnügen sein ließ.

Als sich nach Byrons Tod die Frage stellte, ob man seine Memoiren veröffentlichen oder unterdrücken solle, tat Byrons Freund Tom Moore so, als sei ihm die Sache durchaus gleichgültig. Und wahrscheinlich war sie das sogar, denn obgleich er die anderen fraglichen Memoiren lesen ließ, fand er selbst nie die Zeit dazu. Er bat den vornehmsten Mann, den er kannte, Lutterell, um seine Meinung, und der, sagt Rogers, »empfahl, da ihn die Sache nicht im geringsten interessierte, ohne zu zögern, das Manuskript ins Feuer zu werfen«. Byron hatte gesagt, es könnte sich als nötig erweisen, einige wenige Stellen und Namen aus seinen Memoiren zu streichen, da er die ganze Wahrheit geschrieben habe, und Moore und Murray sollten in dieser Hinsicht nach bestem Wissen und Gewissen verfahren. Er setzte hinzu, daß, wenn er tot sei, die Wahrheit bekannt und geglaubt, die Lügen aber vergessen werden würden. Es gibt also für das große Unrecht, das Tom Moore Byron angetan hat, keine mildernden Umstände.

Byrons Autobiographie enthielt die wichtigsten Episoden seines Lebens und Bemerkungen über alle, mit denen er zu tun gehabt oder die seinen Weg gekreuzt hatten. Geschrieben war sie in einem unumwunden mannhaften, kräftigen und furchtlosen Stil. Was ihn selbst betraf, war sie offensichtlich wahrhaftig, und wenn sie auch nicht die ganze Wahrheit enthielt, so bot sie doch von jener Ware mehr, als uns andere Schriftsteller gewöhnlich hinterlassen. Nichts las übrigens Byron so gern wie Autobiographien.

Byron bildete sich seine Meinung über die Bewohner dieses

Planeten an Hand von Büchern; aus persönlicher Erfahrung kannte er sie so wenig, als stamme er von einem anderen Stern. Seine Lektüre La Rochefoucaulds, Machiavellis und einiger anderer hatte ihn gelehrt, der Welt zu mißtrauen; da er aber nicht ohne sie auskam, pflegte er sich ständig zu beklagen, daß man ihn übervorteile. Ich glaube nicht, daß er je wußte, was er wollte: Das wissen die wenigsten.

Um zu meinem Schiffstagebuch auf der ›Hercules‹ zurückzukehren: Am 2. August waren die Inseln Kephalonia und Zante in Sicht, und wenig später deutete Byron auf Morea und sagte: »Ich weiß nicht warum, aber mir ist, als wären mir die elf langen Jahre der Bitterkeit, die ich durchgemacht habe, seitdem ich hier war, von den Schultern genommen und ich segelte durch den griechischen Archipel auf der Fregatte des alten Bathurst.« In jener Nacht ankerten wir auf der Reede; am nächsten Morgen liefen wir in den Hafen von Kephalonia, Argostoli, ein und ankerten in der Nähe der Stadt. Ein Beamter der Gesundheitsbehörde prüfte unsere Papiere und unser Logbuch und gab uns Landeerlaubnis. Der Sekretär des Residenten, Hauptmann Kennedy, kam an Bord und teilte uns mit, daß Oberst Napier nicht in der Stadt sei, daß wir aber mit des Obersten Bereitwilligkeit rechnen könnten, uns jede erdenkliche Unterstützung zukommen zu lassen, die keinen Verstoß gegen die ihm auferlegte strikte Neutralität bedeute. Der Hauptmann gab uns die neuesten Nachrichten vom Kriegsschauplatz und sagte, daß Blaquiere nach England gefahren sei, was Byron schwer verärgerte. Plötzlich leuchtete ihm die Wahrheit ein, daß das Komitee ihn nur als Lockvogel verwendet hatte. »Jetzt, wo sie mich so weit haben, glauben sie, daß ich weitermachen muß; das Ergebnis ist ihnen vollkommen egal. Sie irren sich aber, ich werde keinen Fuß rühren, ehe ich nicht sehe, wohin es geht. Wir werden hierbleiben; wenn jemand etwas dagegen hat, werde ich den Griechen oder den Türken eine Insel abkaufen, es müssen ja eine Menge auf dem Markt sein.«

Der Instinkt, welcher den Geier ein Aas aus großer Ferne entdecken läßt, wird zweifellos übertroffen durch die feine Nase, mit der die Griechen schon von weitem Geld riechen. Am Morgen nach unserer Ankunft ließ sich ein Schwarm aus-

Janina. Stich von W. Finden nach C. Stanfield

gehungerter suliotischer Flüchtlinge auf unserem Deck nieder. Legà, der Verwalter, ein rechter Geizhals, rollte sich wie eine Viper auf der Geldkiste zusammen. Unser rauhbeiniger Käptn war dafür, sie mit Knüppeln von Bord zu scheuchen. Byron kam in überschäumend guter Laune an Deck, fand Gefallen an ihrem wilden Äußeren und der abenteuerlichen Kostümierung und versprach ihnen, wie es seine Art war, sehr viel mehr, als ratsam schien. Tag und Nacht waren sie ihm nun auf den Fersen wie ein Rudel Schakale, bis er schließlich, wie ein gestellter Löwe in die Enge getrieben, froh sein mußte, sie loszuwerden, indem er sie nach Morea verfrachtete. Als Oberst Napier auf die Insel zurückkehrte, empfahl er Byron und auch uns anderen dringend, in seinem Hause Quartier zu nehmen. Die Engländer auf der Insel, Militärs wie Zivilisten, haben sich mit Beweisen der Gastfreundschaft vom ersten bis zum letzten Tag gegenseitig überboten.

Byron zog es vor, an Bord zu bleiben. Jeden Nachmittag überquerten er und ich in einem Boot den Hafen und landeten an einem Felsen, um dort zu baden. Bei einer dieser Gelegenheiten streckte er mir sein rechtes Bein hin und sagte: »Ich hoffe, dies verfluchte Bein wird mir im Krieg weggehauen.«

»Ihr Schwimmen wird dadurch nicht besser werden«, antwortete ich. »Ich tausche gerne die Beine mit Ihnen, wenn Sie mir ein Stück von Ihrem Hirn geben wollen.«

»Sie würden den Handel bereuen«, sagte er. »Manchmal fühle ich mein Hirn kochen, wie Shelleys Hirn kochte, als Sie ihn rösteten.«

Nach dem Baden landeten wir in einem Olivenhain und verzehrten unser frugales Abendbrot unter den Bäumen. Während der Seereise hatten uns unsere griechischen Passagiere gesagt, daß die meisten Griechen für eine monarchistische Regierung seien. Die Griechen auf der Insel bestätigten dies und erklärten, nur auf diesem Wege werde man die Räuberhäuptlinge loswerden, die jetzt das Land tyrannisierten und in einem Zustand der Anarchie hielten; da sie einen Ausländer auf dem Thron haben müßten, könnten sie keine bessere Wahl treffen als Byron. Der Dichter nahm dieses Ansinnen leicht und sagte: »Wenn sie mir ein Angebot machen, werde ich es vielleicht nicht ablehnen. Dabei werde ich mich ganz nach mir richten, und wenn mir das Regierungsgeschäft nicht paßt, werde ich wie Sancho abdanken.« Byron spielte verschiedene Male scherzhaft auf seine Thronbesteigung an und machte sich mit dem Gedanken vertraut. Wäre er am Leben geblieben und hätte er bei dem Kongreß von Salona als Kommissar der Staatsanleihe auftreten können, sicherlich hätte man dem Spender von einer Million Silberkronen eine goldene angetragen.

Unsere Gesellschaft machte einen Ausflug nach der benachbarten Insel Ithaka; im Gegensatz zu den trockenen Wüsten und unfruchtbaren roten Hügeln von Kephalonia waren die grünen Täler, die funkelnden Bäche und das von immergrünem Gebüsch bedeckte Hochland auffallend schön. Nach der Landung schlug man Byron vor, einige der Örtlichkeiten zu besuchen, welche die Altertumsforscher als »Homers Schule«, »Festung des Odysseus« und dergleichen bezeichnet haben. Er wandte sich verdrießlich ab und sagte zu mir: »Sehe ich aus wie einer von diesen kastrierten Trotteln? Gehen wir schwimmen. Ich verabscheue antiquarisches Geschwätz. Glauben die Leute denn, daß ich keine lichten Augenblicke habe, daß ich nach Griechenland gekommen bin, um noch mehr Unsinn zu kritzeln? Ich werde ihnen zeigen, daß ich was Besseres kann. Ich wünschte, ich hätte nie eine Zeile geschrieben, dann könnten sie mich jetzt nicht damit anöden, wo immer ich mich zeige.«

Byron und Gamba sahen sich nach einem Nachtlager für uns um, da wir Maultiere, um unsere Reise fortzusetzen, erst am nächsten Tag erhalten sollten.

Nachdem er lange geschwommen war, kletterte Byron in die Felsen hinauf; von des Tages Arbeit ermüdet, schlief er im Schatten eines wilden Feigenbaumes am Ausgang einer Höhle ohne weiteres ein. Gamba, der nichts zu tun hatte, spürte ihn auf und weckte ihn aus einem angenehmen Traum – wofür ihn der Dichter verwünschte. Wir aßen Feigen und Oliven und verbrachten die Nacht in der Hütte eines Ziegenhirten.

Am Morgen ritten wir durch die hübsche kleine Insel nach Vathy, der Hauptstadt. Der Resident, Hauptmann Knox, dessen Gattin und überhaupt jeder, der dort ein Haus hatte, öffneten uns die Türen und hießen uns willkommen; der Pilger wurde empfangen, als sei er ein Fürst.

Auf dem Gipfel eines hohen Berges liegt ein altes Kloster, von dem aus man eine herrliche Aussicht hat auf das Ionische Meer, das Festland und viele Inseln. Am Tage nach unserer Ankunft stiegen wir hinauf, zehn oder zwölf Personen, die Diener und Maultiertreiber mitgerechnet. Wie gewöhnlich war es spät, als wir uns auf den Weg machten; kein Lufthauch regte sich, und die Hitze war stark. Die Maultiere folgten dem engen Zickzackpfad zwischen Felsen und Abgründen bergan; noch schwieriger wurde es, als der Pfad in Stufen endete, die in den Kalkstein gehauen waren und mit der Zeit und bei der ständigen Beanspruchung durch die Reisenden schon sehr die Form verloren hatten. Wir stiegen alle aus dem Sattel, außer Byron; dieser war verdrießlich und reizbar wie gewöhnlich, wenn ihn etwas um seine Siesta brachte. Es dämmerte schon, als wir den Gipfel erreichten. Der Resident hatte dem Abt unseren Besuch angekündigt, und als wir uns dem Kloster näherten, standen beiderseits des Weges Männer mit Kienfackeln. Die Mönche in ihren grauen Roben waren in einer Reihe an der Terrasse postiert und sangen dem hohen Besuch zu Ehren eine Ruhmes- und Willkommenshymne, in der es hieß: »Christ ist erstanden, in unserem geliebten Griechenland das Kreuz aufzurichten und den Halbmond zu zertreten.« Der

Abt hatte sein Priesterornat angelegt, empfing Byron an der Pforte und führte ihn in die festlich erleuchtete Halle. Alles drängte sich um den Ehrengast, und Knaben schwangen Weihrauchfässer unter des Dichters Nase. Nachdem er verschiedene Zeremonien in sehr würdiger Manier vollzogen hatte, entnahm der Abt den Falten seines weiten Gewandes eine Papierrolle und begann durch ein nasales Organ eine schwülstige und nicht enden wollende Eulogie auf »Lordo Inglese« zu intonieren, in dem polyglott mehrere Zungen mitredeten, während die schweigenden Mönche ihre Blicke begierig auf den Lord richteten, um die Wirkung der Eloquenz des heiligen Vaters zu beobachten.

Byron hatte, seitdem wir in dem Kloster angekommen waren, noch kein Wort gesagt, und ich schloß daraus, daß er uns ein Beispiel vorbildlichen Betragens geben wollte. Niemand war verdutzter als ich, als er plötzlich einen Wutanfall bekam und in einem Strom italienischer Schmähungen gegen den heiligen Abt und dessen Brüder vom Leder zog. Mit blitzenden Augen rief er: »Will mich denn niemand von diesen widerlichen Idioten erlösen? Die machen mich verrückt!« Eine Lampe ergreifend, stürzte er aus dem Raum.

Die Bestürzung der Mönche angesichts dieses Zornausbruchs kann man sich vorstellen. Der staunende Abt verharrte eine Weile in völliger Regungslosigkeit, Augen und Mund weit aufgerissen; das Papier, von dem er abgelesen hatte, unverändert vor sich haltend, blickte er auf die Stelle, an der eben noch Byron stand, dann auf die Tür, durch die er verschwunden war. Schließlich schien er dem Geheimnis auf den Grund gekommen zu sein und sagte mit leiser, bebender Stimme, vielsagend mit dem Finger an seine Stirn tippend: »Eccolo, è matto, poveretto« – der arme Kerl ist durchgedreht.

Ich überließ es Hamilton Browne, die Mönche zu beschwichtigen, und folgte Byron. Er schimpfte und zeterte noch immer und verfluchte den »greinenden Schwachkopf«, wie er den Abt nannte. Byrons Diener brachte ihm Brot, Wein und Oliven. Ich verließ ihn und begab mich an die Abendtafel der Mönche im Refektorium. Es gab von allem, was die Insel zu bieten hatte, das beste. Unser Gastgeber kredenzte mehrere Flaschen seines edelsten Weines; doch obwohl auch er selbst reichlich von all diesen Herrlichkeiten genoß, heiterten sie ihn nicht auf. Wir waren alle froh, uns früh in unsere Zellen zurückziehen zu können.

Am Morgen erhob sich Byron erfrischt und tat, als hätte er die Vorfälle des vergangenen Abends vergessen. Der Abt hatte sie nicht vergessen, hütete sich aber, seinen Gast daran zu erinnern. Eine ansehnliche Spende wurde in den Opferstock gesteckt, dann bestiegen wir unsere Maultiere und verabschiedeten uns – diesmal ohne Brimborium, mit einem hastigen Segen des heiligen Vaters entlassen. Wie sehr wir auch die Aufrichtigkeit der bei unserer Ankunft geäußerten Freude zu bezweifeln geneigt gewesen sein mochten – was wir bei unserer Abreise auf den Mienen unserer Gastgeber lasen, war über jeden Zweifel erhaben.

Am folgenden Tag kehrten wir, wie wir gekommen waren, durch die blühenden Schluchten und stillen Haine dieser entzückenden Insel zurück, immer am Fuße des Gebirges entlang. Die grünen Olivenbäume, die hellgrünen Feigen und das rankende Weinlaub, das über unseren Köpfen wuchs, schirmten uns gegen die Sonne; die frische Seebrise, die aus den Felsen sprudelnden klaren Quellen besänftigten das Gemüt des Dichters. Er wich vom Pfad ab, um in einem Gehölz von Waldbäumen eine natürliche Grotte zu betrachten, und sagte: »Sie werden nirgendwo in ganz Griechenland und auf keiner der Inseln etwas so Angenehmes finden wie diesen Ort. Wenn diese Insel mir gehörte, würde ich meinen Stab zerbrechen und mein Buch begraben. Was sind wir doch für Narren!« Als wir unseren Landeplatz erreichten, mußten wir lange auf ein Boot warten, das uns über die Meerenge nach Kephalonia zurückbrachte. Wie gewöhnlich badeten Byron und ich; am Abend setzten wir über, und es war schon Nacht, als wir in unser altes Quartier an Bord der »Hercules« zurückkehrten. Um zwei Uhr ging Byron in seine Kabine, ich schlief an Deck.

Bei Sonnenuntergang war in acht oder zehn Meilen Entfernung eine österreichische Bark in Sicht gewesen. Kurz nach Sonnenaufgang weckte mich großes Getöse: die Bark lag jetzt direkt längsseits – bei völliger Flaute. Alte Seebären sagen, daß Schiffe wie lebende Wesen sind: Überläßt man sie sich selbst und mischt sich auch der Wind nicht ein, nähern sie sich, wenn sie einander sichten. Es ist so; weshalb, weiß ich nicht, aber ich habe es oft beobachtet. Dabei fuhren wir in entgegengesetzte Richtungen! Das Phänomen ist allen Seeleuten ein Rätsel.

Es war schon fast Mittag, als ich in einer dringenden Angelegenheit mit Byron reden mußte und deshalb in seine Kabine hinabstieg. Er schlief fest. Ich rief ihn wiederholt beim Namen, zuerst mit leiser Stimme, dann lauter und lauter; schließlich fuhr er in blassem Schrecken auf und starrte mich wild an. Mit einem krampfhaften Seufzer sagte er: »Hatte ich einen Traum! Ich zittere vor Angst. Ich bin nicht imstande, nach Griechenland zu gehen. Wenn Sie gekommen wären, mich zu erwürgen, hätte ich nichts machen können.«

Ich sagte: »Wer könnte gegen einen Nachtmahr etwas ausrichten? Den kümmern weder Ihre Pistolen noch Ihre Bibel« (beides lag stets auf einem Stuhl neben seinem Bett). Ich redete dann von anderen Dingen, bis er sich einigermaßen erholt hatte, und verließ ihn.

Die widersprüchlichen Berichte, die täglich aus Morea eintrafen, beunruhigten uns. Ich schlug vor, den Stand der Dinge vor Ort festzustellen. Byron bat mich aber zu bleiben, bis er selbst gehen würde, und so blieb ich. Als er jedoch davon zu reden begann, daß er das Schiff verlassen und ein Haus nehmen wolle, beschloß ich, mich allein auf den Weg zu machen.

Ich wußte sehr wohl, daß Byron, wenn er einmal an Land war, schnell in den alten Trott seiner saumseligen Gewohnheiten fallen, Pläne schmieden und auf die lange Bank schieben und nichts in Angriff nehmen würde. Es war eine seiner Maximen: »Wenn ich erst einmal sechs Tage lang irgendwo aufgehalten worden bin, kann mich für die nächsten sechs Monate nichts von dort fortbringen.«

Hamilton Browne erklärte sich bereit, mich zu begleiten; er war ein höchst wertvoller Verbündeter. Während meiner hastigen Reisevorbereitungen zerriß ich Papiere und Briefe und warf sie über Bord. Byron hinderte mich daran und sagte: »Eines Tages wird Ihnen das leid tun. Das sind Stücke Ihres Lebens. Ich habe jeden Fetzen Papier, der mir je geschrieben wurde, aufbewahrt – Briefe, Billetts, selbst Einladungskarten zu Gesellschaften. Bei Hansom, bei Douglas Kinnaird und bei Barry in Genua stehen Kisten voll davon. Die werden meine Testamentsvollstrecker erbauen.«

»Ist das nicht indiskret gegen ihre Korrespondenten?« fragte ich.

»Nein, denn sie haben meine Briefe und können die gegen mich verwenden. Solange ich lebe, wagen sie das nicht - da kann ich sie in Schach halten. Wenn ich sterbe und meine Memoiren veröffentlicht werden, können meine Testamentsvollstrecker deren Wahrhaftigkeit - sollte sie angezweifelt werden - durch meine Briefe beweisen.«

Ich erzählte Byron, daß zwei soeben eingetroffene Franzosen ihn zu sehen wünschten. Sie schienen mir Offiziere zu sein. Er sagte: »Bitten Sie Hamilton Browne, festzustellen, was sie wollen. Ich kann mich in Französisch nicht wie ein Gentleman ausdrücken. Auch Französisch habe ich, wie alles andere, niemals nach den Regeln lernen können.« Französische Bücher las er lieber in Übersetzungen als im Original. Seine Unkenntnis der Sprache war der Grund dafür, daß er Franzosen mied und Frankreich nie besuchte.

Während unserer Überfahrt von Italien hatte mich Byron überredet, ihm meinen schwarzen Diener abzutreten, da es im Orient ein Zeichen der Würde ist, einen Neger im Gefolge zu haben. Auch ein grüner gestickter Militärrock, den ich besaß, erregte seine Begierde; da er mir ohnedies zu klein war, trat ich ihm denselben ab und steigerte damit seine Würde erheblich. Zu meiner Begleitung engagierte ich einen der geflüchteten Sulioten (oder Zodiaken, wie der alte Scott, unser Kapitän, sie nannte). Er war ein eitler, fauler Maulheld und Prahlhans, störrisch und dumm wie die meisten seines Stammes.

Byron gab uns Briefe an die griechische Regierung mit - für den Fall, daß wir dergleichen ausfindig machen konnten -, in welchen er seine Bereitwilligkeit zum Ausdruck brachte, dieser Regierung zu dienen, sobald man ihn überzeugt habe, auf welche Art er dazu imstande sei, et cetera et cetera. Als ich mich von ihm verabschiedete, waren seine letzten Worte: »Lassen Sie oft von sich hören, kommen Sie bald wieder. Wenn komische Sachen passieren, werden sie sich für den ›Don Juan‹ verwenden lassen, wenn's heroisch wird, gibt's noch einen Gesang von ›Childe Harold‹.«

Hamilton Brown und ich begaben uns an Bord eines landesüblichen leichten Boots, das Kaik genannt wird, setzten während der Nacht mit gutem Winde über und landeten früh am nächsten Morgen auf einem sandigen Strand bei einem einsamen verfallenen Turm in der Nähe von Pyrgos. Eine schmutzige Truppe maurischer Söldner, die in dem Turm einquartiert waren, empfing uns. Einige von ihnen begleiteten uns bis in das Dorf Pyrgos, und da wir uns dort Pferde oder Maultiere nicht beschaffen konnten, übernachteten wir dort.

Am Morgen machten wir uns auf den Weg nach Tripolitza, der Hauptstadt des Peloponnes. Unterwegs besuchten wir die Militärposten, an denen wir vorbeimußten. Wir übernachteten in den zerstörten Dörfern und wurden im allgemeinen gut aufgenommen, wenn erst der Zweck unserer Reise bekannt war. Das Land ist so arm und unfruchtbar, daß es ohne das freundliche Klima kaum bewohnbar wäre. Selbst in besseren Zeiten wird hier kein Überfluß geherrscht haben; jetzt aber, da mit Feuer und Schwert der Krieg darüber hergezogen war, fand man kaum noch eine Spur, die bezeugt hätte, daß dieses Land bewohnt war und bestellt wurde.

Die einzigen Menschen, die uns außer den Soldaten begegneten, sahen aus wie Horden halb verhungerter Zigeuner. Manchmal sahen wir auf einem hohen Felsen einen Schafhirten mit seiner langen Büchse, der auf uns hinabsah, während er da oben seine paar Ziegen und Schafe weidete. Die Tiere nährten sich von dem dürren Gebüsch, das in den Felsspalten wuchs; sie wurden bewacht von ganzen Rudeln der wildesten Hunde, die ich je gesehen habe. Nur in beträchtlicher Übermacht wagten es die griechischen Soldaten, sich mit diesen kriegerischen Schafhirten und ihren Hunden anzulegen. Viele der hervorragendsten Führer des griechischen Freiheitskampfes und die Tapfersten ihrer Gefolgsleute waren ehemals Schafhirten gewesen.

Als Entschädigung für die harte Kost und die körperlichen Entbehrungen, die hier zu erdulden waren, gab es reichlich Speise für jeden, der die Stätten des Genius liebt. Alles, was wir sahen, war mit einem großen Namen verknüpft, mit Waffengängen und Schöpfungen der Kunst, die im Gedächtnis der Menschheit fortlebten. Wir blieben zwei oder drei Tage in Tripolitza und reisten dann weiter nach Argos und Napoli di Romania. Jeder Schritt des Weges war von den Verwüstungen des Krieges gezeichnet. Auf der Straße nach Korinth kamen wir durch die Schlucht von Dervenakia; auf einer Länge von etwa zwei Meilen war die Straße dort nicht besser als ein Maultierpfad, der sich, von schroffen Felswänden eingeengt, durch ein Bachbett wand. In dieser Schlucht und auf einem rauhen Pfad oberhalb derselben war im Herbst zuvor ein starkes ottomanisches Heer, hauptsächlich Reiterei, durch Barrikaden von Felsen und Baumstämmen festgehalten und wie Vieh von den wilden und erbitterten Griechen abgeschlachtet worden. Die Schlucht bot ein vollkommenes Bild des Krieges und erzählte ihre eigene Geschichte: Die Klugheit der leichtfüßigen Griechen und die hoffnungslose Dummheit der türkischen Befehlshaber waren offensichtlich. In einiger Entfernung von den Haufen der Toten sahen wir die Gerippe etlicher kühner Reiter, die versucht hatten, die steilen Wände hinaufzusteigen - noch als Gerippe an die Gerippe ihrer Pferde geheftet. Bei der Nachhut, die wohl versucht hatte, sich aus dem Gemetzel zurückzuziehen, fanden wir die gebleichten Knochen von Negerhänden, die noch immer die Seile ihrer Kamele hielten, an denen freilich nur noch die Schädel hingen - der Tod setzt die Seinen in seltsame Posituren.

Auf engem Raum lagen hier die Skelette von fünftausend und mehr Männern, Pferden, Kamelen und Maultieren; die Geier hatten ihr Fleisch gefressen, die Sonne ihre Knochen gebleicht. In diesem Bilde nahmen sich die Türken aus wie eine in den Schluchten der Rocky Mountains in die Falle gegangene und abgeschlachtete Bisonherde. Ihre übrigen Schlachten, gewöhnlich auf Schauplätzen ähnlich rauher Natur, unterschieden sich von dieser nur nach der Größe. Die asiatischen Türken sind faul, tapfer und dumm. Die Griechen, zu schlau zu kämpfen, wo sie flüchten können, waren nur aus dem Hinterhalt heraus gefährlich. Es ist ein Wunder, daß Griechenland und die Griechen nach Jahrhunderten todähnlicher Sklaverei wieder auferstanden sind. Aber kein Volk, das sich seinen Namen und seine Sprache bewahrt hat, braucht zu verzweifeln:

»Denn nichs als nur der Wechsel hat Bestand!«

Wir erreichten Korinth, kurz nachdem Akrokorinth zum zweiten Mal den Aufständischen in die Hände gefallen war, und trafen dort Kolokotronis und andere von Raubzügen lebende Stammesfürsten. Dann setzten wir nach Salamis über, wo die Legislative und die Exekutive der provisorischen Regierung einander gerade die Veruntreuung öffentlicher Gelder vorwarfen. Hier sahen wir die mächtigen Führer der wichtigsten griechischen Militärparteien – Primaten, Hydrioten, Mainoten, Moreoten, Ipsareoten, Kandioten und viele andere, jeder einzelne vorzüglich auf das unmittelbare eigene Interesse bedacht. Wir begegneten auch den ersten Exemplaren der äußerst raffinierten Fanorioten, die, in Konstantinopel aufgezogen und von den geschicktesten Lehrmeistern der Welt in den Künsten des Betrugs und der Täuschung ausgebildet, in jeder Bosheit brillierten. Diese anschmiegsamen und gewitzten Intriganten glitten verstohlen von Zelt zu Zelt, von Anführer zu Anführer, schwängerten deren Phantasie mit listigen Eingebungen, vergifteten die ohnehin bestehenden Streitigkeiten und riefen so eine allgemeine Anarchie hervor.

Von dieser Schaustellung grober Selbstsucht bestürzt, zogen wir uns aus den internen Händeln zurück und schifften uns nach Hydra ein, denn wir hatten neben anderen Aufträgen auch den, Vertreter dieser Insel zu Verhandlungen über eine Anleihe nach England zu schicken. Dies setzten wir unverzüglich in die Tat um, und Hamilton Browne fuhr mit den Delegierten nach London.

Ich landete wieder auf dem Festland und ging nach Athen. Odysseus, der bei der Erhebung eine bedeutende Rolle gespielt hatte, übte hier und in Ostgriechenland, an den Grenzen des Krieges, unbestritten die Herrschaft aus. Er stammte aus dem berühmtesten Geschlecht der Klephten und war ein Meister in der Kunst des Gebirgskriegs, listig wie alle echten Griechen, stark, leichtfüßig und gewitzt. Ich kaufte Pferde, warb Soldaten an und begleitete ihn auf einem Zug nach Euböa, das sich damals in türkischer Hand befand. Unter seiner Führung wurde ich mit den interessantesten Gegenden vertraut – Attika, Marathon, Theben, den Thermopylen, Chäronia, Lewadia, Talanta, mit dem Parnes-, dem Pindos- und dem Kithärongebirge. Unser Hauptquartier lag auf dem Parnaß.

Hinterhalte und Überfälle, Berggefechte und Raubzüge, das Auflauern türkischer Reiterei, unsere Siege und Niederlagen, die mit Konferenzen, Verträgen, Streitereien und Intrigen einhergingen, waren aufregend wie die Pirschjagd oder wie der Kaffernkrieg für die, die dabeiwaren. Da sie weder erbaulich noch amüsant zu beschreiben oder zu lesen sind, werde ich sie der Nachwelt nicht überliefern.

Im Januar 1824 hörte ich, daß Byron in Missolunghi (Meso-

Missolunghi 1824
Aquatinta von H. Raper

longion) sei, daß in London ein Vertrag über eine Anleihe vor dem Abschluß stehe und daß Oberst Stanhope und andere Engländer in Athen eingetroffen seien. Ich stellte Odysseus die Notwendigkeit vor, augenblicklich dorthin zurückzukehren, was wir auch taten. Kurz danach regte Stanhope an, und Odysseus willigte ein, in Salona einen Kongreß abzuhalten; ich sollte nach Missolunghi gehen und Byron und die Führer Westgriechenlands dazu einzuladen. Ich machte mich mit einigen Gefolgsleuten auf die Reise. Wir waren seit zwei Tagen über die Gebirgspässe unterwegs - denn nichts kann einen Griechen dazu bewegen, sich auf offenes Gelände zu begeben, wenn es Türken oder das Gerücht naher Feinde gibt -, als ein aus Missolunghi nach Salona abgesandter Bote mit der erschreckenden Nachricht von Byrons Tod unseren Pfad kreuzte. Wir durchquerten eben den Ewinos.

Mit einem Schlag waren meine Hoffnungen, Griechenland von Nutzen zu sein, ausgelöscht: Byron und Stanhope hätten als Bevollmächtigte für die Anleihe dafür gesorgt, daß sie den Kriegsanstrengungen zugute gekommen wäre, und sie hätten die schäbigen und selbstsüchtigen Primaten, die machiavellistischen Fanarioten und die gesetzlose Bande der

Capitani in Schach gehalten. Byron hielt alle Menschen für Schurken und traute niemandem. Hinsichtlich der Griechen war dieser Pessimismus vollkommen gerechtfertigt. Stanhope war von offenem und zuversichtlichem Wesen; er hatte den Stand der Dinge sorgfältig untersucht und wäre ein fähiger Koadjutor gewesen, denn er besaß jene unschätzbaren Qualitäten - Energie, ein ausgeglichenes Temperament und Ordnungssinn -, die Byron abgingen. Stanhopes erste Maßnahme war die Einrichtung einer freien Presse: Viele widersetzten sich ihr, weil sie diese Maßnahme für voreilig, wenn nicht sogar gefährlich hielten, aber die freie Presse hat hervorragende Dienste geleistet und war die einzige der damals geschaffenen Einrichtungen, die tiefe Wurzeln geschlagen hat.

Oberst Stanhope hatte mir das folgende Billett an Byron mitgegeben, doch des Obersten prophetische Warnung kam zu spät:

Salona, 17. April 1825

Mein lieber Lord Byron,

Wir sind alle hier versammelt mit Ausnahme Ihrer Lordschaft und des Fürsten Maurokordatos. Ich hoffe, Sie beide bald bei uns zu sehen; nach so festen Versprechungen sollte der Präsident wirklich anwesend sein. Was Sie betrifft, so sind Sie eine Art Wilberforce, ein Heiliger, den zu verführen alle Parteien bemüht sind; es ist jammerschade, daß Sie nicht teilbar sind, so daß jede Präfektur ein Stück von Ihnen haben könnte. Ich wünschte für mich selbst nur, daß Sie bald aus Missolunghi wegkämen, denn Ihre Gesundheit wird auf die Dauer diesem Klima nicht standhalten - und der ständigen Sorge, der Sie dort ausgesetzt sind.

Ich werde hierbleiben, bis wir Ihre und des Präsidenten Antworten haben. Anschließend werde ich mich nach Ägina, Zante und nach England begeben. Wenn ich Ihnen irgendwie dienlich sein kann, werden Sie in mir Ihren eifrigen Diener finden. Noch einmal möchte ich Sie dringend bitten, Missolunghi zu verlassen und nicht Ihre Gesundheit und vielleicht Ihr Leben in jenem Sumpf hinzuopfern. Stets Ihr zutiefst ergebener

Leicester Stanhope

Leicester Stanhope, der »Drucker-Oberst«,
wie Byron ihn spöttisch nannte
Zeichnung von Alfred d'Orsay

Am dritten Tag nach meiner Abreise aus Salona langte ich voll trüber Gedanken in Missolunghi an. Man wird jeden Flecken der Erdoberfläche (oder des Erdinneren) bewohnt finden, der irgend Aussicht auf Gewinn bietet: Ein Morast, der Reis wachsen läßt, vulkanisches Gestein, auf dem die Rebe gedeiht, Lagunen, die von Fischen wimmeln, sind Versuchungen, die die Schrecken der Pestilenz und des Todes überwinden. So war ich nicht überrascht, Missolunghi am Rande des trostlosesten Sumpfes zu finden, den ich je gesehen habe. Das Erstaunliche war, daß man Byron, trotz seiner Anfälligkeit für Fieber, hatte bewegen können, auf dieser Schlickbank zu landen und es drei Monate dort auszuhalten, eingekreist von faulenden Tümpeln, die man sehr wohl einen Todesgürtel nennen konnte. Obwohl das Frühjahr eben erst begonnen hatte, litten die meisten Ausländer dort schon am gastrischen Fieber.

Ich langte am 24. oder 25. April in Missolunghi an; Byron war am 19. gestorben. Ich watete durch die Straßen, durch Wind und Wasser zu dem Haus, in dem er gewohnt hatte; es lag einsam direkt am Meer, das hier flach und schlammig war. Drei Monate lang war dieses Haus Tag und Nacht belagert worden wie eine Bank bei einem Run. Nun da der Tod das Tor geschlossen hatte, war es still wie auf einem Kirchhof. Niemand außer Fletcher war im Hause, was mir sehr recht war. Als ahnte er, was ich wollte, führte er mich eine enge Stiege hinauf in einen kleinen Raum, in dem nur der aufgebockte Sarg stand. Keiner sagte ein Wort. Er schlug das schwarze Bahrtuch und das weiße Leichentuch zurück, und da lag der einbalsamierte Körper des Pilgers – schöner im Tode als im Leben. Die Anspannung der Muskeln und der Haut hatten jede Linie gelöscht, die die Zeit oder die Leidenschaft darauf gezeichnet hatten. Ein so fleckenloses Weiß, so harmonische Proportionen und eine so vollkommene Glätte hätten gewiß nur wenige Marmorbüsten vorweisen können, und doch war Byron mit diesem Körper unzufrieden gewesen und hatte sich seiner entledigen wollen. Wie oft hatte ich ihn seinen Leib verfluchen hören! Er war eifersüchtig auf Shakespeares Genius – dazu mochte er Ursache haben –, aber wo hatte er das Gesicht oder die Gestalt gesehen, die seinen Neid hätte erregen können?

Ich bat Fletcher, mir ein Glas Wasser zu bringen, und als er den Raum verließ, entblößte ich, um meine Zweifel an der Ursache seiner Lahmheit zu zerstreuen, die Füße des Pilgers. Des Rätsels Lösung war eine Verkürzung der Sehnen, welche die Ärzte Achillessehne nennen, die ihn hinderte, die Hacken auf den Boden zu setzen, so daß er gezwungen war, auf den Ballen zu gehen; von dieser Mißbildung abgesehen, waren seine Füße vollkommen. Dies war der Fluch, der einen kühnen weithinfliegenden Geist wie den seinen an die dumme Erde fesselte. Ich wußte, daß er in seinem Stück »The Deformed Transformed« alles ausgedrückt hatte, was ein sensibler Kopf angesichts einer körperlichen Mißbildung empfinden mag, doch wenn er sagte:

Ich habe getan, was in der Macht des Geistes stand,
voranzuschreiten unter der dumpfen, tödlichen
entmutigenden Last der Mißbildung,

so war mir das, auf ihn selbst bezogen, immer übertrieben vorgekommen. Jetzt begriff ich, daß dem nicht so war. Seine Mißbildung war ihm stets gegenwärtig gewesen, hatte jede seiner Taten beeinflußt und ihn zur Poesie angetrieben, da hier einer der seltenen Wege zum Ruhm lag, die ihm offenstanden. Wie um sich an der Natur dafür zu rächen, daß sie ihn »kaum halbfertig« in die Welt gesetzt hatte, spottete er aller ihrer Werke und Überlieferungen mit dem Stolz Luzifers; dieses krankhafte Empfinden war es, was ihn auch zu seiner letzten Donquichotterie anstachelte, zu der Kreuzfahrt nach Griechenland.

Niemand hätte mit mehr Recht als Byron sagen können:

Ich verlange nicht
Mut, denn Mißbildung ist verwegen;
Es ist ihr Wesen, die Menschheit zu übertreffen
Durch Herz und Seele und es den andern
Gleichzutun, nein, sie zu übertreffen.
Es ist ein Sporn
In ihrer hinkenden Bewegung, alles zu werden,
Was andere nicht werden können, auf Gebieten,
Die für beide zugänglich, um auszugleichen
Den anfänglichen Geiz der Stiefmutter Natur;
Sie buhlen mit furchtlosen Taten
Um Fortunens Lächeln,
Und oft wird's ihnen zuteil, wie Timur,
Dem lahmen Tartaren.

Da ihnen Byrons Empfindlichkeit bekannt war und sie mit ihm fühlten, vermieden es seine Bekannten, sich nach der Ursache seiner Lahmheit zu erkundigen, und Fremde taten dies nicht aus Wohlerzogenheit oder einfacher Menschlichkeit. Man nahm allgemein an, daß sein hinkender Gang durch irgendeinen Schaden am rechten Fuß oder Fußknöchel verursacht sei. Der rechte Fuß war besonders verzerrt, was durch die in Byrons Kindheit angestellten Experimente, ihn zu richten, noch verschlimmert worden war. Er erzählte mir, daß er mehrere Jahre lang Stahlschienen getragen hatte, die die Flechsen und Sehnen seines Beins derart strapazierten, daß seine Lahmheit nur zunahm. Der Fuß war nach innen verdreht, so daß nur der äußere Ballen den Boden berührte und das Bein kürzer war als das andere. Er trug eigentümliche Schuhe: sehr hochhackig, die Sohlen ungewöhnlich dick auf der Innenseite und hauchdünn nach außen zu; die Zehen pflegte er mit Watte auszustopfen, und seine Hosen waren sehr weit ausgestellt und unter den Füßen befestigt, so daß sie dieselben verbargen.

Byron betrat einen Raum gewissermaßen eilig laufend, als könne er nicht innehalten, stellte dann sein besseres Bein vor und warf den Körper zurück, um das Gleichgewicht zu wahren. In der Jugend, als er noch leicht und gelenkig war, mochte er mit Hilfe eines Stocks imstande gewesen sein, ein oder zwei Meilen zu humpeln; nachdem er aber schwerer geworden war, versuchte er selten, mehr als ein paar hundert Meter zu laufen, ohne sich auf die erste beste Bank oder Mauer zu hocken oder sich an einen Baum zu lehnen; auf den Boden setzte er sich nie, denn anscheinend fiel es ihm schwer, sich aus dieser Lage zu erheben. In der Gesellschaft Fremder machte er manchmal verzweifelte Anstrengungen, sein Gebrechen zu verbergen, aber die hektische Röte seines Gesichts, die schwellenden Adern und sein Beben verrieten ihn, und er litt noch tagelang.

Zur Fettleibigkeit neigend und nicht imstande, dieser Neigung durch Leibesübung zu begegnen, was konnte er tun? Wenn er weiter zugenommen hätte, seine Füße hätten ihn nicht länger getragen. So war er genötigt, ständig zu hungern; er wog knapp anderthalb Zentner in Genua und behauptete, in Venedig fast zwei gewogen zu haben. Die Hungerqualen, die Reisende und Schiffbrüchige beschrieben haben, waren nichts im Vergleich zu denen, die er erduldete, denn ihre Leiden waren zeitweilig und vorübergehend, seine aber lebenslänglich und um so schwerer erträglich, als er inmitten des Überflusses lebte. »Armer Kerl«, rief ich, »wenn deine Verfehlungen größer waren als die gewöhnlicher Menschen, so waren es auch die Verlockungen, denen du ausgesetzt warst« – als Fletcher mit Flasche und Glas zurückkehrte. »Da es an diesem ekligen Ort nichts als schleimiges Salzwasser gibt, mußte ich in der halben Stadt betteln, ehe ich klares Wasser bekam«, und an meinen Ausruf »Armer Kerl« anknüpfend, meinte er: »Das kann man wohl sagen, Sir. Diese Wilden sind schlimmer als Straßenräuber; sie haben Mylord sein ganzes Geld und schließlich auch das Leben genommen. Und die da« - er deutete auf Byrons Füße - »waren schuld an Mylords ganzem Unglück.«

Fletcher gab mir ein Blatt Papier, und nach seinem Diktat setzte ich auf Byrons Sarg den folgenden Bericht über seine letzte Krankheit und seinen Tod auf: »Nähere Umstände von Lord Byrons Tod nach dem Bericht seines Dieners William Fletcher, geschrieben auf seinem Sarg im Hause des Primaten von Argostoli von Edward Trelawny.

10. April 1824: Lord Byron, der wie gewöhnlich ausgeritten war und sich erhitzt hatte, wurde von einem Regenschauer überrascht. Er hatte sich erst kürzlich von einem heftigen epileptischen Anfall erholt, der ihn sehr geschwächt hatte. Im Laufe des Abends klagte er über Unwohlsein, und es gab leichte Anzeichen von Fieber. Am 11. erhob er sich wie gewöhnlich, klagte aber über seinen Kopf. Nur seine gewöhnliche Medizin - Fieber und Kopfschmerzen nehmen zu - guter Stimmung - früh zu Bett. 12.: Spät aufgestanden - seine gewöhnliche Medizin, mit gebrannter Magnesia. Er aß nichts während seiner Krankheit außer ein paar Löffeln sehr dünner Brühe. Sehr schlechte Nacht; klagte über eine Verstopfung im Bauch. 13.: Seine gewöhnlichen Abführmittel, mit Bauchschmerzen; spät aufgestanden und rasiert. Am 14. stand er auf und nahm seine gewöhnliche Medizin, Pillen und gebrannte Magnesia. Viel schlechter; sein Kopf schwindelig und seine Nerven erschüttert. Sobald sein Bett gemacht war, legte er sich wieder hin. Viel Fieber, lange, schlaflose Nacht. Man riet ihm zu einem Aderlaß, aber er hatte eine angeborene oder erworbene Abneigung gegen Aderlässe.

Am Abend des 14. riet Fletcher, einen Arzt aus Zante zu holen. Fletcher fand ihn zu dieser Zeit nicht bei klarem Bewußtsein. Byron sagte: ›Wo sind meine Schuhe? Ich kann nur drei finden und suche schon seit einer Stunde danach.‹ Fletcher sagte: ›Es sind vier da.‹ Byron sagte: ›Ich bin in der Hand von Meuchelmördern, sie werden mich umbringen.‹ Dies war am Morgen des 15. Fletcher sagte ihm, daß er in Gefahr sei. Byron sagte: ›Zum Teufel damit; das Ganze ist eine Verschwörung.‹ Er schickte nach den Ärzten und ließ sie fragen, was sie zu tun gedächten; sein Fieber stieg langsam an. 16.: Fast gleichbleibend. Er aß nichts - wurde sehr schwach - ständige Bauchschmerzen - schlechte Nacht - schlaflos. Als man ihm wieder zu einem Aderlaß riet, sagte er: ›Verdammt sollt ihr sein! Mein Blut wird über euch kommen.‹ Parry war oft stundenlang bei ihm - dann wurden alle übrigen aus dem Zimmer geschickt -, doch nur zu seiner Unterhaltung. Parry erzählte ihm immer, es ginge ihm schon besser.

Am 17. schlechter; noch schlechter werdend. Ein Boot wird um ärztlichen Rat nach Zante geschickt. Lord Byron fragte, ob man seine Krankheit für lebensgefährlich halte. Es wurde bejaht. Er sagte: ›Nun, sollen sie doch machen, was sie wollen. Mir soll's egal sein. Ich weiß nur, daß der Mensch es ohne Schlaf nur eine gewisse Zeit aushalten kann - dann muß er entweder sterben, oder er wird verrückt; aber da werde ich kurzen Prozeß machen, solange ich noch meine Pistole habe.‹ Man nahm deshalb seine Waffen vom Nachttisch. Er sagte, er wolle, wenn es ihm erst bessergehe, Missolunghi verlassen und auf die Inseln; seine Krankheit sei unbekannt. Er schickte Dr. P. aus dem Zimmer, und als dieser antwortete, er könne ihn in diesem Zustand nicht allein lassen, sagte er: ›Ich schicke Sie hinaus. Und Sie! Ist es schon so weit gekommen? Kann ich nicht das Hemd wechseln, ohne eine Bande schurkischer Ärzte im Zimmer?‹ Fuhr fort mit seiner Medizin; nahm starke Abführmittel, Salze, Magnesia. ›Diese Ärzte‹, sagte er, ›wissen nichts von meinem Leiden. Ich will wissen, welche Krankheit ich habe. Diese Leute haben keine Ahnung.‹

Er hatte kein Vertrauen zu seinen Ärzten. Er fuhr fort, in seiner gewöhnlichen sorglosen Don-Juan-Manier mit Parry von Nichtigkeiten zu schwatzen. In dieser Nacht Verschlechterung. Nahm Pillen, Salz, Magnesia - heftige Leibschmerzen. An diesem Abend gegen sieben Uhr wurde er zur Ader gelassen und fiel einige Minuten später in Ohnmacht. Ungefähr ein halber Liter Blut wurde entnommen. Sehr schwach und entkräftet, Kopfschmerzen während der Nacht, er redete wirr von Fleming, Hobhouse und Douglas Kinnaird. Dies war am 18. Abermals hatte man ihn reichlich zur Ader gelassen. Er nahm Rinde gegen zwei Uhr, trank ein Glas Wein mit Wasser. Danach verschlechterte sich sein Zusand, er delirierte und wurde gewalttätig; begann zu reden und Befehle zu geben; ergriff eine Hand Fletchers und eine Titas. Fletcher sagte: ›Soll ich schreiben?‹ Byron flüsterte etwa eine halbe Stunde lang, seine Lippen bewegten sich, aber undeutlich. Er sagte: ›Nun habe ich Ihnen alles erzählt: 4000 Taler für den – und – aber es ist zu spät. Ich habe alles gesagt; verstehen Sie mich? Wenn Sie mir nicht gehorchen, werde ich Ihnen als Gespenst erscheinen, falls ich das kann.‹

›Ich habe kein Wort verstanden‹, sagte Fletcher. ›Das ist schade‹, erwiderte Byron, ›denn jetzt ist's zu spät. Sie werden zu Mrs. Leigh gehen – und ihr erzählen und sagen – und alles und ihre Kinder – und sagen Sie Lady Byron‹ – er seufzte schwer und murmelte nur ›dies sind letzte Worte‹. Fletcher sagte abermals, daß er nichts verstünde. ›Guter Gott‹, sagte er und versuchte es zu wiederholen, aber nur die Lippen bewegten sich. Er verstand Fletcher und schien sich sehr zu bemühen, sich verständlich zu machen; er schien seine Unfähigkeit zu empfinden. Nach sechs Uhr abends sagte er: ›Ich will schlafen.‹ Sie hatten ihm Opiate gegeben und von diesem Augenblick an sagte er kein Wort mehr, rührte weder Hand noch Fuß, gab keine Lebenszeichen mehr – außer durch mühevolles Schlucken und Steifheit. Sie hatten ihm Ziehpflaster auf die Schenkel appliziert und Senf auf die Füße. Er verwahrte sich zuerst dagegen; schließlich gestattete er es Fletcher, nachdem zuvor alle anderen aus dem Zimmer geschickt worden waren. ›Oh, mein Kind, mein Kind! Oh, Ada! Daß ich dich gesehen hätte, mein Kind!‹ Er bildete sich ein, Fletcher alles über seine Freunde erzählt zu haben. Sehr zornig auf die Ärzte, die ihn, wie er sagte, gemeuchelt hätten. ›Da seid ihr – Tita und Lukas – ich will.‹

Von sechs Uhr abends am 18. bis sechs Uhr abends am 19. blieb er sprachlos, bewußtlos, reglos; einziges Lebenszeichen waren in großen Abständen auftretende Atemschwierigkeiten; sein Atem ging sehr schnell, kurz bevor er verschied. Sie badeten ihn und unternahmen alles, ihn zu einer Bewegung zu veranlassen, jedoch vergeblich. Kurz vor dem Tod öffnete er die Augen, seufzte leise ein- oder zweimal und starb, ohne das geringste Anzeichen von Schmerz oder Bewußtsein. Einmal sagte er: ›Gebt mir – aber – nein – das ist – Schwäche, Schwäche.‹ In seinem Delirium murmelte er abgerissene Sätze aus der Heiligen Schrift, mit Kommentaren, wie er sie aus seinen Unterhaltungen mit Kennedy in Kephalonia gewöhnt war. Doch fluchte er andererseits viel, insbesondere auf den Schmerz. Scheint nicht gewußt zu haben, daß der Tod ihn gepackt hielt; erst kurz, ehe er das Bewußtsein verlor, wurde ihm der Ernst seiner Lage bewußt, und dann fand er, daß er zuviel Zeit vertrödelt hatte, es war zu spät. Er hätte noch viel tun und sagen wollen, aber seine Stimme versagte ihm den Dienst.«

Dieser Bericht unterscheidet sich in vielen Einzelheiten von dem bereits veröffentlichten, und zwar so, wie sich die an Ort und Stelle gemachten Notizen eines Augenzeugen von dem Artikel unterscheiden, den später vielleicht der Herausgeber einer Zeitschrift zur Beförderung einer Sache oder zur Stärkung einer Partei für das Publikum daraus macht. Belassen wir es dabei, ich stelle keine weiteren Fragen.

Ein Brief von Byrons Halbschwester Augusta Leigh lag auf seinem Schreibtisch. Diese Dame war die einzige Verwandte, die Byron hatte, die einzige jedenfalls, die er anerkannte, und er sprach stets sehr liebevoll von ihr. Er war dabei, ihr zu schreiben, als er krank wurde. Diesen unvollendeten Brief habe ich kopiert, da das Original auf dem Wege zu seinem Bestimmungsort sehr leicht verlorengehen konnte. Er ist interessant als Byrons letztes schriftliches Zeugnis und als Ausdruck seiner wirklichen und innersten Gefühle, denn die veröffentlichten Briefe wurden, wie ich schon bemerkte, um einer bestimmten Wirkung willen, geschrieben; es waren Aussagen eines angenommenen Charakters.

Missolunghi, 23. Februar 1824

Meine liebste Augusta,

vor einigen Tagen erhielt ich mit anderen Briefen aus England Deinen und Lady Byrons Bericht über Adas Gesundheit, wofür ich hinreichend dankbar sein sollte und hoffentlich bin, denn sie sind mir ein großer Trost, und Trost brauchte ich, da es mir jüngst nicht sehr gut ging – doch es geht mir schon viel besser, Du brauchst Dir also keine Sorge machen.

Du wirst von unseren Reisen und Fluchten und so weiter gehört haben – vielleicht mit einiger Übertreibung, aber jetzt ist alles in Ordnung, und ich bin seit einiger Zeit in Griechenland, das in so guter Verfassung ist wie unter den gegebenen Umständen möglich. Ich werde Dich aber nicht plagen mit Politik - Krieg - oder Erdbeben, obgleich wir hier vor drei Nächten ein recht heftiges Beben hatten, das ein lächerliches Schauspiel in Szene setzte; es kam niemand zu Schaden außer denen, die in dem Gedränge der aus Türen und Fenstern Flüchtenden steckenblieben, darunter verschiedene Neuankömmlinge aus England, die, an ruhigere Elemente gewöhnt, bei der Drängelei um den Vortritt ziemlich gedrückt wurden.

Ich habe die Entlassung von etwa neunundzwanzig türkischen Gefangenen bewirkt - Männer, Frauen und Kinder - und sie auf meine Kosten heim zu ihren Freunden geschickt. Ein hübsches kleines, etwa neunjähriges Mädchen namens Hato oder Hatagée hat den starken Wunsch geäußert, bei mir oder in meiner Obhut zu bleiben, und ich bin fast entschlossen, sie zu adoptieren, da ich mir dachte, daß Lady B. sie nach England kommen lassen könnte als Gefährtin für Ada (die beiden sind fast gleichaltrig); wir könnten leicht für sie sorgen - wenn nicht, kann ich sie zur Erziehung nach Italien schicken. Sie ist sehr lebendig und behende und hat große schwarze, orientalische Augen und asiatische Züge. Alle ihre Brüder sind bei der Revolution umgekommen. Ihre Mutter möchte zu ihrem Mann zurückkehren, der sich in Previsa aufhält, sagt aber, daß sie angesichts der gegenwärtig hier herrschenden Zustände das Kind lieber mir anvertrauen würde.

Ihr äußerst jugendliches Alter und ihr Geschlecht haben ihr bis jetzt das Leben gerettet, aber niemand kann sagen, was im weiteren Verlauf des Krieges (und eines solchen Krieges) noch geschehen kann. Ich werde sie wahrscheinlich vorerst einer der englischen Damen auf den Inseln in Pflege geben. Die Kleine selbst wünscht es so, und sie scheint einen für ihr Alter sehr ausgeprägten Willen zu haben. Du kannst die Angelegenheit zur Sprache bringen, wenn es Dir der Mühe wert scheint. Ich möchte lediglich, daß sie anständig erzogen und behandelt wird, und in Anbetracht meiner Jahre und alles in allem kann man schwerlich andere Absichten bei mir vermuten.

Was Adas Gesundheit anlangt, freue ich mich zu hören, daß es ihr jetzt sehr viel besser geht; ich halte es aber für richtig, Lady B. davon zu unterrichten (schon damit sie auf der Hut sein kann), daß ihre Beschreibung verschiedener Anlagen und

Neigungen Adas denjenigen, die ich selbst in diesem Alter hatte, sehr ähneln – nur daß ich sehr viel ungestümer war. Ihre Vorliebe für Prosa (wie seltsam das auch klingen mag) war und ist genaugenommen noch heute meine eigene (denn ich hasse es, Verse zu lesen, habe es immer gehaßt), und ich habe nie etwas anderes erfunden als ›Boote – Schiffe‹ und was immer mit dem Ozean zu tun hat. Ich habe Oberst Stanhope den Bericht gezeigt: die teilweise Ähnlichkeit mit dem väterlichen Erbe – noch heute – fiel ihm auf.

Hier sollte ich, so schwer mir das fällt, wohl auch erwähnen, daß mein jüngster Anfall (ein sehr schwerer) sehr nach Epilepsie aussah; warum, weiß ich nicht – denn es ist spät, wenn sie sich mit sechsunddreißig zum ersten Mal zeigt, und soweit ich weiß, ist sie nicht erblich; damit sie auch nicht erblich werde, solltest Du Lady B. raten, in Adas Fall Vorsichtsmaßregeln zu ergreifen.

Mein Anfall hat sich nicht wiederholt – und ich wehre mich gegen eine Wiederholung mit Abstinenz und körperlicher Bewegung, bisher erfolgreich; wenn er nur ein Zufall war, ist alles in Ordnung …

In seiner »Geschichte der griechischen Revolution« sagte Gordon, wenn er auf Byrons letzte Tage zu sprechen kommt: »Seine Gesundheit verschlechterte sich, was uns in Anbetracht der Täuschungen und zudringlichen Geldforderungen, deren Opfer er geworden war und die er noch täglich erduldete, nicht verwundern darf. Parry redete viel und tat wenig; Maurokordatos versprach alles und vollbrachte nichts, und die Primaten, die sich verpflichtet hatten, 15 000 Taler zu den Kosten der Befestigungsanlagen beizutragen, konnten keinen Pfennig auftreiben, verliehen ihm statt dessen aber das Bürgerrecht. Die ganze Gegend war ein einziges Schlammbett, so daß er sich keine Bewegung im Freien machen konnte.«

Zurück zu den Vorgängen in Byrons Haus: Da ich unten Lärm hörte, stieg ich hinunter in die Gaststube und fand dort Parry, der mit einem Kameraden zechte. Parry war ein Verwaltungsbeamter des Zeughauses Woolwich, und das Komitee hatte ihn mit dem Kriegsmaterial als Feldzeugmeister hinausgeschickt. Bei Revolutionen muß zwar, da Sold und Verpflegung knapp sind, das leibliche Wohl mitunter schwere Entbeh-

Tita, Byrons treuer Diener bis zum Ende

rungen leiden, doch wird die Eitelkeit stets bis zum Überdruß verwöhnt, da man sich jeden Rang und Titel zulegen darf, auf den man Lust hat. Maurokordatos nannte sich Fürst, Byron Oberbefehlshaber, Parry, der Feldzeugverwalter, Major. Ich sagte: »Nun, Major, was, glauben Sie, war die Ursache von Byrons Tod?«

»Glauben? Ich glaube überhaupt nichts. Ich bin Praktiker und halte nichts von Firlefanz. Er würde heute noch leben, wenn er meinen Rat befolgt hätte. Er lebte zu dürftig; tausendmal habe ich ihm das gesagt. Zwei oder drei Tage, bevor ihm die Luft ausging, sagte er: ›Parry, was, denken Sie, ist mit mir los? Die Ärzte wissen nicht, was mir fehlt.‹ ›Nein‹, sagte ich, ›die wissen überhaupt nichts, Mylord; lassen Sie mich die ruhig hinauswerfen.‹ ›Was wird mir wohltun, Parry?› ‹Brandy, Mylord. Nur Brandy wird Sie retten. Sie haben sich lediglich eine Erkältung auf nüchternen Magen geholt. Lassen Sie mich Ihnen einen steifen Grog machen, und morgen sind Sie wieder gesund.‹ Er schüttelte den Kopf, und da gab ich ihn verloren. Mein Vater«, fuhr Parry fort, »lebte von Brandy bis ins hohe Alter und wäre auch dann noch nicht gestorben, aber der Arzt verbot ihm das Trinken, und da stopfte ihm das Todesröcheln die Speigatten.«

»Was haben denn die Ärzte mit Lord Byron gemacht?«

»Gemacht? Sie haben ihn zu Tode mediziniert und geblutet. Mylord hat's ihnen ja ins Gesicht gesagt, was sie waren, Meuchelmörder. Nie habe ich zwei eingebildetere und unwissendere Tölpel gesehen; die sind vielleicht imstande, an den Straßenecken Doktor Eadys Handzettel zu verteilen, aber zu nichts anderem.«

Die Ärzte waren Bruno, ein Italiener, und Millingen, ein englischer Student aus Deutschland. Der große Dichter war in den Händen dieser Anfänger; er war ihr erster Patient, und an ihm praktizierten sie, was man sie gelehrt hatte. Allgemein üblich waren damals Aderlässe, blasenziehende Pflaster und – um dem Patienten vollends den Garaus zu machen – Abführmittel, eine Behandlung, die bei einem so empfindlichen, entkräfteten und geschwächten Patienten wie Byron den sicheren Tod bedeutete.

Der Feldzeugmeister war ein rauher, kräftiger Bursche, nie ganz nüchtern, aber nicht dumm. Er hatte sich einen Fundus von Wirtshausgeschichten zugelegt, die er in einem entsprechenden Jargon erzählte, besaß mimisches Talent und unterhielt Byron durch seine Nachahmungen Jeremy Benthams und anderer Mitglieder des griechischen Komitees. Neben diesen Fähigkeiten nahm er eine gründliche Kenntnis der Befestigungskunst für sich in Anspruch und bezeichnete sich als den Erfinder von Granaten und Feuerkugeln, die die türkische Flotte vernichten und die Garnison von Lepanto zerstören würden. Er tat indessen nie etwas anderes als essen und trinken. Er war drei Monate in Griechenland, kehrte nach England zurück, schwatzte dem Komitee 400 Pfund für seine

Dienste ab und trank sich ins Irrenhaus. Als er keinen Brandy mehr kriegen konnte, um das Todesröcheln zurückzudrängen, starb er, wie seinen Worten nach sein Vater gestorben war. Sechs Feuerwerker, die er mit nach Griechenland gebracht hatte, blieben nur vierzehn Tage dort und kosteten das Komitee 340 Pfund.

Aus der ersten in England aufgenommenen Anleihe von 800 000 Pfund erhielten die Griechen 240 000. Das von Byron leihweise vorgestreckte Geld wurde von den Griechen zurückgezahlt; ich glaube aber, daß es dann in die griechische Anleihe investiert wurde und so verlorenging. Der andere Teil wurde in Kriegsmaterial geliefert.

Früh am Morgen sahen Gamba und ich Byrons Papiere durch und fanden mehrere Tagebücher und Notizhefte. Diese enthielten Aufzeichnungen seiner Gedanken, nicht seiner Taten, wilde Schmähungen gegen die Sulioten und andere, italienische und englische Briefe, fünfzehn Strophen des siebzehnten Gesangs des »Don Juan«, datiert vom 8. Mai, verschiedene vollendete und eine Menge angefangener Gedichte, seine Ansichten über die Verbannung Napoleons, Fortsetzungen des »Childe Harold« und des »Deformed Transformed« und andere Fragmente. Als Maurokordatos zu uns stieß, versiegelten wir alles.

Die 30 000 oder 40 000 Taler, die Byron nach Missolunghi mitgebracht hatte, waren auf 5000 oder 6000 zusammengeschmolzen. Maurokordatos riet dringend, ihm diese Summe leihweise zu überlassen, und verpflichtete sich, sie zurückzuzahlen. Ich widersetzte mich diesem Verfahren, das ich für illegal hielt, und bestand darauf, das Geld auf die Ionischen Inseln zu schicken. Der Fürst war deswegen äußerst verärgert; er dachte offensichtlich, ich handelte aus persönlicher Feindschaft gegen ihn. Den Kongreß zu Salona hielt er für eine von mir ins Werk gesetzte Machenschaft zu dem Zweck, Byron seinem Einfluß zu entziehen und ihn, Maurokordatos, an Odysseus auszuliefern, vor dem er große Angst hatte. All das erzeugte bei ihm, wie ich sehen konnte, einen tödlichen Haß gegen mich. Nachdem der Fürst der Fanarioten Byron auf so listenreiche Manier nach Missolunghi gelockt hatte, betrachtete er ihn und seine Taler als eine ihm von Rechts wegen zu-

Alexander Maurokordatos,
der Führer der westlich orientierten zivilen Partei
im Kampf der Griechen um die Unabhängigkeit

stehende Beute, und meine zur Rettung seines Opfers unternommenen Anstrengungen erschienen ihm als Gipfel der Unverschämtheit.

Ich empfand keine Feindschaft gegen den Fürsten, aber Byrons Wohl lag mir am Herzen. Um es kurz zu machen: Ich hatte vorgehabt, Byron zur Übersiedlung nach Athen zu bewegen. Odysseus, dessen Vertrauen ich gewonnen hatte, verpflichtete sich, die Akropolis freizugeben und mir zur Verfügung zu stellen, wenn Byron verspräche, nach Athen zu kommen; er wollte mir also erlauben, die Akropolis mit meinen eigenen Leuten zu besetzen unter der Bedingung, daß wir die Festung nicht an die griechische Regierung übergaben. Das wäre eine glorreiche Residenz für den Dichter gewesen, der Athen liebte. In der Festung, mit einer Garnison von Europäern, wäre er vollkommen unabhängig und auch vor Fieber sicher gewesen, denn die Akropolis ist nicht nur der schönste, sondern auch der gesündeste Ort der Welt. Wäre es den Griechen gelungen, eine Anleihe aufzunehmen, und hätte man Byron mit der Aufsicht über die Gelder betraut, er wäre in Athen genau am richtigen Ort gewesen: Von hier aus hätte er, außer Reichweite der schmutzigen Parteiungen, dieselben vielleicht kontrollieren können.

Byron war ein Soldat, »der von der Schlachtordnung nicht mehr verstand als eine alte Jungfer«. Zur Führung des Krieges aber waren eine disziplinierte Armee und ein tüchtiger General unbedingt erforderlich. Sir C. J. Napier wäre der Mann gewesen, unter den gegebenen Umständen das Nötige durchzusetzen: geschickt, furchtlos, geschwind und entschieden wie das Schicksal. Sein großes Interesse an der griechischen Unabhängigkeit hätte diesen bedeutenden Soldaten zweifellos bewogen, die militärische Führung zu übernehmen - obwohl ihn das genötigt hätte, bei der britischen Armee seinen Abschied einzureichen -, wenn die richtigen Stellen ihn darum gebeten und ihn mit den erforderlichen Mitteln und Vollmachten ausgestattet hätten. Als Byron im Sterben lag, kreisten seine Gedanken immer wieder um Napier; er fluchte den käuflichen und undisziplinierten Sulioten und rief: »Wenn Napier kommt, werde ich ihnen bei lebendigem Leibe die Haut abziehen lassen.«

Bei einem meiner Besuche in Kephalonia erklärte ich Napier, nachdem ich ihm die anarchischen Zustände in Griechenland geschildert hatte, daß es seine erste Pflicht sein werde, ein halbes Dutzend der widerspenstigsten Führer erschießen oder einsperren zu lassen.

»Nein«, sagte er, »das werden Sie besorgen. Ich werde Sie zum Profos machen. Wenn ich dieses Kommando übernehme, werden wir dafür sorgen, daß der Preis des Hanfs steigt, und ich werde es nicht annehmen, wenn mir nicht zwei europäische Regimenter, Bargeld, sie zu bezahlen, und ein transportabler Galgen zur Verfügung gestellt werden.«

»Ich werde das Amt annehmen und meine Pflicht tun«, antwortete ich.

Nachdem ich für den Versand von Byrons Nachlaß nach Zante gesorgt hatte, verließ ich Missolunghi, um nach Salona zurückzukehren. Viele der ausländischen Soldaten, die in Byrons Sold gestanden hatten, boten jetzt, da dieser Sold nicht länger gezahlt wurde, ihren Dienst mir an. Ich warb so viele an, wie ich glaubte unterhalten zu können. Außerdem hatte ich fünf Messinggeschütze mit Munition und ein paar andere Sachen, die das englische Komitee hinausgeschickt hatte und die nach Ostgriechenland zu überführen ich bevollmächtigt war. Maurokordatos widersetzte sich der diesbezüglichen Anordnung, allerdings ohne Erfolg. Ich hatte nun eine Kavalkade von fünfzig oder sechzig Pferden und Maultieren und an die hundert Mann, einschließlich der Rumelioten, die ich mitgebracht hatte. In der ganzen, bunt zusammengewürfelten Mannschaft sprach nur einer Englisch, und der war ein Schotte. Es wäre besser gewesen, ich hätte auf ihn verzichtet. Als ich in Salona ankam, fand ich Stanhope und einen Haufen anderer Leute, die gekommen waren, Byron zu treffen. Stanhope hatte einen Brief von seinem Regiment, den Horse Guards, der ihn in die Heimat beorderte.

Verschiedene Leute haben mich gefragt – sogar eine schriftliche Anfrage liegt mir vor –, ob Byron dem giftigen Kraut ergeben war – dem Tabak. Hier meine Antwort: »Das Alter denkt viel, die Jugend ist voller Phantasie. Unsere größten Freuden entspringen der Phantasie; hat sie einem eine Freude verschafft, sollte man diese nicht analysieren oder nach Beweisen ihrer Realität suchen, denn sie ist vergänglich und entflieht einem leicht. Tote Fakten wie totes Gebein sind den Augen und unserem ganzen Empfinden unerfreulich. Die Geschichte der Meerschaumpfeife, nach der Sie fragen, ist einfach diese: Als ich 1823 mit Byron nach Griechenland ging, gab ich einen Teil meiner Sachen einem alten Freund, dem Marinekapitän Roberts, zur Aufbewahrung. Byron starb. Ich wurde lebensgefährlich verwundet, und bald hieß es, ich sei tot. Roberts hatte meine Sachen bei Dunn, einem Krämer in Livorno, hinterlegt; er hatte Schulden bei Dunn, und dieser riet ihm, meine Sachen zu verkaufen. Byron hatte zu der Zeit, als er in Pisa wohnte, mit Dunn zu tun gehabt, und die Leute, die davon hörten, baten diesen immer wieder um Autographen und andere Souvenirs von Byron. Dies brachte den gerissenen Krämer auf den Gedanken, ein paar von meinen Sachen als Byrons auszugeben, da angesichts der Tatsache, daß wir beide tot waren und ich keinen Erben hatte, nicht zu befürchten war, daß jemand das Gegenteil bewies. Tatsächlich hatte Byron mit der von Ihnen erwähnten Pfeife nicht das mindeste zu tun, hatte sie niemals in der Hand, geschweige denn, daß er sie geraucht hätte. Wahr ist, daß Byron niemals weder Pfeifen noch Zigarren rauchte. Dichter sind süchtig nach Stimulantien - nicht nach Sedativen, Tabak stumpft die Sinne ab, Wein erregt sie. Da ich ungern Ihre Illusionen zerstöre, habe ich Ihren Brief nicht früher beantwortet.«

Der größte Mann, wiewohl nicht der größte Dichter - nämlich John Milton -, soll stets vor dem Zubettgehen eine Pfeife geraucht haben. Dies erfuhr ich erst, nachdem ich den obenstehenden Brief geschrieben hatte. Auf Grund der von Dunn veranstalteten Verkäufe werden heute viele Dinge, die einst mir gehörten, in Museen als Andenken an den großen Dichter aufbewahrt.

Die Höhle des Odysseus – der griechische Freiheitskampf

Ich hatte zum weiteren Verbleib in Griechenland keinen Grund mehr. Die Griechen waren eifersüchtig auf Ausländer; diejenigen, die kein Geld hatten, wanderten in Lumpen herum, völlig heruntergekommen, obwohl viele von ihnen sehr tüchtige Soldaten waren und sich ausgezeichnet hatten. Aber ich mochte Odysseus nicht verlassen; er legte auch größten Wert auf mein Bleiben. Er sagte: »Die Griechen sind von Natur aus verräterisch, hinterlistig, gemein und unbeständig, und Geschichte und Überlieferung beweisen, daß sie von jeher so gewesen sind.«

Jeremy Bentham schrieb den Griechen eine Verfassung – Oberst Leicester Stanhope gab mir eine Abschrift davon –, die nach dem Muster der schweizerischen Bundesverfassung gebildet war, klar und meines Erachtens dem damaligen Zustand Griechenlands rundum angemessen. Die Bevölkerung Griechenlands zur Zeit der Revolution betrug nur einundeinviertel Million. Die Führer der Soldaten, welche die Türken aus ihren Provinzen vertrieben, betrachteten diese Provinzen als ihr Eigentum – dies ist der Ursprung aller Regierungen. Die Zivilisten in den Städten aber, die leer ausgingen, wurden durch intrigierende Fanarioten aufgehetzt, diese Ansprüche anzufechten, und einige der energischsten verschworen sich zur Bildung einer selbsternannten Regierung. Maurokordatos, Trikupis und Kolettis gingen voran. Die militärischen Führer schenkten diesen Bewegungen zunächst wenig Beachtung, und als das erste Gerücht von einer Geldanleihe sie erreichte, machten sie sich darüber lustig, da sie es nicht für möglich hielten, daß jemand Geld leiht ohne Sicherheiten, und Sicherheiten hatte Griechenland nicht zu bieten.

Der Kongreß zerstreute sich, und ich kehrte mit Odysseus nach Lewadia zurück. Wir besuchten abermals Athen und Euböa und setzten den Krieg auf die gleiche unwirksame und planlose Weise fort, wie wir ihn bisher geführt hatten, ohne Unterstützung der Regierung und uns selbst überlassen. Noch

Odysseus, einer der populärsten Führer des griechischen Freiheitskampfes; ihm schloß Trelawny sich an

lag alle wirkliche Macht in Griechenland in den Händen der militärischen Führer; die Regierung war einstweilen nur eine Farce. Ihre Mitglieder wußten jedoch, daß sie eines Tages Realität werden würde; ihre Hauptbeschäftigung bestand vorerst darin, in den wenigen noch nicht durch die gnadenlose Soldateska verwüsteten Orten Steuern einzutreiben. Das bescheidene Staatseinkommen, das auf diese Weise anfiel, verwendeten sie für ihre persönlichen Zwecke. Es gelang der selbsternannten Regierung jedoch, eine Anleihe in England aufzunehmen, und nun begann sie Macht zu entfalten; sie warb Soldaten an und sammelte die kleineren Führer um sich. Die mächtigen Führer hielten sich abseits, und die gegenseitige Eifersucht sorgte dafür, daß sie alle miteinander verfeindet blieben.

Die Regierung war jetzt in Nauplion versammelt. Ein englisches Schiff lief in den dortigen Hafen ein und brachte 40 000 Pfund mit - die erste Rate der griechischen Anleihe. Der Goldrausch in Kalifornien war, verglichen mit dem wilden und allgemeinen Sturm der Griechen auf Nauplion, eher schwach gewesen und in geordneten Bahnen verlaufen. Bewaffnete Räuberbanden belagerten die Stadt und forderten drohend ihren Anteil an der Beute. Ihre Führer mußten bald erkennen, daß sie nicht nur kein Geld erhalten sollten, sondern Gefahr liefen, Kopf und Kragen zu verlieren.

Die Regierung beschloß, mit fester Hand zu regieren, um ihre militärischen Rivalen zu zerschmettern. Sie begann Streitkräfte aufzubauen und die Leute ihren Führern abspenstig zu machen; sie versuchte, Odysseus ermorden zu lassen und des großen moreotischen Häuptlings Kolokotronis habhaft zu werden. Die Führer flohen in ihre Bergfestungen. Am Ende verhaftete die Regierung Kolokotronis und viele andere.

Odysseus hatte vor der Revolution den Osten Griechenlands unter sich gehabt. Er war von Ali Pascha in Janina mit diesem Kommando betraut worden, um die Räuber auszurotten, die damals tausend Mann stark waren und einen Teil des Landes schon seit Jahrhunderten beherrschten. Odysseus erfüllte diesen Auftrag vollständig; die Räuber aber, die sich ihm unterwarfen, nahm er in seinen Dienst, und als die Revolution ausbrach, schlug er mit diesen Männern die ersten wichtigen Schlachten gegen die Türken.

Ich verblieb mit hundert Mann zwischen Lewadia und dem Parnes. Odysseus stieß dort zu mir und berichtete mir vom Stand der Dinge in Nauplion. Er war der tüchtigste Soldat in Griechenland, und die Türken konnten Morea nur auf dem Weg durch seine Provinz erreichen. Sein Scharfsinn und seine Macht ließen ihn der griechischen Regierung als ihren gefährlichsten Feind erscheinen; er war weder käuflich noch einzuschüchtern. »Durch Kriegslist und mit Gewalt halte ich jetzt schon seit drei Jahren, trotz meiner schwachen Kräfte und ohne die geringste Unterstützung durch die Regierung, die Türken aus Morea heraus. Die Gebiete, die wir Heerführer dem Sultan abgenommen haben, hat unsere selbsternannte Regierung den Russen verkauft, und mit dem Geld versuchen sie, uns beseitigen zu lassen, um Platz zu machen für einen ausländischen König und ausländische Soldaten.«

»Was für einen König?« fragte ich.

Da sei man geteilter Meinung. Die russische Partei sei die stärkste, sie habe die Priester, die Fanarioten und Moreoten auf ihrer Seite und werde durch die Leute in den Städten unterstützt sowie durch russische Agenten, die überall eine Willkür- und Militärherrschaft nach dem Muster ihrer eigenen sehen wollten. »Was mich wundert, ist, daß England Geld vorstreckt, damit Griechenland zu einem russischen Satelliten wird. Ich habe noch keinen Griechen getroffen, der verstehen konnte, weshalb eine so schlaue Nation von Krämern uns so viel Geld zu leihen gewillt ist, da doch jeder weiß, daß hier niemand imstande oder geneigt sein wird, auch nur einen Teil davon zurückzuzahlen.«

Ich drängte Odysseus, sein Kommando niederzulegen und sich mit einer kleinen Gefolgschaft in die Berge zurückzuziehen - das geborgte Geld würde in den Händen der schurkischen Regierung schnell dahinschwinden, setzte ich hinzu. »Dieses Stück Land«, sagte er, »hat mein Vater von seinem Vater ererbt, der es durch seine Tapferkeit erobert hat, und als es durch die Verräterei der Venezianer, die meinen Vater an den Sultan verkauften, verlorenging, habe ich es durch meinen Scharfsinn zurückgewonnen und durch mein Schwert bewahrt.«

»Und das können Sie abermals, wenn es Ihnen jetzt entrissen werden sollte«, antwortete ich, »wenn Sie nur den rechten Augenblick abwarten.«

Er erzählte mir dann, daß die griechische Regierung ihm weder Geld noch Soldaten zur Verteidigung der Pässe nach Morea anweisen wolle und daß er den Einmarsch der Türken in sein Gebiet nicht werde verhindern können, da er nur zwei- oder dreihundert Mann in seinem Sold habe, und daß er deshalb, wenn ihm die Regierung nicht doch noch zu Hilfe käme, mit dem türkischen Pascha von Negropont einen Vertrag schließen wolle, in dem er den Türken den Marsch durch sein Gebiet, Lewadia und Attika, nach Morea gestatten werde.

Wie kann sich ein Soldat allein mit seinem Schwert gegen die infernalischen Intrigen verteidigen, die ein mit einer Kiste Goldes bewaffneter Fürst der Hölle anzettelt? Fanarioten arbeiten wie Teufel im Finstern!

In einer der steilen Wände des Parnaß, des höchsten Berges von Griechenland, liegt tausend Fuß hoch über der Ebene eine Höhle. Zu dieser Höhle hatte Odysseus sehr geschickt sich Zugang zu verschaffen gewußt und sie als Fluchtburg für seine Angehörigen und seine Habe ausgebaut. Der Eingang war nur über Leitern zu erreichen. Die erste dieser Leitern, fünfundvierzig oder fünfzig Fuß lang, war an die senkrechte Felswand gelehnt und mit Klammern daran befestigt; eine zweite, die auf einem Felsvorsprung ruhte, kreuzte die erste, und eine dritte, leichtere und kürzere, stand auf einem natürlichen Sims. Diese dritte Leiter führte zu einer Falltür. Waren die Schlösser und Riegel derselben geöffnet, betrat man eine gewölbte Wachstube, die mit Schießscharten für Musketen versehen war. Die Wachstube öffnete sich auf eine breite, achtzig Fuß lange Terrasse, die durch eine Brustwehr geschützt war, in deren Schießscharten Kanonen standen. Das über der Höhle sich wölbende natürliche Tor liegt dreißig Fuß hoch über dieser unteren Terrasse, so daß dieselbe ungemein hell und luftig ist und eine weite, herrliche Aussicht bietet. Über Treppen steigt man zu einer höheren Terrasse aus massivem Fels empor; hier wird die Höhle zunehmend schmaler und niedriger. Zur Rechten der großen Höhle befindet sich eine kleinere; und dann gibt es noch viele kleine Grotten, jede von der Größe eines Zimmers, die durch Stollen miteinander verbunden sind. Diese sind vollkommen trocken und wurden als Lagerräume und Magazine benützt.

Eine dieser Grotten verwandelte ich für einen alten Priester in eine Kapelle, indem ich die rauhen Wände mit bunten Vorhängen, flammenden Bildern und Heiligenreliquien bedeckte, die man aus den entweihten Kirchen der Umgebung gerettet hatte.

Das Innere dieser herrlichen Kaverne erinnerte mich mit seinen Grotten, Stollen und seinem Gewölbe oft an eine Kathedrale, insbesondere wenn das sanfte Abendrot oder das Mondlicht die felsige Rauheit verbargen. Die über der Höhle aufragende Felsenmasse sprang kühn über die Basis vor. Nicht zuletzt war dieser Schlupfwinkel auch insofern vollkommen, als dort ein nie zur Neige gehender Vorrat reinsten Wassers vorhanden war, das seinen Weg durch unterirdische Kanäle aus den Regionen des ewigen Schnees fand und durch Risse in

Die Höhle des Odysseus
Holzschnitt von 1824

der Felsendecke in eine geräumige Zisterne auf der oberen Terrasse sickerte.

Diese Höhle war unsere Zitadelle, und holte man die obere Leiter ein, war sie, auch ohne jede Besatzung, uneinnehmbar. Wir bauten Bretterhütten und versahen sie mit allem Lebensnotwendigen sowie mit vielen Annehmlichkeiten, dazu mit riesigen Waffen- und Munitionsvorräten.

Ich riet Odysseus dringend, in dieser Fluchtburg auszuharren und abzuwarten, indem ich ihm vorstellte, daß das geliehene Geld von der aus lauter Erzbetrügern zusammengesetzten Regierung mit Sicherheit bald veruntreut sein würde – nur der kleinste Teil davon werde zu dem vorgesehenen Zweck verwendet werden. Außerdem sei Ibrahim Pascha mit einem riesigen Heer auf dem Wege nach Griechenland. In Morea herrschten bürgerkriegsähnliche Zustände schon jetzt. »Die Griechen«, fuhr ich fort, »sind auf Guerillataktik so vortrefflich eingerichtet, daß diejenigen Führer, die den Aufstand erfolgreich durchgeführt und die bewiesen haben, daß sie allein imstande sind, ihn fortzusetzen, zur Verteidigung ihres Landes zurückgerufen werden müssen. Dann können Sie an der Regierung Vergeltung üben, indem Sie einen Rechenschaftsbericht über die Verwendung der geliehenen Gelder verlangen.«

»Ich habe ihre Betrügereien auf der Nationalversammlung in Nauplion aufgedeckt«, rief Odysseus, »und in der gleichen Nacht wurden aus einem gegenüberliegenden Fenster zwei Schüsse auf mich abgefeuert. Meine Wachen ergriffen die Attentäter, und ich übergab sie der Polizei; sie wurden aber nicht bestraft. Wenn ich hier bleibe, werden wir von Meuchelmördern belagert werden, und man wird uns die Verbindung zu meinen Unterführern und Anhängern abschneiden. Guras hält die Akropolis noch. Ich kann nicht hierbleiben. Von einem gestellten Hirsch ist mehr zu fürchten als von einem Löwen in seiner Höhle.«

Es wurde also beschlossen, daß ich bleiben und er gehen würde. Ich hatte in guten Zeiten seine Erfolge geteilt und wollte ihn jetzt, da schlechte Zeiten angebrochen waren, nicht im Stich lassen. Da eine Besatzung eigentlich überflüssig war, behielt ich nicht mehr als ein halbes Dutzend Leute. Um mich vor Verrat zu schützen, wählte ich Männer verschiedener Herkunft, von denen nicht zu erwarten war, daß sie sich verschwören würden: einen Griechen, einen Türken, einen Ungarn, einen Italiener, einen ehrwürdigen Priester und, als Diener, zwei griechische Knaben. Außerdem befanden sich der Sohn des Capitano - ein Säugling -, seine Frau, seine Mutter und zwei oder drei andere Frauen in der Höhle. Die Schlüssel zum Eingang vertraute ich dem albanischen Türken an, einem resoluten, entschlossenen Mann.

Auf den Bergen Pindos und Agrafa in Thessalien hält man die edelste Hunderasse der Welt. An Größe und Kraft geben sie dem König der Tiere nicht viel nach, an Klugheit und Mut übertreffen sie ihn. Reinrassige und gut abgerichtete Hunde dieser Art werden von ihren Besitzern so hoch geschätzt, daß sie für Geld nicht zu haben sind. Wir hatten einen. Er tat den Dienst einer ganzen Wachkompanie, ging nachts auf der unteren Terrasse auf und ab und lag tagsüber vor dem Tor der Wachstube. Geschlossene Räume gefielen ihm nicht, und am wohlsten fühlte er sich in winterlichen Schneestürmen, wenn sein langes scheckiges Fell und seine zottige Mähne voller Eiszapfen hingen. Es war unmöglich, seine Wachsamkeit zu täuschen oder seine Treue zu korrumpieren; Futter nahm er einzig von dem Albaner und mir an. Das ist mehr, als ich von irgendeinem der Griechen sagen kann, mit denen ich während meines dreijährigen Aufenthaltes dort zu tun hatte.

Zusätzlich zu der kleinen Besatzung der Höhle hatte ich eine größere Streitmacht am Fuß der Leitern. Die Soldaten kampierten dort in einem durch eine steinerne Brustwehr befestigten Lager. Den Befehl über sie gab ich dem Schotten, den ich aus Missolunghi mitgebracht hatte. Diese Truppe hatte die Aufgabe, die Gebirgspässe zu patrouillieren, den Zehnten der benachbarten Dörfer - der in Naturalien entrichtet wurde - einzutreiben, Neuigkeiten zu erfahren und meine Korrespondenz mit Odysseus und anderen aufrechtzuerhalten.

Der Name des Schotten war Fenton, Thomas Fenton, glaube ich. Er hatte mich, wie schon erwähnt, während meines Besuchs in Westgriechenland aufgesucht und mir gesagt, daß er eigens hergekommen sei, um in Lord Byrons Regiment einzutreten, daß er am spanischen Bürgerkrieg teilgenommen habe, einiges von Kleinkriegführung verstehe, jetzt ohne Mittel sei und mich bitte, ihn in den Krieg mitzunehmen. Ich wies ihn auf die allenthalben beklagenswerte Lage der Ausländer in Griechenland hin und auf die eigentümlichen Verhältnisse insbesondere der Gegend, in die ich unterwegs war, und bot ihm an, ihm das Geld für die Heimreise vorzustrecken. Da er aber auf dem Wunsch bestand, mich zu begleiten, gab ich seinen Bitten schließlich widerstrebend nach.

Er war ein großer, knochiger Mann mit einprägsamen Zügen, dunklem Haar und länglich geschnittenem Gesicht, im besten Alter, einunddreißig oder zweiunddreißig Jahre alt. Seine Kleidung, die ganze Ausrüstung und seine Waffen waren sorgfältig gewählt. Er war rastlos, energisch, unternehmend und gut zu Fuß. Während der Zeit, die er mit mir verbrachte, schickte ich ihn häufig auf die Ionischen Inseln, in Geldangelegenheiten oder um die Lage zu erkunden, so daß er nicht oft in der Höhle war. Wenn er da war, wohnte er in einer Hütte am Fuße derselben. Ich versah ihn mit allem, was er brauchte, und meine Börse war sein. Er war in dieser Hinsicht nicht zimperlich und versagte sich nichts. Wenn er in meiner Nähe war, verbrachte er die meiste Zeit in meiner Gesellschaft. Kein zorniges Wort, kein ärgerlicher Blick trübte je unser freundschaftliches Einvernehmen. Ich hielt ihn für ehrlich, sah in der Tatsache, daß er bei mir blieb, einen Beweis seiner Ergebenheit, wenn nicht persönlichen Freundschaft, und ließ keine Gelegenheit ungenutzt, ihm gefällig zu sein.

Als Odysseus drei oder vier Monate fort war, erreichten mich im Januar 1825 Gerüchte, denen zufolge die Regierung beabsichtigte, unseren Anführer seines Kommandos in Ostgriechenland zu entheben. Um dies zuwege zu bringen, versuchten sie, ihm seinen Unterführer Guras, der Attika hielt, abspenstig zu machen. Ich schickte Fenton nach Athen und Nauplion, damit er den Wahrheitsgehalt dieser Berichte prüfe.

Wenig später hörte ich, daß Odysseus mit Omer Pascha von Negropont korrespondierte, und da ich fürchtete, er möchte bei seinen gegenwärtigen Schwierigkeiten zu einem verzweifelten Mittel greifen, verließ ich eines Nachts in einem Schneesturm die Höhle und stieg mit einem zuverlässigen Gefolgsmann, der das Land kannte, über die Felsen und durch die Pinienwälder hinab in die Ebene. Wir bestiegen zwei schnelle arabische Pferde, galoppierten einen Hohlweg hinab, überquerten einen tiefen Bach, den Sperchios, und ritten weiter in

Richtung Lewadia, das wir anderntags erreichten. Ich war überrascht, die an der immensen Höhe ihres Kopfputzes schon von weitem kenntliche türkische Delhi-Reiterei durch die Ebene galoppieren zu sehen. Als ich Odysseus traf, erzählte er mir, er habe einen auf drei Monate befristeten Waffenstillstand mit Omer Pascha vereinbart. Die einzige Bedingung desselben war, daß für diese Zeit Ostgriechenland als neutrales Gebiet gelten sollte. »Nur auf diese Weise konnte ich meine Leute davor bewahren, niedergemetzelt zu werden. Ich habe den Athenern geschrieben, da die Regierung mir nicht nur Proviant und Geld für meine Truppen verweigert, sondern sogar versucht hat, sie zur Fahnenflucht zu veranlassen, kann ich die nach Athen führenden Pässe nicht länger verteidigen.«

Ich wußte, daß es bei den militärischen Führern in Griechenland durchaus Brauch war, in den von ihnen regierten Provinzen zu bestimmten Zwecken auf eigene Verantwortung Abkommen mit dem Feind zu treffen; dennoch erkannte ich sofort, daß Odysseus einen fatalen Fehler gemacht hatte. Ich sagte ihm, daß die griechische Regierung jetzt ihre ganze Kraft aufbieten würde, ihn zu vernichten. Wenn er Zuflucht bei den Türken suchte, würden sie ihn betrügen und ihn oder seinen Kopf nach Konstantinopel schicken. »Ich weiß das«, erwiderte er, »darum werde ich mich schon kümmern; was ich getan habe, habe ich nur getan, um die griechische Regierung zur Einsicht zu bringen.« Ich sah, daß er besorgt und ratlos war, seinen Schritt bedauerte und schon vor meiner Ankunft in Lewadia auf Mittel gesonnen hatte, sich aus seiner unangenehmen Lage zu befreien. Am nächsten Tag begaben wir uns nach Theben; von dort folgten wir der Meerenge von Euböa nach Talanta.

Die Unzuverlässigkeit des Waffenstillstands lag auf der Hand: Odysseus und der Bei unterstellten sich gegenseitig verräterische Absichten und trafen jede erdenkliche Vorsichtsmaßnahme, dem anderen nicht in die Falle zu gehen. Die türkische Reiterei hielt sich an die Ebene, die Griechen blieben in den Bergen; Odysseus zog an den Abhängen hin, seine besten Männer und schnellsten Läufer im Gefolge, die dafür sorgten, daß er von seinen Kämpfern nicht abgeschnitten wurde.

Der Delhi-Oberst war unter den türkischen Truppen auf Euböa ausgesucht worden, weil man ihn als einzigen dem schlauen und tüchtigen Odysseus einigermaßen gewachsen glaubte. Er war das beste Exemplar eines orientalischen Kriegers, das mir je zu Gesicht gekommen war – ruhig, wachsam und geschickt bei der Führung seiner Leute.

In einer regnerischen, stürmischen Nacht Anfang Februar kampierten wir in Talanta; als Quartier hatte unser umsichtiger Führer die Ruine einer Kirche gewählt, die, wie die meisten griechischen Kirchen, Kapellen und Klöster, an einem hochgelegenen, gut zu verteidigenden Ort errichtet war. Die Stadt lag verlassen und in Trümmern. Nachdem wir zu Abend gegessen und unsere Pfeifen angesteckt hatten, kam eine griechische Patrouille mit der Nachricht, daß sie zwei Europäer gefangengenommen habe. Man befahl den Leuten, die Gefangenen vorzuführen. Ich sagte dem Führer, er solle meine Anwesenheit nicht preisgeben, sondern die Gefangenen durch seinen Sekretär verhören lassen.

Als sie hereingeführt wurden, bemerkte der eine zum anderen in englischer Sprache: »Was für eine Bande von Halsabschneidern! Sind das Griechen oder Türken?«

»Paß auf, was du sagst!«

»Ach! Die wollen nur unser Geld«, erwiderte der erste. »Ich hoffe nur, sie geben uns was zu essen, ehe sie uns den Hals abschneiden. Ich bin vollkommen verhungert.«

Der Schein sprach zweifellos gegen uns. An einem Ende saßen Odysseus, der türkische Bei und ich und rauchten unsere Pfeifen. Am anderen Ende, im Kirchenschiff, standen unsere gesattelten, reisefertigen Pferde, daneben lagen gestiefelt und gespornt die Soldaten. Weder Griechen noch Türken legen auch nur ein einziges Stück ihrer Kleidung, Ausrüstung oder Bewaffnung ab, wenn sie sich zur Ruhe begeben. Sie hatten die Hände an den Waffen und schliefen so leicht, daß, wenn einer beim Reden die Stimme hob, die Wolfsaugen der Soldaten sofort auf ihn gerichtet waren. Als die Fremden eintraten, sprangen einige Soldaten auf, andere stützten sich auf die Ellbogen, um zuzuhören, oder besser, da sie ja kein Wort verstanden, zuzusehen.

Die Reisenden erzählten ihre Geschichte. Sie erklärten, sie seien zuletzt in Smyrna gewesen und an diesem Morgen in einem kleinen Hafen auf Euböa von Bord einer englischen Brigg gegangen, einzig in der Absicht, sich das Land anzusehen. Weder die beiden Führer noch ich glaubten ihnen; gleichwohl wurden sie gastfreundlich bewirtet, bekamen Essen, Kaffee und Pfeifen, und ihr Gepäck wurde neben sie gestellt. Sie saßen in einer freien Ecke, nur mit Vogelflinten bewaffnet. Dem einen war gar nicht wohl in seiner Haut, der andere, ein Major, wie ich ihrem Gespräch entnahm, bewegte sich so ungezwungen, als sei er in einem Gasthaus, sagte, das kalte Lamm (es war Ziege) sei das beste, das er je gegessen habe, und fragte den griechischen Aufwärter, ob kein Raki (Schnaps) zu haben sei – auf dieses Wort war seine Kenntnis der Landessprache beschränkt. Odysseus verstand, was er wollte, und wies den Jungen an, ihm Wein zu geben.

»Wenn sie Räuber sind«, rief der Major, »so sind sie doch verdammt gute Kerle, und ich trinke auf den Erfolg ihres nächsten Beutezugs.« Bald danach legte sich einer der beiden in einer dunklen Ecke nieder. Türken, Griechen und alle Orientalen betrachten es als die denkbar schwerste Beleidigung, wenn jemand in der Öffentlichkeit die Kleider wechselt oder irgendeine Stelle seines Körpers unterhalb des Gürtels entblößt. Der Major war ein bemerkenswert großer, hagerer und knochiger Mann; nachdem er seinen Wein ausgetrunken hatte, begann er sich ein bequemes Bett herzurichten, aus Pferdedecken, Teppichstücken und mit einer Tasche als Kopfkissen. Als er damit fertig war, glaubten wir, daß er sich nun wie sein Gefährte schlafen legen würde. Doch statt dessen zog er sich in aller Ruhe, als sei er in seiner Kaserne und ohne jede Rücksicht auf unsere Anwesenheit, Stiefel, Socken, Jacke, Weste, Hosen und Hemd aus, faltete alles sorgfältig zusammen und legte es neben sein Bett. Während er sich uns dabei in allen erdenklichen Stellungen splitternackt zur Schau stellte, stopfte er gemächlich seine türkische Pfeife und kam auf uns zu, um sie am Feuer anzuzünden.

Die beiden Führer betrachteten zunächst des Majors ungewöhnliches Gebaren neugierig, wie Besucher eines zoologischen Gartens das Flußpferd betrachten, doch je weiter die Entblößung fortschritt, je ernster wurden ihre Mienen; das Hemd nahm ihnen den Atem, und als der Major gar auf sie zukam, erloschen ihre Pfeifen. Der Türke erhob sich entsetzt, die Hand am Schwert. Der Major, der meinte, der Türke wolle ihm ehrerbietig aus dem Weg gehen, und nicht ahnte, welchen Anstoß er erregte, machte eine sehr höfliche Verbeugung in unserer Richtung und sagte mit sanfter Stimme: »Bitte, Gentlemen, behalten Sie Platz, lassen Sie sich nicht stören.« Dann beugte er sich in scharfem Winkel vor, um Feuer von den glühenden Kohlen zu nehmen. Diese Stellung war so komisch, daß Odysseus und ich uns des Lachens nicht enthalten konnten. Der Major, der darin ein Zeichen guter Kameradschaft sah, bestand darauf, uns die Hände zu schütteln, wobei er sagte: »Ich bin sicher, ihr seid beide anständige Kerle, gute Nacht.«

Beim Licht des Feuers sah ich, daß er nicht gänzlich nackt war, sondern Unterhosen und ein ledernes Hemd anhatte, aber beides paßte ihm wie eine zweite Haut und war auch von der gleichen Farbe. Der Major legte sich hin und schmauchte sich in den Schlaf. Odysseus ging hinaus und holte den türkischen Bei.

Da wir damit rechnen mußten, von Türken oder Griechen überfallen zu werden, und auch unserer eigenen Gesellschaft mißtrauten, konnten wir nicht schlafen. So erzählte unser Führer, um seine Angst zu verbergen und uns die Zeit zu vertreiben, dem Bei von den Heldentaten der Europäer in Janina. Dann fragte Odysseus den Osmanen nach dem Paradies und nach Mohammed aus, auf sehr profane Weise. Die albanischen Türken sind durchaus nicht bigott, und unser Bei glaubte offenkundig an wenig mehr als an sein Schwert. Endlich schlummerten wir sitzend ein.

Vor Tagesanbruch erhob sich der Major und ging hinaus, ich folgte ihm und redete ihn in seiner Muttersprache an.

»Wie gut Sie Englisch sprechen, Kamerad«, sagte er.

Die offene und herzliche Art des Majors überzeugte mich so sehr von seiner Aufrichtigkeit, daß ich ihm eilig erklärte, wer ich war. Ich gestand ihm, daß ich mir Sorgen machte über den Stand der Dinge und bemüht sei, Odysseus aus der Gefahr zu befreien.

Der Major ging sofort mit großem Ernst auf meine Sorgen ein und sagte: »Das Schiff, mit dem wir gekommen sind, wird zwei oder drei Tage liegenbleiben; der Hafen ist von hier aus in ein paar Stunden zu erreichen. Ich gehe gleich zurück, warte dort, solange es geht, auf Odysseus und nehme ihn dann mit auf die Ionischen Inseln.«

Edward John Trelawny
Zeichnung von Joseph Severn

Ich berichtete dem Führer von diesem Plan, und er nahm das Angebot an. Ich verpflichtete mich, seinen Schlupfwinkel für ihn zu halten und seine Familie zu beschützen, bis die Umstände seine Rückkehr nach Griechenland gestatteten. Der gutherzige Major traf eilig die nötigen Vorkehrungen und machte sich auf den Weg. Da Odysseus mir viel zu sagen hatte und es für wahrscheinlich hielt, daß mir bei der Rückkehr in die Höhle Gefahr drohe, gab er mir mit seiner ganzen Truppe Geleit. Als wir voneinander Abschied nahmen, rief er einige seiner treuesten Gefolgsleute zusammen und sagte: »Seid Zeugen, daß ich diesem Engländer die Höhle anvertraue und alles, was darin mein ist.« Und zu mir gewandt: »Tu, was du für richtig hältst, ohne mich zu fragen.« Wie wir so auf dem Rasen saßen, neben einem zerbrochenen Brunnen, legte er seine rauhe, behaarte Hand auf meine Brust und sagte: »Du hast ein starkes Herz in einem starken Körper. Du mißbilligst, daß ich meinen Landsleuten mißtraue; an dir habe ich jedoch nie gezweifelt. Ich habe dir vom ersten Tage an vertraut, wie ich dir auch jetzt vertraue, da wir vielleicht zum letzten Mal zusammen sind. Was ich nur nicht verstehe, ist, weshalb du Geld gibst und dein Leben aufs Spiel setzt für Leute, die dich für Geld niederschießen würden, so wie sie mich niederschießen werden, wenn sie können.«

Entweder war es die Wachsamkeit der Türken auf Euböa oder die Umsicht derjenigen, die ihn begleiteten oder irgend etwas anderes, jedenfalls erreichte Odysseus den Hafen, wo er sich hätte einschiffen sollen, erst als das Schiff mit dem Major schon ausgelaufen war, obwohl dieser die Abfahrt so lange wie möglich hinausgezögert hatte. Ich nahm deshalb an, daß Odysseus den Rückweg in seine Höhle antreten würde; wir hielten Ausschau nach ihm, und ich beorderte Leute auf die verschiedenen Pässe. Er schrieb mir von Zeit zu Zeit, aber nichts Genaues, und wir verbrachten Monate der Ungewißheit.

Ich schickte Fenton nach Argos in Morea. Er sollte der Regierung, die sich dort aufhielt, die von Odysseus vorgeschlagenen Bedingungen übermitteln und in Erfahrung bringen, was die Absichten der Regierung sein mochten. Ich gab Fenton ein Pferd, einen Mann, der die Wege kannte und ihn führen konnte, ein paar Soldaten und soviel Geld, wie er brauchte. Nach seiner Ankunft schickte er mir durch Boten kurze, kleine Mitteilungen, in denen er von Unterredungen mit dem Kriegsminister berichtete. Der Kriegsminister, einer der scharfsinnigsten und gewissenlosesten Schmarotzer dieser Regierung, der überzeugt war, daß jeder Mann seinen Preis habe, erkannte instinktiv, daß Fenton ein Mann seines Schlags war, und so entwarfen die beiden nach vielen Unterredungen einen Plan, Odysseus zu fangen und mich zu beseitigen. Zu diesem Zweck war es nötig, Odysseus aus der Höhle zu locken und mich in derselben zu ermorden. Die Festung stand in dem Rufe, wie ein Ostindiensegler vollgestopft zu sein mit Schätzen aus den Beutezügen gegen die Türken. Wenn Fenton Erfolg hatte, sollte ihm die Hälfte von allem gehören. Um es kurz zu machen: Fenton kehrte mit einem Sack Lügen zu mir zurück.

Die Höhle schien mir so sicher, daß ich die wenigen Soldaten, die ich dort hatte, gelegentlich auf Botengänge fortschickte. Ich war es gewöhnt - obwohl man mich davor gewarnt hatte -, täglich auszugehen, um mich nach Neuigkeiten zu erkundigen. Anfang April überraschte mich in einiger Entfernung von meinem Schlupfwinkel ein Schuß: Die rotmützigen Griechen hatten mir hinter Felsen und Pinienstämmen aufgelauert. Ich rannte den steilen Hang hinauf, erreichte die untere Leiter, stieg diese, bis ich wieder zu Atem kam, langsam, dann schneller hinan, wobei die Musketenkugeln links und rechts, oben und unten an mir vorbeiflogen. Ich wäre schneller wieder unten gewesen, als ich hinaufstieg, hätten nicht meine Leute von oben meinen Rückzug mit einem sehr wirkungsvollen Kreuzfeuer gedeckt. Als ich die Falltür hinter mir schloß, zogen sich die Angreifer über die Berge zurück.

Kurz nach diesem Zwischenfall kam eine starke griechische Einheit nach Velitza, einem Dorf am Fuße unseres Berges. Eine Abteilung derselben machte sich bergan auf den Weg zu uns; als sie näher kam, trat einer vor und schwenkte einen grünen Zweig als Friedenszeichen. Er sagte, Odysseus sei bei den Truppen unten, und er habe einen Brief für mich. Odysseus, der in Gesellschaft seines Freundes Guras sei, bitte mich, zu ihm zu kommen, es seien Angelegenheiten von großer Wichtigkeit zu besprechen; man sei bereit, Geiseln zu stellen für meine sichere Rückkehr in die Höhle und so weiter. Ich antwortete nur: »Wenn du die Wahrheit sagst, warum kommst du dann nicht her? Du kannst Guras und ein halbes Dutzend Leute mitbringen.«

Verschiedene Noten wurden gewechselt. In der letzten bat mich unser Führer, zu kapitulieren, da sein Leben nur auf diesem Wege noch zu retten sei. Ich könne dies jetzt zu günstigen Bedingungen, da die Rumelioten ihm und mir wohlgesinnt seien; ließe ich diese Gelegenheit aus, würde ich bald von seinen Feinden, den Moreoten, eingekesselt sein, und von ihnen hätten wir keine Gnade zu erwarten. Natürlich lehnte ich das Ansinnen ab, denn ich wußte, daß unser Führer unter Zwang schrieb; der Bote tat, was er konnte, meine Leute auf seine Seite zu ziehen, und bot ihnen hohe Bestechungsgelder an. Ich gab einem meiner Männer den Befehl, ihn, wenn er noch ein Wort sagte, augenblicklich niederzuschießen.

Während der Verhandlungen erklommen die leichtfüßigsten Leute des Feindes die Klippen, um zu erkunden, ob man uns nicht von oben, mit Hilfe von Seilen, durch Sprengung des Felsens oder mit Gewehr- und Granatfeuer auf den Pelz rükken könnte. Ich schickte einige meiner Leute ins Lager des Feindes und bot jedem, der Odysseus zur Flucht verhelfen würde, fünftausend Taler. Am vierten oder fünften Tag zogen sie ab – unter Zurücklassung von Kundschaftern, die uns im Auge behielten, wie ich es nicht anders erwartet hatte. Ich meinerseits schickte alle Leute, denen ich trauen konnte, hinterher und schrieb an alle Freunde von Odysseus. Und damit man mich nicht ein zweites Mal zur Zielscheibe nähme, ging ich in der Folge nicht mehr allein aus.

In den letzten Maitagen des Jahres 1825 hatte Fenton aus Rakora in Böotien einen etwas wirren, anscheinend recht einfältigen englischen Philhellenen namens Whitecombe mitgebracht; er sagte, er sei bei der ostindischen Armee gewesen und nach Griechenland gekommen, um dort Abenteuer zu suchen.

Ich bin immer froh, in der Fremde Landsleuten zu begegnen, und war es damals ganz besonders; auch Fenton gefiel er ausnehmend gut. Die beiden nahmen die Mahlzeiten mit mir ein und verbrachten die Abende in meiner Gesellschaft, schliefen aber in Fentons Hütte unten. Am vierten Tag saßen wir nach unserem Mittagsmahl länger als gewöhnlich rauchend und trinkend auf der Veranda der unteren Terrasse. In der Höhle befand sich zu diesem Zeitpunkt nur der Albaner, der den Eingang bewachte, ein Ungar und der unbewaffnete italienische Sekretär und Dolmetscher.

Es war sehr heiß; alle meine Leute hatten sich in eine der oberen Grotten zurückgezogen, wo es immer kühl blieb, um ihre gewöhnliche Siesta zu halten. Fenton sagte, er habe mit Whitecombe ein Wettschießen verabredet, und ich sollte Schiedsrichter sein. Mein italienischer Diener Everett stellte am äußersten Ende der Terrasse ein Brett als Zielscheibe auf. Nachdem sie mehrere Schüsse abgegeben hatten, regte Fenton an, den Italiener zu seinen Kameraden nach oben zu entlassen. Nachdem dann weitere Kugeln abgefeuert worden waren, die weit vom Ziel einschlugen, sagte Fenton zu mir: »Sie können ihn mit der Pistole leicht schlagen, er hat keine Chance gegen uns Veteranen.«

Ich nahm die Pistole aus dem Gürtel und feuerte; die beiden standen dicht beieinander auf einem abgeflachten Felsblock zwei Schritt hinter mir. Im Augenblick, da ich Feuer gab, hörte ich einen anderen Schuß fallen und fühlte, daß ich in den Rücken getroffen war. Beide riefen gleichzeitig: »Welch ein gräßlicher Unfall!« Da eine ihrer Feuersteinpistolen kurz zuvor versagt und ich Fenton an deren Schloß hatte hantieren sehen, glaubte ich an einen Unfall. Fenton versicherte mir, daß dies der Fall sei, und äußerte seine Bestürzung. Auf den Gedanken, es mit Verrätern zu tun zu haben, kam ich nicht. Ich setzte mich auf einen Felsen, die Pistole in der Hand, im vollen Besitz meiner geistigen Kräfte. »Soll ich Whitecombe erschießen?« fragte Fenton. Ich lehnte das ab. Als ich meine andere Pistole aus dem Gürtel zog, sagte Fenton eifrig: »Ich werde Ihren Diener rufen«, und schon rannte er Whitecombe hinterher in Richtung Ausgang. Wild knurrend stellte sich dort der Hund den Flüchtigen in den Weg; er hatte die Stimme eines Löwen und schlug nie falschen Alarm. Der stets wachsame Ungar war sofort auf seinem Posten auf der oberen Terrasse. »Ein schrecklicher Unfall«, rief Fenton, »kommen Sie herunter und helfen Sie!« Der Ungar sagte: »Kein Unfall, Verrat! Wenn Sie nicht sofort den Karabiner hinlegen, erschieße ich Sie!« Fenton legte an, aber der Ungar war schneller, und Fenton fiel tot um.

Der Albaner kam aus der Wachstube, und da er außer seiner eigenen keine Sprache verstand, war er zunächst vollkommen verwirrt. Whitecombe, Fentons Gimpel und Verbündeter, versuchte durch die Falltür zu entkommen, aber der Hund warf ihn auf den Rücken und hielt ihn wie eine Ratte. Achmed, der Türke, ergriff ihn, fesselte seine Arme, schleppte ihn zu dem Kran, an dem wir den Nachschub von unten heraufzogen, machte eine Schlinge und legte sie ihm um die Fußknöchel, um ihn aufzuhängen. Seine krampfhaften Schreie und sein rasender Widerstand, als ihn seine Henker über den Abgrund hoben – wobei er Gott zum Zeugen seiner Unschuld anrief –, zerrten an meinen zerrütteten Nerven; er flehte mich an, ihn bis zum nächsten Morgen leben zu lassen, oder nur eine Stunde, damit er nach Hause schreiben könne, oder wenigstens fünf Minuten, bis er mir alles erzählt hätte.

Ich schickte Everett zu dem Ungarn mit der Anordnung, er solle sein Werk aufschieben, bis ich von Whitecombe die Hintergründe in Erfahrung gebracht hätte. Ich konnte mir nicht vorstellen, daß ein englischer Gentleman, mein Gast, der in den herzlichsten Beziehungen zu mir stand, nach nur viertägiger Bekanntschaft mit Fenton sich verschworen haben sollte, mich meuchlings zu ermorden. Es war nichts vorgefallen, was ihn hätte provozieren können, und ich konnte nirgends ein Motiv dieser Tat ausmachen. Fenton hatte Whitecombe nie zuvor gesehen, und ich auch nicht. Wenn Verrat vorlag, mußte Fenton der Verräter gewesen sein. Ich hatte große Mühe, einen Aufschub der Hinrichtung zu erwirken, denn jeder in der Höhle schrie nach Rache. Whitecombes Leben hing jetzt von meinem ab, und jeder hielt meine Verletzung für tödlich. Alle schworen, daß sie im Augenblick meines Todes Whitecombe bei niedrigem Feuer braten würden: Das war keine leere Drohung, denn dergleichen war schon mehr als einmal vorgekommen während dieses blutigen Krieges.

Als der Schuß mich traf, setzte ich mich auf den Felsen, auf dem ich gestanden hatte; da ich mich vornüber beugte, um das Blut aus meinem Munde fließen zu lassen, fielen auch eine Musketenkugel und ein paar zerbrochene Zähne mit heraus – die Zahnwurzeln waren zerschmettert, und mein rechter Arm war gelähmt. Ich ging ohne Hilfe in die kleine Grotte, die ich mein Haus nannte; ich hatte sie mit einem Fußboden versehen und durch eine Bretterwand in zwei kleine Räume unterteilt; davor lag eine breite Veranda. Ich hockte mich in eine Ecke, und mein Diener schnitt mir über dem Rücken die Kleider auf. Er sagte, daß mich zwei Kugeln dicht nebeneinander zwischen die Schultern getroffen hatten, rechts von der Wirbelsäule. Eine dieser Kugeln, der ein Knochen die Wucht genommen hatte, war mir, wie ich sagte, aus dem Mund gefallen; die andere zerschlug das Schlüsselbein und blieb in der Brust stecken – dort steckt sie noch heute. Die Einschußlöcher bluteten nicht. Wir hatten keinen Wundarzt und keine Medizin in der Höhle; die Luft war so trocken und rein, unsere Lebensweise so einfach, daß keine Krankheit uns heimsuchte. Die

Natur macht anders als Ärzte keine Fehler, und wahrscheinlich verdanke ich mein Leben meiner starken Konstitution und dem Umstand, daß ich keinen Arzt hatte.

Ich hatte Whitecombe einen Aufschub erwirkt, und am Morgen brachte mir mein Diener den folgenden Brief, den er mir vorlas, obwohl er kein Englisch verstand: »Ich beschwöre Sie bei Gott, Sir, erlauben Sie mir einen Besuch, und sei es nur für fünf Minuten; mein Leben hängt davon ab. Voller Reue gestand ich gestern Everett mein Verbrechen, und auf Grund eines Mißverständnisses oder aus welchem Grund auch immer hat er es Camerone so verdolmetscht, daß es mein Tod sein wird. Alle erklären, daß sie vorhaben, mich zu töten und zu verbrennen. Camerone schlug mich nieder und hat mich in Eisen gelegt. Um der Gnade des allmächtigen Gottes Willen, gestatten Sie mir, Sie zu besuchen; meine Erklärung wird mein Vergehen mildern. Ich will nicht allein vor Ihnen sprechen, ich will, daß auch Camerone und Everett dabei sind; sie sollen mich in Ihrer Gegenwart vernehmen und versuchen, mich zu überführen, wenn sie können. Ich will Ihnen nur alle Umstände schildern, die ich Everett geschildert habe. Camerone behauptet, daß ich alles mögliche gegen Odysseus ausgeheckt habe. Um Gottes Willen, geben Sie mir augenblicklich die Gelegenheit, mich zu erklären, und lassen Sie mich nicht umbringen, ohne daß ich mich rechtfertigen konnte. O Gott! Mein Elend ist schon zu groß. Sie wollen einfach nicht hören, was man ihnen sagt, sie wollen mich an meinen Ketten an den Deckenbalken hängen und mir den Kopf abschneiden.«

Ich weigerte mich, ihn zu empfangen. Er schrieb daraufhin einen unzusammenhängenden Bericht über das, was zwischen ihm und Fenton sich abgespielt habe. Fenton habe mich beschuldigt, seine Stellung usurpiert zu haben, da Odysseus das Kommando während seiner Abwesenheit nicht mir, sondern ihm habe anvertrauen wollen. Odysseus habe ihm eine entsprechende Nachricht durch einen Boten nach Athen übermittelt und angeordnet, daß nach seiner Rückkehr er, Fenton, die Höhle in Besitz nehmen solle. Fenton habe ihm von schönen Frauen und gewaltigen Goldvorräten vorgeschwärmt, die in der Höhle versteckt seien. Er habe geplant, eine englische Besatzung hereinzulegen und seine Gefolgschaft in reiche Kleider und Juwelen zu kleiden. Es würde zu einem blutigen

Gefecht kommen, aber alles, was er brauche, sei ein Freund, der ihm beistehe. Nach Whitecombes Bericht - der zu weitschweifig und absurd ist, als daß ich ihn hier wörtlich wiedergeben könnte -, heizten diese Geschichten seine Phantasie an, und er verstieg sich zu einer Art mörderischen Wahnsinns. Er selbst gebrauchte das sanfte Wort »Verblendung«. Er blieb dabei, daß Fenton auf mich geschossen habe und daß sein einziges Verbrechen darin bestanden habe, mich nicht zu warnen. Alles, was sein Schreiben mir bewies, war, daß er nur über eine schwache Intelligenz verfügte und daß Fenton sich diese Schwäche zunutze gemacht hatte. Jetzt war er wahnsinnig vor Angst und schrie und kreischte, wenn irgend jemand nur in seine Nähe kam; er lag in Eisen, an die Wand gekettet, bei Wasser und Brot. Am zwanzigsten Tag seiner Gefangenschaft beschloß ich, ihn freizulassen. Nachdem er Freiheit und Leben wiedererlangt hatte, schrieb er mir den folgenden Brief:

Vielbeleidigter Herr!

Ich kann nicht ausdrücken, was ich angesichts Ihrer unverdienten Freundlichkeit gegen mich empfinde, da Sie mich vor einem vorzeitigen Tod bewahrten; vor anderem mich zu bewahren, liegt außerhalb der menschlichen Möglichkeiten, denn mein inneres Elend, meine Scham sind vollkommen. Möge Ihnen auch nur die Hälfte dessen erspart bleiben, was ich erdulden muß. Wolle Gott, daß Sie niemals nach viertägiger Bekanntschaft mit einem Schurken aus dem Kreis derer, die Sie liebten und die Freude an Ihrer Gesellschaft hatten, verbannt und eine so einsame, elende, ausgestoßene Kreatur werden, wie ich jetzt bin. Ich habe keine Heimat, keine Familie, keine Freunde mehr - und bedauere nur, daß mich Gewissensbisse daran hindern, meinem Leben, das all seiner Freuden beraubt ist, einen verächtlichen und vorzeitigen Tod vorzuziehen. Ich kann nicht mehr sagen, habe Sie damit vielleicht schon zu sehr belästigt. Daß Gott Ihnen eine baldige Genesung schicken möge und jeden Fluch, der auf mein Haupt fällt, Ihnen zum Segen gereichen lasse, ist das Gebet des elenden

W. G. Whitecombe

Üble Pläne und Werkzeuge zu deren Ausführung sind wohl schon in weniger als vier Tagen erdacht und gefunden worden.

Aber wie erstaunt und beschämt über meine idiotische Verblendung war ich erst, als ich an Hand von Fentons Papieren und andrer Beweise entdeckte, daß er mich von Anfang an zum besten gehabt und ich mich wie ein Blinder der Führung eines Höllenhundes anvertraut hatte. Er war schon in Missolunghi auf mich angesetzt worden, um Odysseus' Pläne auszuspionieren, und hatte das ein ganzes Jahr lang getan. Die Leichtgläubigkeit, mit der ich Fenton nach kurzer Bekanntschaft Vertrauen schenkte, war unverzeihlich; doch wie Jago von Othello sagt:

Der Mohr hat eine freie offene Seele,
Die alle ehrlich glaubt, die nur so scheinen.

Verschiedene Kleinigkeiten wirkten zusammen, so daß ich mich täuschen ließ. Als Fenton in Griechenland landete, hatte er nichts als seine Waffen und seinen Schnappsack; in diesem aber war Platz für die Werke von Shakespeare und Burns, die er häufig las und zitierte. Später erfuhr ich, daß der Ungar nach Gesprächen mit den Soldaten, die Fenton nach Argos begleitet hatten, erstmals Verdacht schöpfte. Hätte er nicht so prompt gehandelt, hätte Fenton wahrscheinlich Erfolg gehabt, denn es waren Regierungstruppen im Wald versteckt, die auf ein Signal in Erscheinung getreten wären. An dem Tage, an dem dies geschah, ging Odysseus in die Falle: Er wurde in einiger Entfernung von der Höhle gefangengenommen, auf die Akropolis von Athen geschafft und in einem Turm eingekerkert, wo man ihn auf die gräßlichste Weise folterte, um ihn zur Preisgabe des Verstecks seiner Schätze zu zwingen. Später schnitt man ihm die Kniesehnen durch und warf ihn aus dem Turm, in dem er gefangen lag. Guras wurde eines Nachts, als er auf der Akropolis die Runde ging, von einer türkischen Granate getötet.

Um mich mit diesem widrigen Gegenstand nicht länger als nötig aufzuhalten, zitiere ich aus Gordons stets furchtloser und im allgemeinen genauer »Geschichte der griechischen Revolution« den entsprechenden Abschnitt: »Als Odysseus ins Feld zog, brachte er seine Familie in seine Höhle im Parnaß und vertraute die Aufsicht hierüber Trelawny an (der kürzlich seine jüngste Schwester geheiratet hatte). Trelawny hatte nur eine Handvoll Leute, denn jene einzigartige Höhle ist uneinnehmbar, und wenn die Leitern, über die sie zugänglich war, eingezogen wurden, war ihr weder mit Infanterie noch mit

Artillerie beizukommen. Ihre Öffnung liegt in einer senkrechten Felswand hundertundfünfzig Fuß über dem Tal und ist von einem hohen Tor überwölbt. Vorn hatte die Höhle natürliche und künstliche Bollwerke, die das Innere verdeckten, und ein in den Felsen geschnittenes Portal, zu welchem die Leitern führten; innen gab es Magazine, in denen Vorräte für Jahre lagerten, und eine frische Quelle.

Ein Versuch, Trelawny zu ermorden, wurde von zwei Landsleuten desselben unternommen, von denen einer, Fenton, ein hartgesottener Schurke, nach Erhalt von Bestechungsgeldern seitens der Regierung den anderen, einen hirnrissigen jungen Mann, durch phantastische Erzählungen und die andauernde Aufreizung durch starke Getränke zur Mitwirkung an dem verbrecherischen Anschlag verführte. Obwohl hinterrücks von zwei Karabinerkugeln getroffen, die ihm Arm und Kinnlade zerschmetterten, überlebte Trelawny dank der wunderbaren Kraft seiner Konstitution. Inmitten seiner Todesqualen hatte er die Großmut, den unglücklichen Jüngling, der auf ihn geschossen hatte, ohne Bestrafung zu entlassen; Fenton, der eigentliche Urheber des Mordanschlags, wurde auf der Stelle von einem ungarischen Soldaten erschossen.

Im gleichen Monat, am 17. Juni, fand die aufgehende Sonne den leblosen Körper des Odysseus ausgestreckt am Fuße des Turms, der sein Gefängnis gewesen war. Es hieß, daß ein Seil, an dem er sich herabgelassen habe, gerissen und er so ums Leben gekommen sei; niemand indessen glaubte diese Geschichte, sondern man nahm an, daß er erwürgt und dann hinabgestürzt worden war. Guras bereute später den Tod seines einstigen Patrons, empfand Schmerz, wenn dessen Name genannt wurde, und murmelte gelegentlich: ›In dieser Angelegenheit habe ich mich irreführen lassen.‹ Zweifellos steckte Maurokordatos hinter diesen tragischen Ereignissen, die mindestens ebensosehr aus Gründen privater Rachsucht wie aus Sorge um das öffentliche Wohl angestiftet wurden. Odysseus war gewiß ein Tyrann und ein Verräter; Trelawny stand in offener Rebellion und wurde zudem verdächtigt, mit den Türken zu verhandeln, die großen Wert auf den Besitz der Höhle legten. All das aber hätte den beiden vergeben werden können, wären sie nicht schon vorher persönliche Widersacher des Oberbefehlshabers des westlichen Griechenland gewesen.«

Während der ersten zwanzig Tage nach meiner Verwundung blieb ich am gleichen Platz in der gleichen Stellung an den Fels gelehnt, entschlossen, mich ganz der Natur anzuvertrauen. Ich wechselte weder meine Kleider, noch legte ich ein Stück ab; ich gebrauchte keine zusätzlichen Decken, ließ mich nicht bandagieren oder verpflastern, nicht einmal waschen; ich bewegte mich nicht und erlaubte niemandem, meine Wunden anzusehen. Zwanzig Tage lang lebte ich nur von Eigelb und Wasser. Vierzig Tage vergingen, ehe die Schmerzen merklich nachzulassen begannen, dann ließ ich zu, daß man mir den Körper mit einem in Wasser und Alkohol getränkten Schwamm abwusch und einen Teil meiner Kleider wechselte. Mein Gewicht war von hundertundachtzig Pfund auf weniger als hundertundvierzig gesunken, und ich sah aus wie eine galvanisierte Mumie. Zum Essen verführte mich zuerst der Anblick meines Italieners; er verzehrte ein Stück rohen Schinkens von einem Wildschwein, das ich geschossen und geräuchert hatte. Mit großer Mühe öffnete ich meinen Mund weit genug, um ein Stück von der Größe eines Shillings hineinzustecken - trotz der Qualen, die mir mein zerschmettertes Kinn bereitete -, und nach und nach gelang es mir, das Stück zu verschlingen. Von diesem Tage an nahmen meine Kräfte wieder zu. Abgesehen von Kaffee, lehnte ich alle Wischi-Waschi-Löffelnahrung ab und hielt mich an das Wildschwein, das seinerseits auch zu mir hielt, denn es heilte meine gebrochenen Knochen und mein zerfetztes Fleisch mit Ausnahme meines rechten Armes, der gelähmt blieb und verkümmerte.

Drei Monate nach meiner Verwundung heilten meine Wunden, und meine Gesundheit kehrte zurück. Nur mein rechter Arm schmerzte, und meine einzige Hoffnung, den Gebrauch desselben wiederzuerlangen, bestand in der Entfernung der Kugel. Dazu bedurfte es unbedingt eines Chirurgen.

Guras war, wie er es sich als Lohn für den Verrat an seinem einstigen Führer ausbedungen hatte, zum Oberbefehlshaber in Ostgriechenland ernannt worden. Da die Türken jedoch alle Ebenen besetzt hielten, waren wir von Feinden umgeben und unter ständiger Beobachtung. Meine treuen und eifrigen Freunde, die Klephten, lagen stets auf der Lauer; tagsüber nisteten sie mit den Adlern auf den unzugänglichsten Bergspitzen, nachts stiegen sie mit den Wölfen in die Täler hinab; sie versorgten uns mit frischen Lebensmitteln und den neuesten Nachrichten. Sogar einen Wundarzt brachten sie mit, einen der Ihren, den sie umzubringen drohten, wenn er mich nicht heile. Er machte mit dem Rasiermesser einen Schnitt unter dem Brustbein, stocherte mit dem Finger in der Wunde herum, konnte die Kugel aber nicht finden. Die Klephten schlugen vor, mir Begleitschutz zu geben, damit ich einen europäischen Arzt aufsuchen könne, oder aber einen aus Athen zu entführen und zu mir zu bringen; sie waren bereit, ihre Familien als Geiseln zu stellen. Ich vertraute ihrer Ehrlichkeit durchaus, zögerte aber, da ich mir noch immer eine Änderung meines Zustands versprach.

Eines Abends meldete mir Zepare, einer der Klephtenführer, daß seine Leute einem Europäer auf der Spur seien und diesen zu mir bringen würden; es sei ein Arzt, sagte er, aber für Ärzte halten die Griechen mehr oder weniger alle Europäer, nur weil sie Medikamente bei sich führen und verteilen. Am nächsten Morgen langte ein Trupp Soldaten an, die jenen Major eskortierten, der durch sein exzentrisches Gebaren in Talanta Odysseus und den türkischen Bei in Staunen versetzt hatte. Ich war diesmal noch überraschter als damals, ihm zu begegnen. Anscheinend hatte er mich nie aus den Augen verloren. Als er hörte, daß ich in Gefahr sei, unternahm er mehrere Versuche, zu mir zu kommen; er begab sich dann mit seinem Schiff auf die Suche nach Kommodore Hamilton und trug diesem meinen Fall vor. Hamilton, der zu Taten der Menschlichkeit stets bereit war, bestand nicht allein darauf, daß die Regierung dem Major gestattete, mich zu besuchen, sondern überdies auf deren Zusicherung, daß mir, falls ich mich auf einem seiner Schiffe einschiffen wolle, keinerlei Schwierigkeiten gemacht würden. Nachdem ich die Sache ein paar Tage lang überlegt und mit Odysseus' Witwe und der Besatzung der Höhle beraten hatte, entschloß ich mich schweren Herzens, die günstige Gelegenheit wahrzunehmen. Meine treue Mannschaft versprach mir, bis zu meiner Rückkehr auf dem Posten zu bleiben oder abzuwarten, bis die Feinde vertrieben wären, und sich dann von den Umständen leiten zu lassen.

Ich war kaum weg, als Guras begann, mit einer großen Streitmacht die Höhle zu bestürmen. Der Eifer der Griechen wie der Türken, in den Besitz der Höhle zu gelangen, war durch die in diesem Lügenland umlaufenden Geschichten von den darin gehorteten fabelhaften Schätzen angestachelt worden. Die Habgier der Griechen war bis zur Raserei aufgepeitscht; jede Kriegslist, die ihre Schlauheit erdenken konnte, wurde ausprobiert. Hinter jedem Felsen, hinter jedem Baum kauernd richteten sie ununterbrochenes Gewehrfeuer auf die Höhle; doch hätten sie ebensogut auf den Mann im Mond schießen können, und wenn sie zu nahe kamen, gebot ihnen der Ungar mit einem Schrapnellhagel aus der Kanone Einhalt. Einige Monate später, als sich die Verantwortlichen und die politische Lage geändert hatten, verständigte sich die Besatzung der Höhle mit einigen alten Freunden ihres einstigen Führers, die zu den Belagerern zählten und stets ihren Einfluß zum Schutz der Höhle geltend gemacht hatten, was übrigens nur vernünftig war, denn ein großer Teil der Beute, die sie während des Krieges gemacht hatten, war dort hinterlegt.

In jedem anderen Land als Griechenland wäre der Ungar Camerone in Kriegszeiten schnell befördert worden, denn er war ein gutausgebildeter Krieger, geschickt, entschlossen und bescheiden. Er war schon fast zwei Jahre in Griechenland, als ich ihm in Missolunghi begegnete; er diente ohne Sold und wurde nie befördert, aber angesehen war er sehr, denn seine Tapferkeit hatte er in vielen Schlachten bewiesen.

Als die Musen den Parnaß verließen, nahmen die Klephten von ihren Wohnstätten Besitz und hielten die Freiheitsliebe und den Waffengebrauch dort lebendig. Sie waren die einzigen Griechen, die ich traf, die Ehrgefühl kannten; sie hielten ihr Wort und erfüllten gegebene Versprechen. Ich beschützte und ernährte ihre Familien, und sie begleiteten mich auf allen meinen Zügen; ich war dauernd in ihrer Hand, doch niemals versuchten sie mich zu verraten. Die Klephten waren zu Beginn des Aufstands die einzigen brauchbaren Soldaten und führten den Krieg drei Jahre lang so erfolgreich, daß die griechische Regierung Geld borgen konnte. Die Regierung beschloß daraufhin, die Streitkräfte der Klephten zu teilen, ihre eigenen Parteigänger als Führer einzusetzen und in Zukunft den Krieg selbst zu führen. Nun warben die Herren der Regierung Soldaten an, setzten die einstigen militärischen Führer gefangen und verschwendeten ihre Zeit mit der Erörterung von Feldzugsplänen und der Ernennung vom Kommissaren, die alles überwachen sollten. In zwei wissenschaftlich geplanten und durchgeführten Feldzügen unter der Leitung von Zivilisten verloren die Griechen alles von den früheren selbstherrlichen Führern eroberte Gelände. Von der ausländischen Anleihe in Höhe von 2 800 000 Pfund waren am Ende dieser Feldzüge nur fünf Shillings in schlechter Münze übrig.

Wenn es irgendeinen Zufluchtsort gegeben hätte, der Aufstand hätte mit der Flucht der Anführer und der Unterwerfung des Volkes ein Ende genommen. Die Mitglieder der Regierung schickten das Geld, das sie veruntreut hatten, ins Ausland und die Primaten und andere reiche Schufte versuchten sich mit ihren Familien davonzumachen, wurden aber vom Pöbel daran gehindert.

Vom Anfang bis zum Ende des Aufstands in Griechenland waren der Kommodore Rowan Hamilton und Oberst C. J. Napier die einzigen englischen Kommandierenden Offiziere, die die Griechen gerecht und großmütig behandelten. Sir Thomas Maitland und sein Nachfolger, Sir Frederick Adams, die Hohen Kommisare der Ionischen Inseln, begünstigten aus Sympathie mit der Tyrannei die Türken bei jeder Gelegenheit. Napier war hochherzig und unabhängig in seinen Meinungen, was in den Augen von Beamten immer disqualifizierend ist. Seine allgemeine Beliebtheit und sein größerer Einfluß auf die Ionier kränkten Sie Frederick Adams zutiefst, und er tat alles, was in seiner Macht stand, Napiers Wünsche zu durchkreuzen. Er machte seiner Böswilligkeit bei den trivialsten Anlässen Luft; so wies er Napier in einem offiziellen Schreiben auf die Unschicklichkeit des Tragens von Schnurrbärten hin. Den Oberst amüsierte diese Vermahnung; er leistete ihr augenblicklich Folge, indem er seinen Schnurrbart abschnitt und denselben seiner Antwort an den Hohen Kommissar beilegte, welcher zweifellos diese wichtige Korrespondenz mitsamt der Anlage an den Oberkommandierenden weiterleitete. Sollten diese kriegerischen Attribute etwa noch bei den Trophäen der Horse Guards aufbewahrt werden, könnte man das Haar verwenden, wie die Inder den Bart des Löwen verwenden: Sie verbrennen ihn und schlucken die Asche in der Meinung, auf diese Weise der Kraft und des Muts des Löwen teilhaftig zu werden.

Mitanzusehen, wie in Griechenland Krieg geführt wurde - ohne Plan, ohne Strategie, ohne Führer, jeder rasend vor Eifer, auf eigene Rechnung zu töten und zu plündern -, dies war für einen Mann wie Napier besonders widerwärtig. Napier wäre, wie ich schon erwähnte, bereit gewesen, auf Bitten der Griechen die Kriegführung zu übernehmen unter der Bedingung, die er als die entscheidende Voraussetzung des Erfolgs ansah: daß sie ihm den uneingeschränkten Oberbefehl über die Armee übertrugen. Während die griechische Regierung mit Napier verhandelte, bot ihr ein ausgezeichneter französischer Offizier, Oberst Fabvier, seine Dienste an, ohne Bedingungen zu stellen - und sein Angebot wurde angenommen.

Griechenland war abermals erobert. Die besiegten Christen saßen in verdrossenen Gruppen gegen die Wand gelehnt in der einzigen ihnen verbliebenen Festung in Morea. Sie schienen nur die Wahl zu haben, zu sterben oder sich abermals die Ketten des Islams anzulegen. Zu diesem kritischen Zeitpunkt langte ein Bote aus Navarino an und rief - in den Worten unseres großen Dichters:

Wißt ihr's? Der Krieg ist aus, der Türk' ertrank.

Rasend vor Freude sprangen nun die Menschen auf. Sechs Jahre lang hatten die christlichen Staaten der blutigsten Erhebung der Geschichte tatenlos zugesehen und mit den ungläubigen Ottomanen sympathisiert. In der zwölften Stunde machten die drei großen maritimen Leviathane kehrt, fielen unerwartet über ihre einstigen Verbündeten her und vernichteten sie.

Die Politik des listigen Moskowiters ist verständlich. Er wollte Griechenland in Besitz nehmen und seinen natürlichen Feind, den Türken, lähmen. Beides gelang ihm, ohne daß es ihn viel gekostet hätte: Die ottomanische Flotte wurde zerstört und Griechenland aus einem türkischen in ein russisches Hospodariat verwandelt. Die englische und französische Politik aber ist unerklärlich. Es handelt sich um eines jener unergründlichen diplomatischen Mysterien, die von himmelsentsprossenen Ministern ausgeheckt werden und uns, den vom Weibe Geborenen, ewig undurchschaubar bleiben müssen.